DUICHEN HEHE:
NANFANG HUOTAISHISHIZHONG DE
XINGBIEGUANXI YANJIU

云南省教育厅科学研究基金项目
（项目编号：2024J0094）资助

对称和合：
南方活态史诗中的性别关系研究

廖春兰　著

民族出版社

序

董秀团

史诗是一种流传于世界各民族中的古老的叙事文类，主要讲述开天辟地、人类起源、英雄征战等宏大的题材，积淀了丰富的民众知识，被誉为人类的“百科全书”，在各民族的文化系统中发挥着重要的作用。

目前学术界一般把史诗划分为创世史诗、英雄史诗、迁徙史诗三大类。我国的北方多英雄史诗，南方则主要是创世史诗密集分布。当然，这种情况并非绝对。事实上，在我国南方，前述三种类型的史诗均有存在。这其中，创世史诗最为富集，神话学家李子贤就曾指出西南地区具有创世史诗的群落。南方各民族大都有自己的创世史诗，苗族的《古歌》、瑶族的《密洛陀》、纳西族的《崇搬图》、彝族的《勒俄特依》《阿细的先基》《梅葛》《查姆》、阿昌族的《遮帕麻和遮米麻》、拉祜族的《牡帕密帕》、佤族的《司岗里》、独龙族的《创世纪》等都是比较典型的创世史诗。南方民族的英雄史诗相对于创世史诗而言数量较少，但藏族《格萨尔》、傣族的《兰嘎西贺》《厘俸》、彝族的《支格阿龙》、纳西族的《黑白之战》、羌族的《羌戈大战》等，也都是影响较大的英雄史诗。迁徙史诗则有哈尼族的《哈尼阿培聪坡坡》、拉祜族的《根古》等。南方史诗具有丰富性和复杂性，还在于前述的划分有时并不能概括南方民族史诗的实际情况。或者说，南方民族的一些史诗本身就具有复合的特点。正是由于此种复杂性，朝戈金、尹虎彬、巴莫曲布嫫等学者提出了“复合型史诗”的概念。朝戈金指出，苗族史诗《亚鲁王》就是复合型史诗的鲜活案例；巴莫曲布嫫认为，彝族的《勒俄特依》同样属于复合型史诗，其中包含了创世、英雄、迁徙各方面的内容。

除了内容上的复合性，南方史诗还有另外一个重要特点，便是其活态流传的特征。我国南方各民族的很多史诗，至今仍与仪式、节日共生，以口耳相传的方式流传于民间。比如景颇族的《目瑙斋瓦》是在目瑙纵歌时演述的，阿昌族的《遮帕麻与遮米麻》是在窝罗节时演述的，纳西族的《崇搬图》是在祭天仪式上吟诵的。活态传承规约着史诗的演述，也让史诗的生命力更加长久和鲜活。

南方的史诗承载着各民族的社会历史、文化传统、民俗生活，这其中也蕴含着丰富的性别文化的内容。史诗中描述了男女两性创造天地、繁衍人类、发明文化的伟绩，以及生产劳动、生殖婚恋、杀伐征战、社会管理的各种场景，既呈现出男女的性别分工，也有两性的合作互助，还有性别角色和性别地位的变化。南方的活态史诗，是我们认识和研究南方各民族性别文化和性别关系的丰厚资源，也是我们认识和理解我国性别文化多样性的鲜活样本，能为当今社会两性和谐性别文化的构建提供借鉴。

廖春兰的这本书正是一部致力于挖掘南方活态史诗中蕴藏的性别文化和性别关系的著作。该著作在研究南方活态史诗中的性别关系方面主要作了以下的努力和探究：第一，较为全面、细致地梳理了南方活态史诗中所描述的性别关系，呈现了南方活态史诗中勾勒的性别关系图景。对南方史诗本身的研究，学术界已有不少成果，对南方史诗中的性别文化，也有一些学者关注和述及，但是目前为止，我们还没有看到全面、系统梳理南方史诗中的性别文化和性别关系的专著。从这个意义上说，廖春兰的著作还是作出了有益的尝试和探索。第二，对南方活态史诗中的性别关系进行了分析，指出并论述了其主要特点。廖春兰从性别分工、两性情感关系、性别权力关系、性别象征关系等方面对南方活态史诗中的性别关系进行了挖掘和论述，并概括了南方活态史诗中这几个方面的性别关系所呈现出的主要特质，用对称平衡、互敬互爱、民主共治、同体共生等概念予以概括，在一定程度上体现了作者对南方活态史诗中性别关系丰富性、复杂性和独特性的思考。第三，对南方活态史诗中性别关系的借鉴价值和现实意义进行了探讨。通过对南方活态史诗中性别关系的梳理，廖春兰认为南方活态史诗中蕴含着突出的性别平等意识，展现了南方各民族对称均衡、两性并尊、相依相存的性别平等观念，这种由民族文化传统中孕育和践行的性别平等智慧，是中国文化知识体系中宝贵的本土经验，对当今社会两性和谐的构建和发展具有重要的意义。我们知道，在女性主义等视角的影响下，性别文化得到了更多的关注，但是与西方社会性别平等的构建更多的是基于对性别压迫和性别失衡的反思有所不同，我国南方活态史诗中体现了另外一种性别图景，这对我们今天构建性别和谐确实是一种可资利用的宝贵资源。

当然，南方史诗和性别文化这两者都具有丰富性和复杂性的特点，这也使得对南方史诗中性别文化的研究成为一个重要又比较复杂、比较具有难度的课题。廖春兰的著作在一些问题的讨论上还存在可以拓展的空间。比如南方史诗的活态性对史诗中的性别关系是否产生了影响，产生了什么样的影响。此外，对于南方活态史诗中性别关系的丰富性和复杂性之挖掘还有不足，目前更多的是一种基于整体、同质的判断和思考，但对其间的异质性和多样性关注不够。对南方活态史诗中的性别关系的研究也还存在单一维度的问题，对其动态性和历时的一面尚未进行讨论。这些都为以后的研究留下了空间，期待廖春兰今后能继续深化对这些问题的思考和研究，在南方史诗和性别文化这一广阔的学术领域中取得更大的进步。

2024 年 2 月于昆明

目　录

绪　论

一、选题缘由及意义

世界各地分布着丰富多彩、宏伟瑰丽的史诗。史诗是一种源远流长的叙事文学样式，在人类文明发展史上被赋予了重大的文化意义，常被视为各民族文学的百科全书和经典。中国史诗蕴藏丰富，类型多样，分布广阔，且大多仍以口头演述的活态形式传承至今。按史诗的类型和传承、流布的地域与族群概括地划分，中国史诗可分为南北两大系统。北方民族以长篇英雄史诗最为显赫，如藏蒙史诗“格萨（斯）尔”、蒙古族史诗“江格尔”和柯尔克孜族史诗“玛纳斯”被誉为“三大史诗”，闻名世界。南方民族史诗的蕴藏量极为丰富，包括创世史诗、迁徙史诗和英雄史诗。南北史诗因各自的特点分别形成了“北方史诗带”和“南方史诗群”。

蔚为大观的南方史诗，经世世代代民众的集体创造和口耳相承，伴随南方民族历史的演进、社会的发展、文化的嬗变而不断得到丰富、发展，成为南方民族社会、文化、历史、经济、宗教、习俗等包罗万象的语言艺术品。它们反映了各民族丰盈绮丽的精神世界及其不同凡响的诗性智慧，也彰显了中国民族文化的多元丰富性和人类文化的创造力。

南方史诗大多以活态的形式流传在民众的口头，运用于民众丰富多样的民俗生活中，如《苗族古歌》、拉祜族史诗《牡帕密帕》、彝族史诗《查姆》、哈尼族史诗《哈尼阿培聪坡坡》等。所谓活态史诗（living epic），即是至今仍在民众之中口耳相传，对民众的社会生活仍然发挥着重要影响和作用，往往以仪式展演为主要演述形态的史诗。

南方活态史诗不仅是文学作品，更是南方民族古代社会生活的“百科全书”，记载了广泛而丰富的社会历史、民众的生产生活和思想观念，承载了性别文化的丰富内容。南方活态史诗中蕴含着突出的性别平等意识，关于两性在创造天地、创造人类、创造文化、创造美好生活等各方面的叙事，充分展现了南方民族对称均衡、两性并尊、相依相存的性别平等观念。这种民族文化传统中孕育和践行的性别平等智慧，与西方社会女性长期受到男权制压迫后的觉醒不同，是中国文化知识体系中更为宝贵的本土经验，对于当今社会两性和谐文化的构建和发展，具有重要的现实和理论意义。

本研究具有以下两个方面的意义：

首先，发掘南方史诗中对称性平等的性别文化特征及内涵，加深对南方史诗中传统优秀性别文化的认识，对于促进我国两性和谐、男女平等具有重要的意义。

其次，将南方史诗中具有民族和地域独特性的性别关系特质呈现出来，为性别平等理论和实践经验添砖加瓦。对性别关系本质的探讨，不同流派的女性主义学者对于以什么样的路径去消除性别不平等有不同的回答，形成了不同的观点，她们在“差异”与“平等”问题上存在较大分歧。求同的性别平等论秉持两性无差别的绝对平等，忽略了两性的生物学差异，无视两性在社会现实中存在的性别角色差异。而过度强调性别差异难免矫枉过正，容易陷入性别本质论的泥潭。性别的二元对立论总是让性别平等的讨论陷入僵局。目前，在差异和平等之间进行平衡，反对性别的二元对立成为性别平等的追求方向，但这种理论设计如何落到实处却是不容易的。在这个问题上，南方活态史诗传统中的性别关系实践，即对称平衡的性别分工、互敬互爱的两性情感、民主共治的性别权力关系和同体共生的性别理念，可以为性别平等理论和实践提供有益的参考。

二、关键概念

1. 性别关系

生理性别（sex）作为生物的构成，指的是人与生俱来的生物属性；性别 /

社会性别（gender）[①] 作为社会的构成，强调性别的社会属性。

Gender 原是一个语法概念，是由词的语法形式所表示的名词、代词等在语法上的性别特征，有阳性、阴性和中性之分，自 20 世纪 70 年代以来，gender 被发展成为女性主义理论的一个重要概念和理论工具。早在 1968 年，以研究性别心理著称的美国心理分析学家罗伯特 · 斯托勒（Robert Stoller）出版了著作《生理性别与社会性别》（*Sex and Gender*），自此，这两个词被用来区分生理性别和以生理性别差异为基础进行社会文化建构的男性、女性或男性气质、女性气质。正式把“社会性别”作为理论概念引入女性主义研究的是美国人类学家、女性主义学者盖尔 · 卢宾（Gayle Rubin），1975 年，她发表了《女人交易——性的“政治经济学”初探》，创造性地提出了“性 / 社会性别制度”概念（the sex/gender system）。盖尔 · 卢宾指出，父权制下的“社会性别制度就是以男性为中心的体制，这种体制制约着两性关系，控制着人类的社会生活和文化活动”[②]。美国女性主义史学理论家琼 · 斯科特（Joan W.Scott）指出，社会性别（gender）是以性别差异（sex differences）为基础组成社会关系的成分，是区分权力关系的基本方式。[③] 社会学家用社会性别概念描述“在一个特定社会中，由社会形成的男性或女性的群体特征、角色、活动及责任”[④]。

随着性别（gender）这个概念的广泛运用，性别关系（gender relations）常用来指男性与女性之间基于生理性别差异受社会文化影响而形成的社会关系。学者们往往用性别关系来描述男女之间的权力关系、地位差别、劳动分工等社会关系，并没有对该词进行概念化。这种关系或是和谐的、合作的、互补

① 根据目前国内学术界惯例，本书“性别”即“社会性别”，若需要特别强调性别的生理差异时，采用“生理性别”或“生物性别”。

② [美] 盖尔 · 卢宾：《女人交易——性的“政治经济学”初探》，见王政、杜芳琴主编：《社会性别研究选译》，21 页，北京，生活 · 读书 · 新知三联书店，1998。

③ [美] 琼 · W. 斯科特：《性别：历史分析中的一个有效范畴》，见 [美] 佩吉 · 麦克拉肯主编：《女权主义理论读本》，艾小明、柯倩婷译，180 页，桂林，广西师范大学出版社，2007。

④ [英] 坎迪达 · 马奇等：《社会性别分析框架指南》，社会性别意识资源小组译，18 页，北京，社会科学文献出版社，2004。

的、平等的，或是冲突的、竞争的、对立的、不平等的。美国文化人类学家理安·艾斯勒（Riane Eisler）提出了性别关系的两种模式——平权的伙伴关系模式与等级制的统治关系模式。

康奈尔提出了著名的性别关系分析的理论框架，从生产、权力、情感和象征四个维度来分析性别关系，四个相互影响的社会层面构成了一个社会的性别秩序或性别权力关系模式。康奈尔指出，男女之间、同一个性别内部成员之间都存在性别关系等级，性别关系既受到社会结构的塑造，也是日常互动和实践的产物，具有相对的稳定性，也具有历史性、动态性。① 康奈尔提供了性别关系的操作性定义，但没有对这一概念作出明确的理论界定。

综合以上对“性别”概念的梳理，并根据康奈尔的性别关系分析框架，本书对性别关系的界定如下：性别关系主要指社会文化中形成的男性与女性在地位、资源分配、责任担当、角色分工等方面的关系模式及其体现的价值和权力内涵，也包含诸如恋爱、婚姻、性行为等方面具有私密性、情感性的个人关系，并在语言、文学、艺术和宗教中得到表征。性别关系既具有动态性也具有相对稳定性，受到具体社会的历史、经济、政治、文化、制度的制约，同时也可能对这些方面产生影响。

2. 南方活态史诗

南方活态史诗是在中国南方民族中世代口耳相传的讲述世界形成、人类起源、文化创造、民族历史、英雄功绩等内容的叙事长诗，包括创世史诗、迁徙史诗、英雄史诗以及综合多种类型特征的复合型史诗。这些史诗往往在祭祀、丧葬、人生仪礼、节日等场合演唱，在民众生产生活中具有重要的社会文化功能。

三、研究综述

学者们对性别关系的研究主要集中在性别关系的历时研究、结构研究、性别不平等的起源和本质原因以及性别平等的内涵和实践途径，因此有关性

① Connell, R.W. Gender: in world perspective, 2nd ed. Cambridge: Polity Press, 2009: pp.73-74.

别关系的研究大致可以分为三个方面：一是从纵向的历史发展进程来分析不同社会性别制度下的性别关系及其变迁；二是对性别关系横向的结构性分析，呈现性别关系模式在不同社会情境下的多样性和复杂性；三是对性别关系的本质，即是什么原因导致了性别不平等又如何实现性别平等的理论探讨。

1. 性别关系历史及其变迁研究

学者们对历史中性别关系的研究主要以文献记载、考古资料、口头传统和民俗等为线索来探讨，揭示了前父权制时代和父权制社会不同时期的性别关系。这方面的研究可以分为对宏大历史进程中性别关系的整体梳理和对特定历史阶段性别关系的具体分析，前者的主要代表人物有恩格斯、波伏娃、理安·艾斯勒和中国的陈东原、杜芳琴。

恩格斯在《家庭、私有制和国家的起源》中论述了女性的地位经历了由男女平等甚至是女尊男卑到男尊女卑的发展过程。原始蒙昧时期，由于妇女的劳动对于部落生存至关重要，到了原始社会末期，男子开始在生产领域处于越来越重要的地位，随着剩余产品的出现产生了私有制。男子从事生产劳动，谋取生活资料，并占有生产资料，而妇女的劳动退居到私人领域的家务劳动。随着父权制社会的发展，男性利用其掌握的经济权力进一步使女性在经济和政治等方面丧失独立性，完全处于一种依附地位。恩格斯指出，只有女性对男子经济依赖的消失，女性重新回到公共的事业中，才会使两性关系建立在平等和真正的性爱基础之上。①

法国思想家西蒙娜·德·波伏娃创作的社会学著作《第二性》被奉为性别研究的圭臬。作者以涵盖生物学、哲学、文学、历史、古代神话和风俗的文化内容为背景，纵论了从原始社会到现代社会的历史演变中，妇女的地位、权利和实际境况。基于存在主义哲学立场，作者对两性的人类文明进行了探索，并指出男人如何通过将自己定义为主体，将女人定义为附属的他者而确立男性的本体地位。波伏娃指出，从游牧部落社会、早期农耕时代历经父权

① [德]恩格斯：《家庭、私有制和国家的起源》，中共中央马克思恩格斯列宁斯大林著作编译局编译，北京，人民出版社，1999。

社会到作者所处时代的两性关系始终处于男性为主体、女性为他者的状态，女性因为生育、劳动分工和私有制处于劣势地位，即使在原始社会女性享有威信并起到头等重要的作用，但她们没有主体意识。波伏娃反对巴霍芬和恩格斯等人对母权制社会的推断，她认为："女人的这个黄金时代只是一个神话。要说女人是他者，就是说在两性之间不存在相互性的关系：作为大地、母亲、女神，她对男人来说不再是一个同类；她的威力正是超越人的范围才确定下来的，因此，她在此之外。社会始终是男性的；政权总是落在男人手里。"① 波伏娃认为，女人命运的改善在于摆脱父权制家族及财产世袭制的束缚、消灭私有制并拒绝家庭。②

美国文化人类学家理安·艾斯勒在其著作《圣杯与剑：我们的历史，我们的未来》中对两性关系的历史、现状和未来作了整体性的研究。艾斯勒以宏阔的历史视野阐述了古代西欧曾经历了田园诗般的母系社会，该社会下两性的关系是相互依存的伙伴关系，然而自从嗜血尚武的游牧民族入侵后，男神代替了女神，剑代替了圣杯，男性等级统治的父系制取代了平权的母系制。艾斯勒指出现代社会男性统治的社会模式正面临挑战，性别关系的最佳模式是借鉴史前伙伴关系社会模式，建立新型的男女平权的伙伴关系社会。③

陈东原可以说是最早研究中国女性史的学者，他的《中国妇女生活史》一书被认为是对中国妇女史进行系统论述的开山之作。④ 他首先在绪论中指出乾坤阴阳的观念是在男性战胜女性取得了社会支配地位以后才应运而生的，这种社会就是宗法社会。全书从周代到近代对女性的生存状况进行了历史考察，全面呈现了女性在中国宗法制度的束缚下如何遭受不平等和被压迫的境况。⑤ 李志生高度肯定了该书的重要意义和价值，同时也认为该书基于反封建、

① [法]西蒙·德·波伏娃：《第二性Ⅰ》，郑克鲁译，97页，上海，上海译文出版社，2011。
② [法]西蒙·德·波伏娃：《第二性Ⅰ》，郑克鲁译，116—117页，上海，上海译文出版社，2011。
③ [美]理安·艾斯勒：《圣杯与剑：我们的历史，我们的未来》，程志民译，北京，社会科学文献出版社，2009。
④ 李志生：《陈东原与〈中国妇女生活史〉》，陈东原：《中国妇女生活史》，北京，商务印书馆，2017。
⑤ 陈东原：《中国妇女生活史》，北京，商务印书馆，2017。

反压迫的意识形态建立了“压迫—解放”认识模式，在现代视角下阅读本书会看到其学术上的局限性，如没有考虑到女性视角和女性认同下的性别关系，其次将女性视为具有同质性的群体而忽略了不同阶层所处地位的差异性和多元性。

杜芳琴从社会性别视角出发，通过丰富的历史文献和考古成果考察了古代社会由父系制到父权制的社会转型与性别关系的演变。杜芳琴在《华夏族性别制度的形成及其特点》[①]一文中考证了黄河流域的华夏族先民曾有过一个高度发达的母系氏族时期，当时尊女崇母而不歧视男，两性关系即一种两性互补、朴素平等的伙伴关系。到了父系氏（部）族与国家并存的夏代，父系制有了新的发展，性别关系体现为家室与政权未分。到邦国时期的商代父系制高度发展，其阶级关系体现为贵族内部无严格宗法等级之分，性别关系体现为性别等级不明显，男女公私领域区分不严。周灭商建立了以“周礼”为标志的父权制，阶级和性别的双重等级制形成。在《妇女研究的历史语境：父权制、现代性与性别关系》[②]一文中，她以纵向的主流历史线索考察了中国社会性别制度和关系的“经权因变”，分别对传统社会和近现代社会的性别制度和性别关系的演进过程进行了概括性梳理。

对特定历史阶段性别关系的研究主要以女性的婚姻生育、日常生活、宗教生活、劳动生产、社会交往等内容，从性别规范、劳动分工、性别角色等角度，展现了各个时期女性的地位和生存境况，以及在具体社会情境中的能动性和主体意识，反映女性的发展和性别关系的变迁。这方面研究的代表作品有：杜芳琴和王政主编的《中国历史中的妇女与性别》、邓小南主编的《唐宋女性与社会》、伊沛霞的《内闱：宋代的婚姻和妇女生活》、沈海梅的《明清云南妇女生活研究》、张艾利的《民国时期贵州女性发展及生活状况研究》、方燕的《巫文化视域下的宋代女性：立足于女性生育、疾病的考察》、加拿大学者宝森（LaurelBossen）的《中国妇女与农村发展：云南禄村六十年

① 杜芳琴：《华夏族性别制度的形成及其特点》，载《浙江学刊》，1998（3）。

② 杜芳琴：《妇女研究的历史语境：父权制、现代性与性别关系》，载《浙江学刊》，2001（1）。

的变迁》。

此外，不少学者关注了中国改革开放以后性别观念的变迁，它在一定程度上反映了现实中的性别关系。贾云竹[①]、许琪[②]、杨菊华[③]根据由全国妇联与国家统计局联合开展的中国妇女社会地位调查数据，分析了1990—2010年中国人性别观念的变动趋势，研究结果显示人们对“男外女内、男主女从”这一传统性别分工模式的认可都出现了不同程度的从现代向传统回归的趋势。杨菊华还表明性别观念总体上趋于现代与平等，但是传统男外女内的性别分工作为一种权力关系渗透到了社会各个领域、各级组织和单元。崔应令以湖北恩施双龙村为例研究了乡村性别关系的时代性变迁，性别关系随社会转型表现出不同的范式——传统的伦理范式、集体化年代的政治范式、改革开放以后的市场经济范式。乡村基层女性在实践层面上具有性别均衡的显著特征，与女性主义者秉持的性别不平等论不相符。[④]

以上论著可以让我们从宏观上把握漫长的历史发展进程中性别关系的特点和变迁，作为一种基本的社会关系，性别关系受到经济、政治、文化、教育等诸多方面的影响，在不同的社会阶层、民族、地域有复杂性和多元性。

2. 性别关系维度及模式多样性研究

这方面的研究大致可分为三个方面，即性别关系维度的理论研究、侧重性别关系某个维度的相关研究、综合考察性别关系各维度的性别关系模式研究。

（1）性别关系维度的理论研究

康奈尔提出的性别关系分析框架非常有影响力，[⑤]学者对性别关系展开的研究往往以此为参照。在其代表作《性别与权力》中，康奈尔提出了性别

---

① 贾云竹、马冬玲：《性别观念变迁的多视角考量：以“男主外，女主内”为例》，载《妇女研究论丛》，2015（3）。

② 许琪：《中国人性别观念的变迁趋势、来源和异质性——以“男主外，女主内”和“干得好不如嫁得好”两个指标为例》，载《妇女研究论丛》，2016（3）。

③ 杨菊华：《近20年中国人性别观念的延续与变迁》，载《山东社会科学》，2017（11）。

④ 崔应令：《性别关系范式变迁研究——以湖北恩施双龙村为例》，载《武汉大学学报》（哲学社会科学版），2012（4）。

⑤ [英]安东尼·吉登斯：《社会学》（第四版），赵旭东等译，149页，北京，北京大学出版社，2003。

关系的三重结构模式，即劳动分工、权力和倾注（cathexis）（私人的/性的关系）。在《社会性别》[①]（2002）中，康奈尔添加了象征结构，形成性别关系的四重结构模式（four-part structural model of gender relations），在2009年版的《社会性别》中，康奈尔以"四个维度"（dimensions）取代了"四重结构"。性别关系的四个维度为权力关系、生产关系、情感关系和象征关系。性别的权力关系的典型体现是父权制，康奈尔把霸权性男性气质、支配从属性男性气质也归为父权制性别关系。性别关系中的权力控制通过国家、政府、机构组织和家庭生活中的权威、暴力、话语和意识形态等加以实施。第二个维度生产关系主要指性别的劳动分工，包括公私领域、家庭内外的性别分工。第三个维度情感关系（emotional relations）是指诸如婚姻、性行为、育儿等方面具有私密性、情感性的个人关系中的动力学。情感关系有积极的，也有消极的，比如厌女症（misogyny）。第四个维度是象征关系/象征主义（symbolic relations/symbolism），主要涉及"性别的文化再现，性别的话语构建，性别化的态度、价值体系等相关问题"。[②]康奈尔指出，性别关系的四个维度在不同的历史阶段的发展变化、相互影响构成了特定的社会性别秩序，此外，性别关系也与阶级、种族/族裔之间复杂交织。

性别关系的四个维度不可截然分开，是相互影响、彼此联系的，根据研究者侧重于某个维度的研究和全面综合研究，以下进行分类和综合介绍。

（2）性别关系四个维度的相关研究

第一，权力关系维度。有关父权制性别关系的研究是女性主义研究的重点领域之一，早在1970年，美国女性主义作家凯特·米利特（Millet Kate）以《性的政治》获哥伦比亚大学博士学位。该书数次再版，被翻译成多国文字，被誉为女性主义的经典作品。米利特在《性的政治》中第一次把父权制概念引入女性主义理论，系统地分析了父权社会权力结构下的两性关系。米利特指出："如果我们将男权制的政府看作由占人口一半的男人向占人口另一半的

① Connell, R. W. Gender: in world perspective, 4th ed. Cambridge: Polity Press, 2014.

② Connell, R. W. Gender: in world perspective, 2nd ed. Cambridge: Polity Press, 2009: p.84.

女人实施支配的制度的话，男权制的原则就是双重的：男人有权支配女人，年长的有权支配年少的。”[①] 这就意味着父权制社会具有性别压迫和代际压迫的双重性。米利特对父权制下的传统宗教文化进行批评，如她分析的男性生殖崇拜对女性生殖信仰的取代在父权制宗教中的体现，通过创立男神同时贬低或者消灭女神巩固男性在宗教等领域的优越地位。[②] 她将父权制理论引入文学批评，创立了女性主义文学的批评方法。《性的政治》包括性的政治、历史背景、文学反映三部分。在第三部分，米利特重新审视诸如劳伦斯、米勒和热内特等男性作家作品中呈现的“性政治”，考察两性关系中的不平等和男性中心意识。罗兰·巴特赞誉《性的政治》一书是“美国女性主义文学批评论者之‘母’和先驱”[③]。

考虑到父权制性别关系因时代的变化在不同阶级、民族 / 族群、社区和经济政治体制下具有变异性和多样化特点，学者们对父权制划分了不同类型，如西尔维亚·沃尔比（Sylvia Walby）划分的私人父权制和公共父权制，[④] 沃特斯（Malcolm Waters）划分的直接 / 间接父权制（direct/indirect patriarchy）和直接 / 间接男权制（direct/indirect viriarchy）[⑤]，金一虹的家庭父权、集体父权和流动父权[⑥]。

在既定的父权性别制度结构中，女性的能动性和主体性实践也是社会性别研究者重点关注的方面。美国汉学家曼素恩（Susan Mann）的《缀珍录：十八世纪及其前后的中国妇女》反映了盛清时期的江南地区在父权制儒家礼教严格规范的性别秩序下，女性如何在与男性的互动中发挥主体性。作者采用“置女性于历史中心”的视角，侧重相关女性著作的挖掘和分析，同时将由男性书写的史料和文学作品作为参照，通过两性比较和两性关系的梳理修

① ［美］凯特·米利特：《性的政治》，钟良明译，39 页，北京，社会科学文献出版社，1999。
② ［美］凯特·米利特：《性的政治》，钟良明译，43 页，北京，社会科学文献出版社，1999。
③ ［法］罗兰·巴特：《恋人絮语》，汪耀进、武佩荣译，115 页，上海，上海人民出版社，2009。
④ Sylvia Walby. Theorising patriarchy. Sociology, Vol. 23, No. 2, 1989: pp. 213-234.
⑤ Malcolm Waters. Patriarchy and viriarchy: an exploration and reconstruction of concepts of masculine domination. Sociology, 1989(2).
⑥ 金一虹：《中国新农村性别结构变迁研究：流动的父权》，南京，南京师范大学出版社，2015。

正女性在男性视野中固有的偏差。

随着性别平等在中国的持续推进，当下全球化市场化背景下父权制面临衰微的趋势也受到研究者关注，如金一虹对江南农村的研究[①]、许沃伦对大理白族“不招不嫁”婚姻的研究[②]。但是从不少学者最近几年的研究来看，父权制在当代农村还在变异中延续。如王宇对冀北农村的研究发现市场化带来趋向个体化与性别平等化的局面与家庭父权制性别关系的局面之间不断博弈的现象。[③]莫艳清基于浙北某村在年轻夫妻单核心家庭的双系制运作表象下，传统的父系父权制以隐蔽曲折的方式延续着，独生女和双女户家庭中女儿实质上承担了“假子”的角色，背后是“父子一体”“父子共财”的父系父权制在运作。[④]王欧的研究发现，拆分型劳动力再生产体制“通过‘三代一体’的代际关系和‘养儿防老’的代际依赖强化留守老人的男性世系观念，并在农民工夫妻之间再造父权式性别劳动分工，将再生产劳动性别化为女性劳动”[⑤]。这些学者认为，虽然父权制作为一种制度具有历史性，但是作为一种父权文化和意识形态，还具有顽强的生命力。

第二，性别角色分工维度。可以说所有有关性别关系的论题都离不开对性别分工的讨论，笔者对性别关系的历史变迁以及结构维度的梳理都包含了研究者对性别分工的考察。总的来说，历史上主流社会性别分工的总体格局是男外女内、男主女辅，其形成原因主要是围绕对生产生活资料的生产和人的再生产展开。对中国古代性别分工的讨论详见于王小建的《中国古代性别角色的分化及其社会化》[⑥]；对现代社会性别分工的研究主要集中在集体化生产

① 金一虹：《父权的式微：江南农村现代化进程中的性别研究》，成都，四川人民出版社，2000。

② 许沃伦：《“祖荫”博弈与意义建构——大理白族“不招不嫁”婚姻的人类学研究》，云南大学博士学位论文，2015。

③ 王宇：《从家庭本位到个人本位：市场化背景下农村社会性别关系研究》，中国农业大学博士学位论文，2017。

④ 莫艳清、熊万胜：《当代农村家庭形式变异中的父权延续——基于浙北 M 村“两边开门”现象的考察》，载《浙江学刊》，2020（1）。

⑤ 王欧：《留守经历与性别劳动分化——基于农民工输出地和打工地的实证研究》，载《社会学研究》，2019（2）。

⑥ 王小健：《中国古代性别角色的分化及其社会化》，西安，陕西师范大学博士学位论文，2006。

时期的“男女都一样”和“男女同工同酬”的讨论；市场经济时期的性别分工研究主要关注“同工同酬”、“农业女性化”、城市“双职工”的家务分工、农村打工经济下留守家庭人员的代际分工等方面。马林诺夫斯基（Bronislaw Malinowski）在《两性社会学》[①] 中对美拉尼西亚母系社会里舅权的描述，以及哈维兰（Haviland W.A.）在《当代人类学》[②] 中关于母系继嗣群中不是女人而是她们的兄弟行使权力的论述，提出了对母系社会性别关系和职事分工的不同看法。

第三，情感关系维度。玛格丽·沃尔夫研究了台湾农村妇女与家庭的关系，描述了母亲和儿女在家庭中如何与父权较量，提出“子宫家庭”的概念。子宫家庭反映了母亲对儿子在教育、生活物质和感情等方面的全力付出，赢得儿子的尊重和依赖，并在以后从感情上和物质上控制儿子，利用母子情感的纽带把父亲排除在外。[③] 阎云翔以黑龙江的下岬村为田野点，从个人的心理与行为方式和人生经历为切入点，对家庭中的亲密关系、情感、个人自由等私人生活进行了考察。作者发现夫妻亲密关系和家庭生活中个人情感的重要性不断增加，同时对于个人中心主义导致的道德滑坡表示深切忧虑。[④] 陈锋对辽东地区幸福村的调查发现，闲适在家并在经济上依附于男性的农村妇女，却获得支配性的家庭地位。陈锋分析此现象是由于在当地婚姻市场男女比例失衡的情况下，村庄经济分化与夫妻情感需求增强这两种机制起作用形成的。[⑤] 李霞在《娘家与婆家：华北农村妇女的生活空间和后台权力》[⑥] 一书中提出“娘家—婆家”是已婚妇女亲属关系的基本结构，她们通过与娘家的亲

① [英]马林诺夫斯基：《两性社会学：母系社会与父系社会之比较》，李安宅译，上海，上海人民出版社，2003。

② [美]哈维兰：《当代人类学》，王铭铭等译，上海，上海人民出版社，1987。

③ Wolf, M. Women and the family in rural taiwan. Stanford University Press, 1972.

④ [美]阎云翔：《私人生活的变革：一个中国村庄里的爱情、家庭与亲密关系 1949—1999》，龚小夏译，上海，上海人民出版社，2017。

⑤ 陈锋：《依附性支配：农村妇女家庭地位变迁的一种解释框架——基于辽东地区幸福村的实地调查》，载《西北人口》，2011（1）。

⑥ 李霞：《娘家与婆家：华北农村妇女的生活空间和后台权力》，北京，社会科学文献出版社，2010。

密情感获得娘家的支持，同时极力带动丈夫加入和娘家的密切互动之中，另一方面她们在婆家发展与丈夫家族和街坊之间的人际关系，从而在父系亲属制度的框架内利用资源和策略拓展核心小家庭的生活空间。

第四，性别关系的象征维度。该维度研究主要涉及性别观照下实践层面的宗教仪式、人生仪礼、生活礼俗、空间、话语以及文化意识形态层面的文学经典作品的研究。对于以女性为主体祭祀群体的宗教仪式如壮族的女子太阳节，王宪昭从女性主体性以及祭祀对象是女神的角度阐发其文化意涵，强调仪式中女性的主导地位。[①] 周灵颖和林继富也认为该仪式体现了世俗生活中男女关系的二元结构在神圣生活中的倒置特征，是壮族两性关系的平衡观念的体现，但是他们发现男性自始至终都主导着“祭太阳”仪式，女性并不参与神圣核心祭祀环节，反映了反结构的“不完整倒置性”。[②] 陆益龙根据对 T 村妇女敬香拜神、聚会娱乐、聚餐狂欢于一体的“做会”仪式的考察，认为乡村女性通过集体表演和社会建构实践，主动建构起公共的空间与舞台，突出了她们在家庭中的“隐性权力”（礼俗文化赋予女性的文化权力），建构了具有女性主体性的价值与文化象征体系。[③] 不过也有很多研究表明，乡村仪式活动中的性别分工仍延续并维持着父权制的性别秩序，通过性别禁忌将女性排斥在仪式活动的重要事务之外，家庭或家族内表现为父系传承体系下的性别分工和人情关系[④]，公共领域宗教仪式表现为在包括仪式组织、仪式空间、仪式过程等仪式场域中构成了以男主女辅和男尊女卑为特征、由男性统治的性别等级秩序。[⑤]

① 王宪昭：《论太阳祭祀活动中的神话传统——以云南汤果村女子太阳节为个案》，载《社会科学家》，2017（1）。

② 周灵颖、林继富：《祭祀仪式“反结构”的“不完整倒置性”——基于上果村壮族“祭太阳”仪式的讨论》，载《民俗研究》，2020（3）。

③ 陆益龙：《仪式、角色表演与乡村女性主体性的建构——皖东 T 村妇女“做会”现象的深描》，载《中国人民大学学报》，2017（2）。

④ 高修娟：《农村仪式性人情活动中的性别分工与性别关系——基于皖北农村葬礼的参与式观察》，载《妇女研究论丛》，2016（3）。

⑤ 郭仙芝：《京族哈节中的性别分工与性别关系——基于山心村哈节的参与式观察》，载《广西民族研究》，2019（6）。

对父权制性别秩序下的仪式的分析，也有学者超越性别二元对立的观点，如马翀炜和潘春梅对哈尼族“苦扎扎”仪式的分析认为仪式分工和仪式禁忌的主要功能是维护社区和家庭共同体的共同发展，因此仪式中的性别秩序反映人们对亲情和生命的珍视以及男女之间的和谐共处。[①] 刁统菊对红山峪村婚姻缔结中的聘礼和嫁妆[②] 以及葬礼上的吊簿[③] 的研究表明，礼物 / 礼金对于创造和维持姻亲关系具有重要的文化象征意义和伦理意义，强化了姻亲交往秩序。这种不去预设女性的附属地位，而从两性的互动以及性别关系的整体动态性来审视仪式过程的研究，具有代表性的作品是《礼物的性别》[④]。

英国人类学家玛丽琳·斯特雷森（Marilyn Strathern）在《礼物的性别》一书中阐述了在由性别关系建构的美拉尼西亚社会里，一切事项，包括人、人造物、事件和结果等都可以被赋予性别。在仪式交换中，礼物的性别不仅指男人之间交换女性，实际上交换者、交换物、交换事件和结果都被性别化。在礼品经济中，劳动的产品是男女共同劳动的成果，被共同拥有，在以男性为主体的交换行为中，女性的劳动价值只是暂时被遮蔽，在礼物的不断流动中，凝结在礼物中的两性的创造性劳动最终都被认可，如在丈夫屠宰了作为礼物获得的猪，并将猪肉交给妻子时，妻子劳动的价值最终实现。马啸评述该书实际上是斯特雷森在批判女性主义意识形态不顾文化背景的多样性将女性群体均质化，不剖析性别关系的实质就判定女性的附属地位。[⑤]

（3）性别关系模式多样性研究

考虑到本书的研究对象和主题，以下对少数民族父系制 / 父权制社会或具有双系制特征的社会有关性别关系综合研究进行介绍。

白志红通过对红村彝族的调查，运用性别和话语作为理论框架，分析了

① 马翀炜、潘春梅：《仪式嬗变与妇女角色——元阳县箐口村哈尼族“苦扎扎”仪式的人类学考察》，载《民族研究》，2007（5）。

② 刁统菊：《婚姻偿付制度的地方实践——以红山峪村为例》，载《民俗研究》，2006（4）。

③ 刁统菊：《吊簿：姻亲交往秩序的文化图像》，载《西北民族研究》，2007（1）。

④ Strathern, M. The gender of the gift: problems with women and problems with society in melanesia. University of California Press, 1990.

⑤ 王铭铭主编：《20 世纪西方人类学主要著作指南》，538 页，北京，民主与建设出版社，2018。

红村彝族的社会性别关系。[①] 罗志发的《壮族的性别平等》通过文献考察，论述了壮族的文化、婚姻家庭、经济生活、政治军事、宗教信仰、教育文化和哲学思想与性别平等的关系。[②] 文丽敏的调查研究表明，黎族两性关系是平等与包容，黎族在过去的母系社会和现在的父系社会中对两性社会角色规范的差异性不突出。[③] 章立明在《结构与行动：西双版纳傣泐家庭婚姻的社会性别分析》中对曼底傣泐人的性别和性别关系进行了综合考察。[④] 沈海梅的《中间地带——西南中国的社会性别、族性与认同》呈现了曼底傣族傣泐支系、楚雄直苴彝族倮倮支系和洱海区域白族三个族群的性别关系与族群身份和国家话语如何交织作用从而影响人们的认同实践。[⑤]

杜杉杉的《社会性别的平等模式："筷子成双"与拉祜族的两性合一》展示了男女平等在拉祜族传统文化中是以两性合一为基石，通过共担责任与义务、同享威望和权利的过程而水到渠成的。作者从拉祜族的神话体系、性别观念、社会角色、家庭、村寨组织和亲属制度等领域对拉祜族传统文化进行了系统的描述分析，展现了拉祜族男女在各方面相同因而平等的性别关系。[⑥]

颜宁认为杜杉杉揭示的拉祜族男女平等实际上"依靠的仍然是双系制社会人为地否定男女间性别差异"而达成的，这一核心理念暴露了一个有关性别关系本质的理论漏洞，即性别差异势必无法消除性别不平等。[⑦] 于是颜宁在《磨盘双合的日子：西双版纳僾尼人的社会性别研究》中呈现了差异性平等的性别关系模式。颜宁通过对哈尼族僾尼人社区的田野调查和研究发现，"社会

① 白志红：《"花儿"与"篱笆桩"——当代红村彝族社会性别关系个案研究》，见《女性主义与人类学》，北京，知识产权出版社，2014。

② 罗志发：《壮族的性别平等》，哈尔滨，黑龙江人民出版社，2007。

③ 孙绍先、文丽敏：《平等与包容：母系文化背景下黎族两性关系》，286 页，上海，上海大学出版社，2013。

④ 章立明：《结构与行动：西双版纳傣泐家庭婚姻的社会性别分析》，北京，人民出版社，2011。

⑤ 沈海梅：《中间地带——西南中国的社会性别、族性与认同》，北京，商务印书馆，2012。

⑥ 杜杉杉：《社会性别的平等模式："筷子成双"与拉祜族的两性合一》，赵效牛、刘永青译，昆明，云南大学出版社，2009。

⑦ 颜宁：《磨盘双合的日子：西双版纳僾尼人的社会性别研究》，35 页，北京，社会科学文献出版社，2016。

性别‘二元结构’中的‘磨盘’不一定会造成对立，而‘双合’也不一定会抹杀差异”[①]。总的来说，两位学者的观点同属性别和谐论，杜杉杉的是求同平等，颜宁的是差异平等。

3. 性别关系本质的研究

无论是关注纵向的历史及其变迁的研究，还是关注结构性分析，都涉及性别关系本质的探讨。对性别关系本质的探讨，不同流派的女性主义研究者对于以什么样的路径去消除社会性别不平等有不同的回答并因此形成了不同的观点，她们在“差异”与“平等”问题上存在较大分歧，总的来看，可以分为求同平等论和差异平等论，这两种不同理论主张内部也存在差异，它们内部又可以分为“温和派”和“激进派”。

关于求同论性别平等。自由主义女性主义者秉承孟德斯鸠的自然平等思想，否认基于两性生理差异把男性与女性置于一套二元对立的体系中：男性/女性、主体/客体、理性/感性、精神/肉体、文化/自然，认为只要女性享有与男性在经济、政治、教育、职业等方面同样的权利，女性可以获得与男性一样的成就。贝蒂·佛里丹在《女性的奥秘》中指出：女性必须和男人一样才能实现两性平等。她在《第二阶段》里提出：“女性气质”应该被提升到与“男性气质”同样的地位，每个人都应该合“男性气质”“女性气质”于一身，两性平等才能实现。这种男女同体或雌雄同体的思想被不少女性主义者赞同。这种思辨旨在淡化两性之间的差异，在实践层面缺乏可行性。[②]而激进派费尔斯通（Shulamith Firestone）甚至提出通过生物学革命彻底消灭男女两性的生理差异解决性别不平等问题。

社会主义女性主义认为女性受到统治阶级和父权制的双重压迫，使女性摆脱压迫的道路就是克服女性的异化和消除劳动的性别分工。“社会主义女性

① 颜宁：《磨盘双合的日子：西双版纳傻尼人的社会性别研究》，37页，北京，社会科学文献出版社，2016。

② 王晶、李乾坤：《关于性别差异与性别平等的哲学思考》，载《吉林大学社会科学学报》，2016（6）。

主义从根本上来说是反对强调男女两性区别的。”①

求同的性别平等论秉持两性无差别的绝对平等，忽略了两性的生物学差异，无视两性在社会现实中存在的性别角色差异。该理论不认同女性品质所特有的价值，很大程度上以男性的价值规范为标准，这种平等只是一种形式上的“机会平等”，在表面平等的情况下遮掩了事实上的不平等。此外，把女性视为一个均质的群体也忽视了不同地域、种族、阶层的妇女在多元交织的社会结构中遭受的不平等以及她们不同的需求和利益。

差异平等论的激进派针对忽略差异追求男性标准的平等所造成的问题，转而强调差异，弘扬建立于女性本质基础上的女性独特价值及其优越性，试图用女权统治取代男权统治，将性别矛盾激化，使两性分化，使女性处于孤立无援的境地。后殖民女性主义更为极端，把性别差异绝对化，导致人们对差异的追求成为一种新的话语霸权，这种对女性个性绝对夸大抹杀了女性的共性，不利于团结，使得任何普遍的赋权女性的集体政治实践难以实现。②由此可见，过度强调性别差异难免矫枉过正，容易陷入性别本质论的泥潭。

差异平等论的温和派虽然充分肯定女性的特性，但反对性别的二元对立。法国著名女性主义理论家露丝·伊丽格瑞（Luce Irigaray）从本体论的角度分析性别差异，认为女性主义不但不应该否定两性的客观性别差异，恰恰相反，应该尊重性别差异，使男女两性各自展现出与生俱来的独特气质。她批判女权主义对绝对平等的强求是对缺乏自我认同，她提倡创造两个平等的主体文化，这两个平等主体互为他者，主从关系和二元对立的不平等性别秩序终将消失。她的理论深刻批判“男权”“女权”两个极端，倡导两性和谐并建构女性文化，是继波伏娃之后法国女性主义的主导思想。伊丽格瑞的性别差异平等理论以两性承认并尊重对方主体身份为前提，反对女性以男性为标准发展自身，提倡将男性主体移出性别中心的位置，两性互为主体。③要实现这种尊

① 李银河：《女性主义》，89页，上海，上海文化出版社，2018。

② 王晶、李乾坤：《关于性别差异与性别平等的哲学思考》，载《吉林大学社会科学学报》，2016（6）。

③ 李寅月：《肯定差异的平等才是真实的平等》，载《理论探索》，2018（2）。

重差异的性别平等，首先就要找回女性的主体身份。第二是实现公民权利平等，从男女平等到性别公正。性别公正就是在确认男女平等原则的前提下实现机会平等和权利结果的平等公正，整合平等与差异的矛盾，争取差异中的平等。[①] 第三是性别意识的平等。伊丽格瑞提出追求平等的正确方式，即通过立足自身实际、发挥自身优点、彼此互补的方式在动态发展中追求平等。[②]

另一种差异平等论否认性别差异的本体论主张，著名的后现代主义思想家朱迪斯·巴特勒（Judith Butler）批判弗洛伊德以性生理为基础的本质主义哲学观，认为没有先于规范和文化描述而存在的“自然身体”，性别是一个结果，是一个话语的范畴。巴特勒在《性别麻烦》中对“woman”作为女性主义的主体提出质疑，解构了“女性”概念。然而放弃“女性”的指称将会消解女性的主体地位和话语空间。[③] 这样做等于无视性别不平等的现实，反而阻碍了性别平等。

“对已经处于脆弱的经济和社会地位的妇女来说，无视性别差异和重视性别差异的两种对平等的阐释看来都包含着难以接受的威胁。”[④] 我们需要在差异和平等之间进行平衡，拒绝忽视差异基础上的身份，也拒绝忽视身份基础上的差异，重新确定身份，探索多重身份。[⑤] “社会的发展、性别的和谐需要男性和女性认同自身独特的地位和权利，不趋同于他人，也不彼此对立，在差别中实现性别和谐共存。”[⑥] 冷舜安的博士学位论文从构建和谐社会的视角深入探讨了两性和谐的重要意义，提出了性别和谐建设的方法和路径。[⑦] 李庭将女性主义研究纳入马克思主义人类解放的视野中，阐释女性解放的最终目

① 闵冬潮、刘薇薇：《质疑 挑战 反思：从男女平等到性别公正》，载《妇女研究论丛》，2010（5）。

② 李寅月：《肯定差异的平等才是真实的平等》，载《理论探索》，2018（2）。

③ 王金玲、杨国才、畅引婷等：《中国妇女发展报告 NO. 5——妇女 / 社会性别学学科建设与发展》，372 页，北京，社会科学文献出版社，2014。

④ 王政、杜芳琴主编：《社会性别研究选译》，200 页，北京，生活·读书·新知三联书店，1998。

⑤ 高建平、丁国旗主编：《西方文论经典第 6 卷后现代与文化研究》，460 页，合肥，安徽文艺出版社，2014。

⑥ 李寅月：《伊丽佳蕾差异论女性主义探析》，83 页，太原，山西大学博士学位论文，2018。

⑦ 冷舜安：《当代中国性别和谐研究》，长沙，湖南师范大学博士学位论文，2011。

标是实现两性和谐。[①]

学者们认为中国古代传统文化中的阴阳和合理念就包含有两性和谐思想。“男女和合之精神，在《礼记》中演化为一条重要的人伦道德——男女（夫妻）‘同尊卑’。”[②] 杜芳琴从女性主义视角追溯了阴阳乾坤思想如何从宇宙生成论和二元秩序论引向性别关系。她指出性别不平等是伴随着权力、财富和人际不平等而产生的，统治者正是借用改造了原始朴素的阴阳、乾坤思想以维护特权，将自然的秩序推广到社会的秩序，在男性中心社会构筑一套严密的父权制的性别文化哲学体系。结果就是阴阳和合在张扬乾阳之道、压抑坤阴之体的基础上只能阳主阴和、男主女从。[③] 阴阳和合在“等级制与和同性的统一”的周礼体制和理念下演变为等级中的和合，从此男女有别、男尊女卑的性别等级被建构起来。[④]

著名哲学家张立文建构了和合学哲学体系，他反对二元对立的传统思辨方法，认为“和合学中主客体不是绝对对立的，而是相对相关的，和合主体在敞开中与客体融合，客体在敞开中与主体融合……和合在主客体的和合生生中，亦展现了自己的本真”[⑤]。与主客体关系中主体对客体进行支配、控制与改造不同，“在主体间性观念中，主体所面对的不单纯是客体，而是同样具有主动性、自主性的主体，主体间在遵循共同规范的前提下展开平等的互动、交流与沟通”[⑥]。主体间性的实现离不开个人主体性的存在，个人主体性在与他者主体的交往关系中得以彰显而形成，也就是说，“真正的主体只有在主体与主体的交往关系中，即在主体间彼此承认和尊重对方的主体身份时才可能存在……”[⑦] 在性别关系中遵循“和合”和“主体间性”的原则和理念，正如

① 李庭：《从“两性平等”到“两性和谐”》，长春，吉林大学博士学位论文，2020。

② 刘明武：《是“阴阳合和”还是“阳为阴纲”？——评董仲舒的阴阳观》，载《中国文化研究》，2001（3）。

③ 杜芳琴：《阴阳乾坤说与中国传统两性文化》，载《山西师大学报》（社会科学版），1995（4）。

④ 杜芳琴：《等级中的合和：西周礼制与性别制度》，载《浙江学刊》，2002（4）。

⑤ 张立文：《和合哲学论》，71 页，北京，人民出版社，2004。

⑥ 胡兆义：《从主体性到主体间性：论我国和谐民族关系的巩固和发展》，载《新疆大学学报》（哲学人文社会科学版），2019（3）。

⑦ 郭湛：《论主体间性或交互主体性》，载《中国人民大学学报》，2001（3）。

上文所述的伊丽格瑞的差异平等论，她倡导尊重差异的前提下两性互为主体，在尊重对方主体性的前提下实现性别平等。

综上所述，性别关系研究的主要特点如下：从研究的历时发展来看，研究重点从比较单一地讨论女性的受压迫地位扩展到讨论性别关系如何在历时性和共时性原因作用下形成和发展变化，再到讨论如何促进性别和谐和性别公正；研究视角从寻找男性中心叙述下的女性到置女性为中心讨论女性的主体性，再到从男女两性互动出发讨论性别关系的多元性、变动性和复杂性；性别关系研究从以女性主义研究为主要阵地发展到人类学、社会学、文学、生态学、语言学、历史学和民俗学等多学科关注。

性别关系研究的不足之处有：对于性别关系视角下文学作品与现实生活实践相互衔接的研究不多；目前还没有从性别关系的四个维度全面深入地分析口头传统的研究；较少讨论口头传统中性别关系的现代传承；发掘民族传统中优秀性别文化的研究，缺乏立足本土且与世界对话的视角；缺乏对民族传统中的性别平等和谐思想进行理论提炼和升华。

四、研究思路

康奈尔提出的性别关系分析框架包括四个维度，即生产关系、权力关系、情感关系、象征关系。生产关系主要指性别分工。权力关系在不同的社会文化中有不同的体现。父权制社会的权力关系是男性支配女性，相应地，支配性（霸权的）男性气质被认为是男性气质的理想型，所有的女性气质都低于支配性男性气质，被推崇的女性气质以柔顺、体贴、奉献等为特征。男性控制着生产资料和组织化的国家机构、军队、法庭以及生活中诸如权威、暴力和意识形态等社会领域。情感关系，康奈尔称之为情感依恋、投注、投入（emotional attachment/cathexes/commitments），主要涉及性心理、性取向、女性观（如厌女症）、性行为、夫妻情感，等等。象征关系主要涉及性别的文化再现，性别的话语构建，性别化的态度、价值体系等相关问题。性别关系的每个维度并不能截然分开，只是为了阐述的方便而分开论述，四个维度之间紧密关联，共同建构了起一个立体多维的性别关系全貌。本书的章节结构安排如下：

绪论部分阐述了本研究的选题缘由及意义、研究思路和方法，对本书涉及的主要术语进行了界定与说明，梳理了相关的研究成果与研究现状。

本书主体部分共五章：

第一章 对称平衡：南方活态史诗中的性别分工

第二章 互敬互爱：南方活态史诗中的两性情感关系

第三章 民主共治：南方活态史诗中的性别权力关系

第四章 同体共生：南方活态史诗中的性别象征关系

第五章 南方活态史诗中性别关系模式的传承及理论价值

五、研究方法

（一）文献分析法。通过对南方诸民族史诗的文本、文献进行搜集整理，在文本细读的基础上对其中的性别关系进行解读和分析。

（二）比较研究法。比较同一部史诗的各个版本与异文，比较书面文本与口传文本，比较南方不同民族史诗传统中的性别关系，比较西方女性主义的性别平等主张与中国的性别平等和谐思想。

（三）民间文艺学的研究方法。运用口头程式理论和方法分析故事范型、程式段落、诗句、语词中反映的性别内涵。

（四）田野调查法。一个民族流传的活态史诗构成了该民族民众生活的重要部分。作为一种口头叙事，活态史诗与相关族群和社区的人生仪礼、节日庆典、民间信仰等民俗生活及其文化空间密不可分，对当下的生活有重要的影响和指导作用。[①] 因此，笔者以苗族史诗《亚鲁王》为例，在其主要传承区域选取田野点——安顺市紫云苗族布依族自治县，扎根于民众的生产生活实际，了解史诗中性别关系模式在当下的传承，在深入调查的基础上获得大量的第一手资料。

① 朝戈金、尹虎彪、巴莫曲布嫫：《中国史诗传统：文化多样性与民族精神的“博物馆”（代序）》，载《国际博物馆》（联合国教科文组织全球中文版），2010（1）。

第一章　对称平衡：南方活态史诗中的性别分工

南方活态史诗包括创世史诗、英雄史诗和迁徙史诗。创世史诗保存了一系列丰富的神话故事，如天地开辟神话、万物起源神话、人类起源神话、文化发明神话等，迁徙史诗和英雄史诗更多地记录了民族起源与发展、男女英雄祖先的丰功伟绩和民众生产生活的丰富内容。南方活态史诗让我们领略到民间知识的精深广博与民众践行性别平等时的诗性智慧，其宏阔的叙事把天地神祇、民族祖先，甚至山川河流、日月星辰和动植物等形象的塑造通过“创世工程”“民族起源与发展”的主线连缀起来，生动演绎了远古先祖们开天辟地、生儿育女、建房造屋、开荒种粮、探求知识、族群交往等广阔的社会生活场景，展示了古往今来男女两性携手并进、相辅相成、共创家园的社会历史文明进程。南方活态史诗记录了基于性别差异的角色分工，但较少有男性专属、排除女性的领域，女性与男性一样共同参与世界创造、人类创造、文化创造、生产劳动、经商贸易、战争等社会活动以及仪式生活，体现了男女之间以对称均衡的分工为特征的伙伴关系模式。

第一节　创世劳动

一、创造天地

创世神话中的男女角色作为人类最初的社会角色划分，投射了世俗社会两性角色分工的观念与现实。性别角色获得与分化的过程是一个社会化过程，这种社会化带有鲜明的民族文化印记，反映了一个民族对本民族个体成员一种定式的、固化的并且是稳定的性别态度。[①]创世神话中性别角色的定位和价值规范，与神话中世界秩序的建构一同被奠定下来，是对南方诸民族社会性别关系的合理性与合法性的神圣表述。

南方史诗描述的创世活动具有劳动创世的鲜明特点。很多民族传颂着男女对偶神创世的神话，他们通力合作，对等互补，共同创造人类赖以生存的世界。

女神织天、男神造地是西部方言苗族创世神话的重要主题。苗族史诗《亚鲁王》讲到，女祖先神波彤造天，造的天是女人的天；男祖先神博咚造地，造的是男人的地。当苗族先辈发展繁衍来到另一个空间，还需要再一次造天地。兄妹祖先神赛杜和卓喏创造天地的过程如下：

> 卓喏编织上空蓝天，赛杜织造下方大地。卓喏去到上空，卓喏来到上方。卓喏编织的天像个大簸箕，卓喏织造的天如同小簸箩。……赛杜抬头望上方，看见卓喏拿花斑竹做直线，看到卓喏用花斑竹织横线，编织的蓝天延展远去。赛杜急忙挥一拳头成一片平地，赛杜赶紧敲一锤子成一个山垭，赛杜接着打一巴掌成一匹山崖。[②]

《亚鲁王》史诗中的这则织天造地的神话讲述了兄妹神用劳动创造了人类的生存空间，其不仅在西部方言贵州麻山次方言的葬礼上唱诵，而且也在云南、黔中、黔西北、川南等其他西部方言苗族地区广泛流传，只是由于方言土语的不同，神名有所差异。流传于云南苗族的创世神话《造天造地》[③]讲述了女神波孆造天，连续造了九天，造了九重天；男神佑聪来造地，连续造十二夜，造了十二层地。但是天窄地宽，天盖不下地，于是管天下的女神竺

① 李静：《民族心理学研究》，北京，民族出版社，2005。

② 中国民间文艺家协会主编：《亚鲁王》，40—41页，北京，中华书局，2011。

③ 云南省民间文学集成办公室编：《云南苗族民间故事集成》，3页，北京，中国民间文艺出版社，1990。

妞派女神雷鲁和男神朱幕去帮助波嫦和佑聪，四位大神立在东南西北四方拉来扯去将天拉宽，将地弄起了皱纹而创造了山川河流，天地相合。过了几年，天破洞了，竺妞派她的两个女儿去补天。她俩拿起金银铜铁梭子在四个方向各织三下就把天边的漏洞补好了。女性神编织或缝补宽阔延展的蓝天，表明女性发挥了善于纺织的优势，是对女性心灵手巧的赞美；相应地，男性神开辟大地山川的壮举是对男性力量的歌颂。人们将对天地的认识与两性性别气质的特征融为一体，把世界起源与两性在其中承担的重要角色做了生动形象的描绘。

黔东方言区苗族也普遍流传男女共创天地的神话。《苗族史诗通解》中关于“金银歌”的部分讲述了“远古制地的公公，太初造天的婆婆”，二人分工合作，肩负了铸造天地的神圣使命。[①] 东部方言苗族开天辟地的创世神也都以对偶神的形象出现，其神迹往往对应重合。《湘西苗族古老歌话》讲述了天地没有形成之前是一团粘连的黑漆漆的混沌状态，造天地的是一对二元一体的男女神达变达毕。

流传于云南省德宏傣族景颇族自治州、保山市、大理白族自治州等地的阿昌族史诗《遮帕麻和遮米麻》[②]，叙述了天公遮帕麻和地母遮米麻造天织地的壮举。遮帕麻造好了天，捏金沙银沙为日月，甩动“赶山鞭”播撒璀璨星辰，用自己的双乳做成太阳山和太阴山，托住太阳和月亮。遮米麻摘下喉结作梭，拔脸毛作线，织出锦绣河山，洒鲜血化为汪洋大海，滋育大地。所以世上的男人没有乳房，女人没有喉头和胡须，史诗以神圣的叙事解释了男女的生理差别，并表达了对这种两性自然差异的尊重和赞美。不仅如此，在补天治水的时候，遮米麻用三团线缝补北边、东边、西边，差一团线缝补南边，于是遮帕麻带领神兵筑南天门止住风雨，彰显了男女只有合力互助才能战胜困难的真理，表现了阿昌族社会男女平等共生的思想。

---

① 吴一文、今旦：《苗族史诗通解》，31页，贵阳，贵州人民出版社，2014。

② 赵安贤等唱，兰克、杨智辉整理：《遮帕麻和遮米麻》，杨叶生译，昆明，云南人民出版社，1983。

彝族流传的《梅葛》中，创造天地的过程既描绘了生产生活般鲜活灵动的创世场面，又充满了瑰丽的想象力和创造力，把男女相辅相成、珠联璧合的合作精神展现得淋漓尽致。《梅葛》流传在云南楚雄地区，彝族人认为，世界最初是一片混沌，天地没有形成。格滋天神用九个金果、七个银果幻化为九个儿子、七个女儿，他们一起来造天地。他们用伞、蜘蛛网做造天的模子、底子，拿轿、蕨菜根做地的模子、底子。造天地经历了一个曲折复杂的过程。儿子们造天的时候贪玩把天造小了；姑娘们积极上进，勤勤恳恳，造的地就太大了。天盖不住地，于是又有了拉天、缩地的劳动。这一顿操作导致造的天地不牢固，儿子姑娘们“用松毛做针，蜘蛛网做线，云彩做补丁”来补天，用“老虎草做针，酸绞藤做线，地公叶子做补丁”来补地。[①]

类似的创世神话在很多南方民族中都有流传，反映了远古先民二元合一、男女互补、和谐共生的朴素辩证观。这种世界初始的秩序和结构与人类自身心理结构和宇宙观同构。列维－斯特劳斯指出了神话的本质：神话是人类心智所创造的，同时神话也创造出人类的世界观以反映人类心智本身的结构。[②]两性对称合一、对等互补的思维观念和意识，在历史的长河持续流淌，牢牢渗透进世世代代民众的心理结构中，通过民族史诗即民族“根谱”的铭记和传唱被内化和强化。

总的来说，南方史诗叙述的造天造地过程强调对称平衡观念。其中，两性平衡是建立宇宙稳定秩序的自主能动力量，两性通力合作把天地由失衡变为平衡的过程，说明了两性在这个过程中认识到了平衡的重要性，并通过神圣叙事表达对等平衡的核心价值观。以彝族史诗《梅葛》为例，史诗叙述了格滋天神的儿子们贪玩、粗心、懒惰，而女儿们精心细致、勤劳能干，这种劳动分工的不均衡导致天小地大，天地不合。于是，要把这种不均衡的状态调整为均衡状态，大家把天拉大，天地才相合。但拉大的天开裂、缩小的地

① 云南省少数民族古籍整理出版规划办公室编：《云南少数民族古典史诗全集》（上），114—115页，昆明，云南教育出版社，2009。

② ［法］列维－斯特劳斯：《神话学：裸人》，周昌忠译，北京，中国人民大学出版社，2007。

破洞，然后儿子补天、女儿补地，大鱼撑起地角地边，老虎撑住天心天边，天地均衡，稳稳当当。[①] 由此可见，天人合一，男女对称合一，他们造的天地才能平衡。与之相应，水里的鱼和陆地的虎相互配合，人类与自然和谐共生。《梅葛》突出了天地平衡、男女平衡、水陆平衡、人与自然平衡等观念。史诗生动地描绘了男子造天时的懒惰与女子造地时的勤劳，二者之间的不均衡造成了天地不合、危险丛生的严重后果。因此，《梅葛》推崇男女在劳动中要携手共进、共同分担，不止均衡对称的劳动分工，而且要对等平衡的劳动付出才能成功创造出适合人类生存的和谐世界。

二、创造人类

南方史诗中的人类起源神话按照造人方式可以分为用物质造人、生人、化生/变形为人、婚配生人、感生。[②] 造人的主体可分为单一神、对偶神、主神和众神、群神。南方创世史诗往往以各民族创世过程为中心线索，将古代有关天地、万物、人类、社会、文化之起源、演变的众多神话连缀成一组情节连贯的宏大诗篇，因此史诗中的人类起源神话基本都讲述了两次人类起源——初次造人和洪水后兄妹再殖人类。本部分分析两性创造人类的角色分工，主要讨论这些人类起源神话中的对偶神造人型以及婚配生人型。

南方史诗中保存了大量的劳动造人神话，认为人类最初是由具体的物质，如泥土、木头、石块、地胶等做成的，蕴含了朴素唯物主义思想和劳动至上的观念，也说明远古先民对两性生殖的认识是经历了一番探索才达成的。这些劳动造人神话中包括很大一部分男女对偶神造人的神话，这类造人神话在性别关系维度上的独特意义没有引起学者的重视。对偶神造人神话蕴含的两性对等均衡、二元合一的理念，在倡导两性和谐平等的现代社会，较之于强调母系社会大母神创世造人的女性中心意识，或者父权社会男性主神创世的

① 云南省少数民族古籍整理出版规划办公室编：《云南少数民族古典史诗全集》（上），114—117页，昆明，云南教育出版社，2009。

② 王宪昭：《中国各民族人类起源神话母题概览》，北京，民族出版社，2009。

男性中心意识，尤其具有参考和借鉴的重要价值。

口头流传于云南省弥勒县彝族支系阿细人聚居区的史诗《阿细的先基》，对于人类起源有妙趣横生的讲述：

> 男神阿热，女神阿咪，他们来造人。要想造人嘛，山就要分雌雄，树就要分雌雄，石头就要分雌雄，草就要分雌雄。……（分出了雌雄）造人的男神阿热，造人的女神阿咪，走到太阳下的黄土山，山顶有一张黄桌子，在黄桌子上，要造男人了。造人的男神阿热，造人的女神阿咪，走到月亮下的白土山。山顶有一张白桌子，在白桌子上，要造女人了。……阿热和阿咪，称八钱白泥，称九钱黄泥；白泥做女人，黄泥做男人。①

在《阿细的先基》里，男神阿热和女神阿咪不仅造好了人，而且还精心养育他们。史诗讲："他们没有吃的，他们没有穿的，他们没有住的，以后的日子怎么过?"② 于是，阿热和阿咪拿露水给人喝，看到树上结满了果实，摘来给人吃，剥下树皮当衣服、石皮当裤子给人穿……姑娘③儿子渐渐地长大了，学会了一起生存，找寻住处、打猎、采集、生火等。《阿细的先基》口头流传于云南省弥勒县西山地区的彝族支系阿细人聚居地，形成于阿细人的传统社会，是阿细民众将现实的日常生活与浪漫的艺术想象相融合的艺术结晶，承载着阿细人的民族历史记忆，展示了阿细人丰富多彩的民族文化风貌，反映了阿细先民早期的思想状况和认知水平。

这部史诗弘扬的性别平等思想通过创世造人神话的讲述代代承传。神话意在表明，由"儿子、姑娘"两个性别代表的人类祖先，只要团结互助、积

① 云南省少数民族古籍整理出版规划办公室编：《云南少数民族古典史诗全集》（上），191—192页，昆明，云南教育出版社，2009。

② 云南省少数民族古籍整理出版规划办公室编：《云南少数民族古典史诗全集》（上），193页，昆明，云南教育出版社，2009。

③ 本书"姑娘儿子"中的"姑娘"指"女儿"，以下不再逐一标注。

极求索就能够发展壮大，正如史诗唱道："儿子拿石头，姑娘拿棒棒。用石头打豺狗，用棒棒打豺狗""聪明的人们，别样都不打，先打大铁叉，先打大砍刀。"① 从中也可以看出，史诗中的阿细人没有形成明显的性别分工模式，但阿细人描述的社会存在明确的生活、劳作模式，那就是两性成双结对、对等合作、共生共荣。

《阿细的先基》由阿细人集体创作，靠口头传播，其内容既是历史的缩影又有对现实的概括。对偶神创世造人神话反映的两性平等意识根植于阿细人长期保留的母系社会传统。从整体上来看，彝族是一个典型的父权制社会，女性的地位低下。而彝族阿细人与其他彝族支系有共同性也存在独特性。"阿细人的姓名并无像其他彝族那样实行'父子连名制'，一般以'母姓＋特征（或排序）'起名"②，或者按"父氏＋母姓＋夷＋排序"的双姓氏形式。③ 其次，阿细人的父系宗族观念并不像其他彝族支系那么强烈，姻亲与血亲的亲属称谓没有区分，如对男女双方家庭的祖辈均称"阿哺、阿媲"（爷爷、奶奶），父母辈均称呼"阿爸（妈）＋排序名"，同辈亲属称谓也没有区分血亲与姻亲。此外，阿细人的生活中也保留了母系社会的遗俗，最为典型的就是对偶婚遗俗。阿细人的村寨，在 20 世纪还存在专供未婚男女进行社交活动的公房，公房是以女子为中心展开的两性社交和婚配场所，女性享有婚恋自由。诸如此类的母系社会遗风与父系社会制度的调和，形成了父母并尊、男女并重的思想。

独龙族不仅认为最初的人是由男女神共同创造的，就连人们生男生女也是由男神、女神各自负责。独龙族史诗《创世纪》讲，男神嘎美和女神嘎莎看到大地上没有生命死气沉沉，决意造人，他们用手使劲搓出泥团，用泥团捏成了男人和女人、飞鸟和走兽。独龙族的人类起源神话还有一个广为流传的异文：天鬼"木彭九"把女儿嫁给另一个天鬼"木尼斤"，婚后"木尼斤"

① 云南省少数民族古籍整理出版规划办公室编：《云南少数民族古典史诗全集》（上），193—194 页，昆明，云南教育出版社，2009。

② 段树乔：《阿细源流》（第 1 辑），178 页，昆明，云南民族出版社，2014。

③ 段树乔：《阿细源流》（第 1 辑），179 页，昆明，云南民族出版社，2014。

的妻子生下了燕子、蜜蜂等。她去问父亲怎样生出人，得到的答复是：若想生女须祭妇神，若想生男须祭男神，这是独龙族祭祀生育神的由来。他们的生育神包括妇神和男神，表明他们认为生儿育女这件事情男女双方都负有重要的责任，他们对生育的认识没有停留在“妇女是生育孩子的工具”“生男生女全靠女人的肚子争不争气”这些古代父权社会普遍存在的偏见上，尽管他们还没意识到生育的生物科学知识，但他们的生育观却是非常进步的。

独龙族的造人神话和宗教信仰及其体现的生育观认为男女两性在生育这件事情上应该共担责任，这与独龙族的社会制度、社会形态和社会文化有关。独龙族在20世纪中叶以前尚处于原始父系氏族公社末期，社会结构简单，公社成员之间民主平等，仍保留了很多母系氏族社会的遗俗。因此，独龙族的造人神话既没有像大母神生人神话那样独尊女（母）始祖（神），也不像父权制社会产生或改写的男性中心神话那样独尊男（父）始祖（神），而是推崇男女两性在创世造人的神圣使命与伟大功绩上的对等平衡与和合一体。

上述对偶神劳动造人的神话反映了两性劳动合作，共同造人的浪漫想象。男女对偶神结合繁衍人类的神话，形成于人类了解男女性别差异和交配生殖的事实后。他们由此也认识到了结合生育后代的自然规律，强调阴阳相合、互补相生的重要法则，并通过“以己度物”的神话思维把这种规律推衍到宇宙万事万物上面，不管是神、动植物，还是日月星辰、山川河流，都需要男女结合才有后代的诞生。

南方一些民族中普遍流传洪水后兄妹成婚再殖人类的神话。兄妹婚再殖人类神话的主要情节为：洪水滔天，人类灭绝，世上仅存一对兄妹（姐弟），二人为了让人类延续，不得已相婚配，并生儿育女，重新繁衍了人类。陈建宪提炼了该神话的深层结构：洪水—遗民—难题—再殖。“洪水”象征着正常世界的颠覆；“遗民”兄妹代表跨越阈限寻求恢复正常世界的英雄；对兄妹品行能力的考验是“难题”；成婚“再殖”象征对正常世界的恢复。[①] 由此可将该神话看作一个“元故事”：一个事件打破了人类生存的平衡，为了恢复平

① 陈建宪：《中国洪水再殖型神话研究》，178—179页，西安，陕西师范大学出版总社，2019。

衡，他们历经艰险，与各种力量对抗，最后由于他们的智慧、美德和努力，终于重新恢复了生活的平衡。①

在这个故事结构中，起核心作用的是事件的主角——兄妹（姐弟），他们共同经历灾难，共同经受考验，共同解决难题。也就是说，男女对称均衡的稳定组合，拥有对抗失衡的强大力量，他们经过二元合一的升华从而可以达到新的平衡。神话的神圣性、释源功能和规范功能把此种平衡原则确定为宇宙秩序和性别秩序的基本规则。从表层来看，该神话反映了两性基于生理差异形成的互补的角色分工，从深层来看，该神话传递了一种两性和合、缺一不可、对称平衡的性别价值观。

综上所述，南方史诗中的人类起源神话展现了两性对等、互补合作的分工模式。这些创世活动中的性别分工记录了人类早期的角色分化过程，从对两性的生物差异由不了解到了解，然后到两性婚配并在此基础上形成自然分工。史诗的创世叙事告诉我们，世界的构成离不开男女的共同劳动创造，男女有别的意识已经初步形成，但他们在创世活动中的地位、功能和作用不分高下、互为补充。

三、创造文化

文化起源神话构成了南方史诗内容的重要部分。对于文化起源神话中的文化英雄，最为人们熟知也常受研究者关注的往往是那些典型形象。这些典型形象一部分为创世大母神，如瑶族的密洛陀、侗族的萨天巴；一部分是远古文明初创期的男性英雄祖先，如壮族的布洛陀、苗族的姜央。南方史诗中还有一部分祖先神应该值得我们重视，就是那些在人类文化起源中相辅相成、合作共创的男女祖先群体。各种文化现象的起源，从火的发明、粮食的种植、器物的制造、畜禽的驯养、房屋的建造、歌舞乐器的发明、秩序的制定乃至文字的创造等，实际上不会是一时一人的发明，而是长时期集体的探索创造成果。在探索发明的过程中，远古的男女先民往往是合力完成这些文化创造的。

① 陈建宪：《中国洪水再殖型神话研究》，179 页，西安，陕西师范大学出版总社，2019。

表 1–1　文化起源神话中的男女合作

史诗名称	男女合作制造工具		
《侗族远祖歌》	男	公楼	造出石锹和石斧，刨土打洞。从此众人聚居在洞里，不再分居在树上
	女	萨当	
	男	铜罗	学蜘蛛结网，搓麻线织出渔网；造火镰和火塘，学会取暖烧食物
	女	萨可	
	男	雅雄	捕得一条巨型鱼，拿鱼骨做锯子，锯木造船下江河，还造骨梭、骨针、骨枪、骨箭
	女	萨样	
	男	七童	炼铜，打造锄头、斧子、刀、箭，打制舂碓、铜锅
	女	金姑	
哈尼族《窝果策尼果》	男	阿嘎	夫妻俩掰弯树，用树的弹力打伤马鹿，轻松捕猎；后来改进技术，砍大青竹做弩箭射猎，人们称弩箭为“嘎德”[①]
	女	德松	
史诗名称	男女合作种植粮食、驯养畜禽		
拉祜族《牡帕密帕》(二)	男	厄雅	摘果子，碾碎果子，得千万颗种子，把种子吹上天
	女	莎雅	晒果子，碾碎果子，得千万颗种子，把种子吹下地[②]
拉祜族《牡帕密帕》(二)	男	扎罗	到山上查看黄竹，长势不好；把黄竹调到平坝，长得肥壮
	女	娜罗	到平坝查看茨竹，长势不好；把茨竹调到山上，长得茂密[③]
哈尼族《窝果策尼果》	男	兄弟	睡在十棵树上的兄弟叫拢了，缩在十个草窝的姐妹叫齐了，大家搭伙合一处，来做开山的事情[④]
	女	姐妹	

① 云南省少数民族古籍整理出版规划办公室编：《云南少数民族古典史诗全集》(上)，378—379 页，昆明，云南教育出版社，2009。

② 云南省少数民族古籍整理出版规划办公室编：《云南少数民族古典史诗全集》(上)，89 页，昆明，云南教育出版社，2009。

③ 云南省少数民族古籍整理出版规划办公室编：《云南少数民族古典史诗全集》(上)，92 页，昆明，云南教育出版社，2009。

④ 云南省少数民族古籍整理出版规划办公室编：《云南少数民族古典史诗全集》(上)，92 页，昆明，云南教育出版社，2009。

续表

史诗名称	男女合作制定历法		
拉祜族《牡帕密帕》	男	厄雅	给月亮取名字，给太阳取名字。分日子和月份，分冷季和热季。数日子，算天数，按十二生肖定日子
	女	莎雅	
哈尼族《窝果策尼果》	男	天神的大儿	挖出窝塘栽年月树，悉心照管年月树。带领哈尼认年、月、节气；教会哈尼认日子，认清一年三百六十天、一月三十天，教会哈尼认属相
	女	大儿媳妇	
	男女共创文化习俗（音乐、舞蹈、婚恋、祭祀等）		
《侗族远祖歌》	男	纪子	造拉弦琴“燕鸣燕各”伴歌唱
	女	龙奴	仿照山泉造十二弦芦芒琴
史诗名称	**男女共创文化习俗（音乐、舞蹈、婚恋、祭祀等）**		
拉祜族《牡帕密帕》（二）	男	厄雅	栽了九山藤篾，做一个金竹芦笙，给小伙子来吹奏，做一双金竹响篾，给姑娘来弹奏，姑娘小伙子才知晓恋爱结姻缘①
	女	莎雅	
瑶族《密洛陀古歌》	男	雅耶雅仪	密洛陀指挥她的儿子雅耶雅仪制造了铜鼓②
	女	密洛陀	
彝族《铜鼓王》③	男	波罗	夫妇俩制模型、采矿、炼铜、浇铸，历尽艰辛，反复实践，发挥了各自的聪明才智，制成铜鼓
	女	罗里芬	
彝族《阿细的先基》	男	天官爷爷	对世上的人们说：不好做活计、种庄稼的人，快快祭龙吧？快快安龙山吧！人们便根据天神的指示安龙山④
	女	天官娘娘	

① 云南省少数民族古籍整理出版规划办公室编：《云南少数民族古典史诗全集》（上），111页，昆明，云南教育出版社，2009。

② 张声震主编：《密洛陀古歌 上 汉瑶对照》，928—931页，南宁，广西民族出版社，2013。

③ 李贵恩、刘德荣等搜集整理：《铜鼓王》，黄汉国等译，昆明，云南人民出版社，1991。

④ 云南省少数民族古籍整理出版规划办公室编：《云南少数民族古典史诗全集》（上），201页，昆明，云南教育出版社，2009。

续表

史诗名称	男女共创古代发明（取火、酿酒、医药等）		
拉祜族《牡帕密帕》(二)	男	厄雅	左手拿石头，右手拿火镰。火镰撞石头，飞出小火星。厄雅拿着一把草，莎雅对着火星吹，火就慢慢燃起来[①]
	女	莎雅	
拉祜族《牡帕密帕》(二)	男	厄雅	厄雅莎雅给人类“不死药”，它叫布娄吉树，药树被月亮抢走。厄雅莎雅用布娄吉做水，洒到大地植物上，让人们用草药治病[②]
	女	莎雅	
彝族《阿细的先基》	男	儿子	女儿和儿子们，用树枝撬老树，撬出火星来，人们有了火，把生食烤熟吃，造风箱打铁[③]
	女	女儿	

男女两性共同创造文化的神话在南方史诗中占了很大比例。如表1–1所示，工具的制造使用、最初的农业发明、畜禽驯养、历法创制、婚丧节庆礼俗制定、技术发明等各方面丰富的文化创造发明，都归功于男女两性的携手合作和互帮互助。他们共同在不断的探索实践中总结出了推动人类社会发展的经验与智慧。

在《侗族远祖歌》中，人类的始祖松恩（男）、松桑（女）不会造农具，不知道开田种粮食，也不会捕鱼、打猎、造住房，过着巢居的日子。松恩、松桑结为夫妇，生下一男一女，取名公楼、萨当。二人制造石锹和石斧，学会打造人工洞穴居住，他们生一对儿女铜罗、萨可。铜罗、萨可结网捕鱼，学会取火，他们结合后生一对儿女，就这样成双成对，代代绵延，不断积累经验，改进技术。他们逐渐学会了建房、编织、捕鱼、取火、加工食物、造船、打猎，制造的工具种类越来越多，功能越来越全，生存条件得到了很大的改善。在这部史诗中，一代又一代的夫妻接力创造，共同推动了人类社会

① 云南省少数民族古籍整理出版规划办公室编：《云南少数民族古典史诗全集》（中），93页，昆明，云南教育出版社，2009。

② 云南省少数民族古籍整理出版规划办公室编：《云南少数民族古典史诗全集》（上），113页，昆明，云南教育出版社，2009。

③ 云南省少数民族古籍整理出版规划办公室编：《云南少数民族古典史诗全集》（上），194页，昆明，云南教育出版社，2009。

的发展与进步。

拉祜族长篇史诗《牡帕密帕》对厄雅、莎雅的文化创造功绩有详细的叙述。厄雅、莎雅不仅是拉祜族至高无上的创世天神，也是他们顶礼膜拜的文化英雄。他们在认识世界和探索求知的过程中神格重合，言行如一，协调一致。他们创造的文化丰富灿烂，为人类做出了卓越的贡献。拉祜族尊厄雅、莎雅为二位一体的至上神，厄雅为男，莎雅为女，合称为厄莎。厄莎崇拜是拉祜族传统信仰的核心，影响到生活的方方面面。厄莎无处不在，无所不能。拉祜族把本民族创造的一切文化和知识经验都赋予了厄莎形象，厄莎在拉祜族民众的心目中拥有至高无上的地位。厄雅、莎雅教会人们打制农具，传授农业技术，始创历法，发明乐器，制定婚姻等。

阴阳合一、互补相生的世界观成为拉祜族口头文学创作的主导思维。《牡帕密帕》史诗以及相关主题的神话传说中，不仅厄莎被视为一对孪生的男女神，他俩造出的助手扎罗、娜罗也是成对的男女。扎罗、娜罗在厄雅、莎雅的带领下，共同开创了造福人类的显赫业绩。他们精心培育树苗，认识树苗分枝、发芽、开花、结果的生长规律。他们确定季节："扎罗看手指，娜罗看脚骨，手脚骨头十二节。冷季三个月，热季九个月，一年定为十二个月。"① 于是，植物生长就有了周期，人们的农事也有了安排，有序的时间确立了生活的秩序，人们也有了感受历史、铭记历史的工具。拉祜族把在生产生活中总结出的经验智慧和许多创造发明都归功于厄雅莎雅、扎罗娜罗等成双成对的男女神或祖先。他们在文化创造中表现出同样的力量、智识、品性和情感，没有性别对立，更无主次高下之分。

哈尼族史诗也记载了两性在文化创造方面对等均衡的角色分工。《窝果策尼果》第六章《雪紫查勒》（采集狩猎）讲了狩猎工具的发明。阿嘎和德松夫妻发明了古代最重要的狩猎工具——弩，总结出了最常见的狩猎方法——围猎。此外，沿用至今的农耕历法也是天神及其儿子儿媳创制的。《窝果策尼

① 云南省少数民族古籍整理出版规划办公室编：《云南少数民族古典史诗全集》（中），64页，昆明，云南教育出版社，2009。

果》第十一章《嵯祝俄都玛佐》（遮天大树王）讲了原初历法的丢失。一个叫杰姒的作恶多端的女人，她和哥哥争家产，抢夺权力，酿成大祸。杰姒从哥哥那里偷来象征家族权力的木杖，结果木杖长成了一棵遮天蔽日的大树，世界陷入黑暗和混乱，七十七个族群联合起来砍倒大树后，人们才终于重见天日，但是经过这一番折腾，大家忘却了人祖烟蝶、蝶玛（一对男女神）赐予的历法。历法对于生产生活极其重要，"不认年不认月，婚配也没有规矩，人像牛马一样在，人像野物一样过"①；没有历法，庄稼不会发芽，谷子不会饱满。第十二章《虎玛达作》（年轮树）重点讲述了一个名叫则作的男子如何找回历法——年月树。天神俄玛（意为"母亲天神"或"最大的女天神"）命大儿子和大儿媳妇栽下年月树，时刻守护年月树。则作找到他们后，天神教会哈尼族认年，大儿教会哈尼族认月和节气，大儿媳妇教会哈尼族认日子和属相。则作得了节令历法，把它带回了哈尼居住的地方。

在史诗《窝果策尼果》中，哈尼族的历法始创者是一对男女始祖神烟蝶、蝶玛，再创者是俄玛和她的大儿、大儿媳妇，学会新历法的第一人是哈尼男子则作。史军超指出，遮天大树神话和年轮树神话反映了父系社会取代母系社会之际发生的剧烈斗争，"遮天大树王"在哈尼语中指"一棵最古老、最高大的直顶天空的母树王"，象征了母系权威，遮天大树被砍倒，男子则作找回农耕历法，都表明了父系制战胜了母系制，男性在农耕生产中由从属地位跃升为主导的地位。②实际上，尽管此时男子的地位有所提升，但女性的神圣地位还没有被撬动，因为则作寻找的年月树还是由俄玛女神赐予，由其儿子、儿媳培育，哈尼的历法由他们传授。新的历法标志着人类在逐渐由采集狩猎转为农耕生产的过程中，其认识自然、征服自然的主体意识有所增强，但并没有明确地表示女性退居为辅助者或附属者。这在哈尼族对开创农业的文化英雄的记忆中有所证明，开山挖田、种植稻谷的是"十个儿子"和"十个姑

① 云南省少数民族古籍整理出版规划办公室编：《云南少数民族古典史诗全集》（上），454页，昆明，云南教育出版社，2009。

② 史军超：《哈尼族文学史》，189页，昆明，云南人民出版社，2015。

娘”[①]。如果说哈尼族在母系社会时期，主要歌颂创造天地万物的女神群体，那么哈尼族在母系社会过渡到父系社会以后，人们对于文化英雄的传颂基本保持两性均衡的态势。

彝族的很多文化发明如火、铜鼓等也是由男女祖先配合完成的。《阿细的先基》讲，钻木取火的发明者是男女先民“姑娘”“儿子”。他们没有确切姓名，也没有明显的超自然神力，在艰苦的生存实践中获得了取火的方法。他们实际上是一个群体力量的概括，代表了众多的阿细先民。还有彝族有关铜鼓的起源，云南文山壮族苗族自治州富宁县和广西壮族自治区那坡县的彝族百姓传说，铜鼓是由其祖先波罗和罗里芬夫妇铸造的。这则神话值得特别注意的是，社会普遍将金属冶炼铸造的工作分配给男性，金属冶炼基本上属于男性专属的领域，而在《铜鼓王》中，罗里芬不但参与铸造铜鼓，而且还起着关键的作用。波罗铸铜鼓多次失败，罗里芬不断思索，不断试验，改进方法。她揉黄泥制模型晒干，然后浇铸铜水冷却，铜鼓终于造成功。夫妻俩不断改进技术，造的铜鼓越来越完美。因此，彝族的铜鼓分为公鼓和母鼓，夫妻俩被后世感恩铭记：“男女和老幼，都感大恩情，誉称‘铜鼓王’——波罗、罗里芬。”[②]

上述史诗内容表明，在推动人类发展进步的过程中，两性都发挥了同样重要的作用。原始社会朴素的民主团结思想固然不会导致女性创造机会的缺失。两性平等地互助合作，两性共同劳动生活，他们的创造发明自然也是共同探索的成果，这是人类发展的自然规律。上述史诗内容还表明，女性并非因性别和身体弱势不得不囿于家庭范围内的生养和照料职责，女性并非局限于家户领域而与人类文化的创造无缘，是因为父权社会男权意识支配下的男性要独占文化起源的功劳和荣耀，并且借此荣耀圈出属于男性的中心大舞台，从而把女性排挤到边缘位置。

① 云南省少数民族古籍整理出版规划办公室编：《云南少数民族古典史诗全集》（上），380—382页，昆明，云南教育出版社，2009。

② 李贵恩、刘德荣等搜集整理：《铜鼓王》，黄汉国等译，20页，昆明，云南人民出版社，1991。

当父系制取代母系制以后，男性在社会生产生活中的地位超过女性，反映在神话中便是父神的崛起及其对母神的贬低。人们对父系祖先的崇拜逐渐超过了对母系祖先的崇拜。比如壮族的神话中，姆六甲的神格从创世大神、文化英雄演变为司生育的“花婆神”。姆六甲由独尊女神的地位降格为布洛陀的配神，作为布洛陀的妻子和辅助者，女神在文化创造领域的地位降低甚至被排除在文化起源神话之外，只有生殖领域的神圣地位得以保留。父系社会男性祖先神、英雄神占据了神界的舞台，成为神界的主角。拉祜族的厄莎天神也是一个典型的例子，这位双性合一的大神在很多传说中被表述为男性。不仅如此，厄莎有一对忤逆不孝的长子长女扎嗨（男子名）、娜嗨（女子名），他们死后，人们把他们的名字改成了扎努扎别，拉祜族神话、史诗的文本将扎努扎别塑造为“一位大义凛然的男子”①。两性对称平衡的观念逐渐淡化，取而代之的是男性为主、男性至尊的父权文化思想。

女娲同样经历了神格下降的过程。女娲最初拥有独立的神格，是抟土造人的始祖母，是补天治水的英雄又是制笙簧、置婚姻的文化始祖。她在神话体系中的地位逐步下降，从拥有多元神格的独立女神演变为伏羲的妹妹或配偶，与伏羲形成对偶神的形象逐渐稳定下来。女神的失落反映的是世俗社会女性让位于男性，逐渐附属于男性的现实。从三皇五帝的性别比例也可以看出，幸运地位列其中的女性文化英雄及始祖神，除了女娲以外便无其他了。即使是英雄业绩声名显赫的人类始祖母女娲，是不是三皇五帝之一也是有争议的，在很多史籍树立的三皇五帝尊位里并没有她的一席之地。父权取代母权的这场斗争，被恩格斯称为“人类所经历过的最激进的革命之一”②，为了全面赢得战争的胜利，男性自然要在文化领域掀起大规模地篡改祖神性别的运动。正如研究女娲神话的学者李祥林所言：“中国过早地步入了父权社会，母权制神话才不是被排挤就是被置换而所剩无几，因此，在经过数千年‘菲勒

① 杜杉杉：《社会性别的平等模式：“筷子成双”与拉祜族的两性合一》，赵效牛、刘永青译，46—47页，昆明，云南大学出版社，2009。

② ［德］恩格斯：《家庭、私有制和国家的起源》，中共中央马克思恩格斯列宁斯大林著作编译局编译，53页，北京，人民出版社，1999。

斯中心’文化传统筛网过滤的现存中国古代神话里，你时时处处都感觉到强烈的父权意识。”①

南方少数民族大多没有民族文字，所以他们的人文始祖，如拉祜族厄莎、瑶族密洛陀、侗族萨天巴……均保存在口承文学中。人文始祖为人类认识世界提供了一把智慧的钥匙，创造了灿烂的古代文化，奠定了民族发展的根基。由于史诗在民众口耳当中活态传承，在生产生活中讲唱，人文始祖在后世人们的心中能够保持鲜活的姿态，影响着民间生活。而且，口传史诗具有集体性，拥有丰富的异文，同一部史诗即使有的地区对于远古母神的记忆逐渐褪去，但有的地区却保存了对远古母神伟大功绩的赞颂。

母权、父权在神话叙述以及研究者的表述中此消彼长，一方压制另一方的话语表述实际上还是二元对立观念主导下争夺支配地位的拉锯战。和谐平等的性别关系已成为现代社会人类文明的重要标尺，宣扬一个性别比另一个性别优越不利于维护和谐平等的性别关系。南方活态史诗中留存了不少男女人文祖先共同创造文化的伟大功绩，我们若跳出母系制、父系制的线性发展思维和二元对立分析模式的窠臼，可以发现民众的讲述中不乏对两性平衡和谐、互补相依的追求。摆脱二元对立思维的禁锢，树立对等平衡的二元合一、二元互补的性别理念具有进步的重要的意义。

第二节　生产劳动

在社会生产生活中，性别分工的不平等是导致性别不平等的一个主要原因。传统“男外女内”的分工模式基于两性的生理差异，以性别二元对立的观念为主导。这种性别分工把女性束缚在私人领域，女性的生育、教养和照料劳动不具有交换价值，女性的劳动价值得不到社会的承认。恩格斯指出，妻子的家务劳动成了“一种私人的服务”，被排除在社会生产之外。②女性在

① 李祥林：《女娲神话的女权文化解读》，载《民族艺术》，1997（4）。

② [德]恩格斯：《家庭、私有制和国家的起源》，中共中央马克思恩格斯列宁斯大林著作编译局编译，75页，北京，人民出版社，1999。

经济上依附于男性，在家庭和社会都处于从属的地位。我国“男外女内”的分工模式在西周初期开始作为制度确定下来。[①]男性在公共领域诸如生产、经济、政治方面的劳动价值远远高于女性在私人领域的生养、照料等家务劳动价值，这种等级区分进一步成为男尊女卑性别关系的结构性基础，“分工的用处并不只是为经济利益，而时常用以表示社会的尊卑”[②]。

然而，通过梳理浩瀚的南方活态史诗发现，南方诸多少数民族的性别分工并没有呈现以性别差异为基础的“男外女内”严格划分，而是在尊重差异的同时，普遍遵循求同倾向下的二元互补统一原则或者二元对称合一原则。在我国南方少数民族地区，妇女不仅承担再生产劳动，而且在社会生产劳动中也起着与男性不相上下的作用。原始社会男狩猎、女采集的自然分工历史悠久，延续时间长，直到20世纪上半叶在山地农耕民族中仍然存在。农闲时节，这些民族的男子外出狩猎，女子采集、纺织是普遍现象。南方少数民族农业生产的劳动分工，与普遍的男耕女织不同，南方少数民族盛行男女共耕。南方少数民族的家务劳动存在一定的分工，大致体现为男编女织，其余家务以妇女为主和男女分担并存。这些史诗记载的分工模式更多地体现了人们在劳动中求同结伴、互相依赖的追求。

一、男狩猎、女采集

南方活态史诗对人类社会早期以狩猎采集为主的生活有丰富的记录，男狩猎、女采集是普遍的自然分工模式。《哈尼族古歌》唱道：“十个女人上山摘树果，手杆不会酸；十个男人上山撵马鹿，脚杆不会伤。”[③]黎族史诗《五指山传》讲，琶玛天（男）擅打猎，婺女主采集，生活过得甜如蜜。[④]农业生计方式取代狩猎采集生计方式的主导地位以后，由于自然地理条件的制约，很多南方山地民族仍把狩猎采集的食物作为生活来源的重要补充。此时

① 杜芳琴：《中国社会性别的历史文化寻踪》，8页，天津，天津社会科学出版社，1998。
② 费孝通：《乡土中国　生育制度》，122页，北京，北京大学出版社，1998。
③ 西双版纳傣族自治州民族事务委员会编：《哈尼族古歌》，93页，昆明，云南民族出版社，1992。
④ 孙有康、李和弟搜集整理：《五指山传》，41—42页，北京，中国国际广播出版社，2016。

的狩猎在农闲时节进行，男子外出狩猎，女子负责采集食物、纺织、照料老幼等任务。

基诺族的《大鼓和葫芦》讲：

巴亚男子会猎兽，出没时间他清楚，走的垭口他知道，年节野味多又多，看不完来数不清，白鹇、团鸡、野鸡肉，斑鸠整个端上来，山上的野味齐全了。巴亚男子会捕鼠，松鼠青鼠竹鼠肉，一一齐全摆桌上。成十上百女人们，寻找鱼虾先围堰，大鱼小鱼装满筐，拿鱼摸虾手脚灵，螃蟹蝌蚪水产多，没有一样不齐全。成十上百女人们，山里找菜有门道，不管是山腰芭蕉花，树上白生扫帚虫，还有喷香格茭菜。①

直至20世纪50年代，基诺族以刀耕火种的农业生产为主，辅以男子的狩猎和女子的采集。当然这种分工也不是绝对的，男子也会参与采集季节性强的块根类植物、果实和虫类。②基诺山区沟壑纵横，鱼类资源丰富，女子也常捕捞鱼虾。

二、男女配合狩猎、共同采集

有的民族曾实行男女配合狩猎、共同采集的协作模式。《阿细的先基》中“人是怎样生活的”一节讲：

世上的人们，把果子摘来，放在手心里。吃果子的时候，姑娘和儿子，搭伙分着吃，果子已经吃完了。大路上有豺狗，坝子里有野狗……儿子拿石头，姑娘拿棒棒，用石头打豺狗，用棒棒打豺狗。

① 云南省少数民族古籍整理出版规划办公室编：《云南少数民族古典史诗全集》（中），421—422页，昆明，云南教育出版社，2009。

② 崔明安：《中国西部民族文化通志·婚姻家庭卷》，308页，昆明，云南人民出版社，2017。

> 豺狗被打死了，剥下它的皮，拿来披在身上。儿子拿石头，姑娘拿棒棒。用石头打野狗，用棒棒打野狗。野狗被打死了，剥下它的皮，拿来围在腰上。[①]

《哈尼族古歌》也保存了远古时期男女一同撵山打猎的记忆：“阿嘎德松是夫妻，日日一处去撵山。……夫妻两个打主意，找着马鹿吃水路，粗粗的树枝弯中央，吃水的马鹿被撵起，踩着弯树被弹翻，肠子肚子敲出来……”[②]这些诗句说明哈尼族妇女历史上与男子一样从事狩猎。景泰《云南图经志书》也有哈尼族妇女“不谙女工，惟打猎捕雀以供其夫”的记载。[③]

拉祜族男女都可狩猎采集。拉祜族推崇两性合一的性别文化，对称均衡的劳动模式在其史诗中处处彰显。拉祜族史诗《根古》唱道：“男人上山去打猎，女人下河捞鱼虾。”[④]当他们迁徙到牡缅坝子以后，开始了农耕生产兼打猎采集的生活。这些劳动任务不按性别差异来分配，而是男女共同承担，比如，“男人上山去挖薯”“女人下箐摘野菜”“哥哥在坝头撵山，妹妹在坝尾打猎”。[⑤]

傈僳族先民曾有男女一同打猎的时期。《傈僳族祭祀经》中，女祖先教男祖先如何捕猎和处理兽皮：

> 到了第二年，媳妇生娃儿。教夫支麂子，下了三个扣。勒着三只麂，三只大公麂。头上长有角，尾巴一团白。阿嫩看见了，“哪家小黄牛，来踩我扣子？”解掉回家来。媳妇听说了，差点被气死：

① 云南省少数民族古籍整理出版规划办公室编：《云南少数民族古典史诗全集》（上），193页，昆明，云南教育出版社，2009。

② 西双版纳傣族自治州民族事务委员会编：《哈尼族古歌》，93页，昆明，云南民族出版社，1992。

③（明）陈文修：《景泰云南图经志书校注》，昆明，云南民族出版社，2002。

④ 云南省少数民族古籍整理出版规划办公室编：《云南少数民族古典史诗全集》（下），806页，昆明，云南教育出版社，2009。

⑤ 云南省少数民族古籍整理出版规划办公室编：《云南少数民族古典史诗全集》（下），812—813页，昆明，云南教育出版社，2009。

> “那是公麂子，不是小黄牛。”……阿麦教阿嫩：树桩上麂皮，轻轻拿下来，轻轻放上去。[①]

苗族《亚鲁王》史诗用了大量篇幅描绘亚鲁王勇敢善猎，亚鲁王两次捕获大型怪兽，也因此获得龙心和盐井。狩猎成为农牧业的重要补充，亚鲁王族人很大程度上依靠狩猎获取肉食。男子提供肉食，女子提供饭食和酒。史诗讲道：

> 亚鲁王说，女儿哩女儿，来吃吧，肉不够吃大家只管问我。来用吧，饭不够饱我只管问你们。亚鲁王请七十个王后，煮七十箩饭，从七十个城堡赶来吃龙肉。亚鲁王唤七十个王妃，酿七十坛酒，从七十个城池前来用龙宴。[②]

《亚鲁王》中的妇女也参与渔猎，偶尔捕猎小型动物，对捕鱼的技巧相当娴熟。我们从少年亚鲁[③]和波尼桑的相处情形了解到，女孩也会使用弓箭、梭镖：“波尼桑带亚鲁打猎，波尼桑领亚鲁射鸟。亚鲁教波尼桑射箭，亚鲁带波尼桑舞镖。”[④]亚鲁王族群在迁徙途中，波娜榜、波娜英捕杀了伤及族群几十孩童性命的青蛇。此外，女性精通渔猎技术，在亚鲁王与荷布朵比赛捕鱼时，妇女们提醒亚鲁王如何正确放置捕鱼工具。[⑤]

口传史诗记录了人类社会发展初期形成的男狩猎、女采集的自然分工，步入农耕社会以后，人们利用山区资源将狩猎、采集作为农业经济的重要补充，这种分工模式延续了下来。男狩猎、女采集的分工也不是绝对的，需要的时候男性可承担采集的工作，女性也可以狩猎。基诺族、拉祜族、哈尼族、

① 张自强搜集整理：《傈僳族祭祀经》，张自强、杨宗译，96—97页，昆明，云南人民出版社，2006。

② 中国民间文艺家协会主编：《亚鲁王》，106页，北京，中华书局，2011。

③ 注：按中华书局版《亚鲁王》的翻译，笔者用“亚鲁”表示称王以前的亚鲁王。

④ 中国民间文艺家协会主编：《亚鲁王》，78页，北京，中华书局，2011。

⑤ 中国民间文艺家协会主编：《亚鲁王》，248页，北京，中华书局，2011。

麻山苗族都存在共同渔猎采集的情形，此外，独龙族、布朗族等民族的男性也会参与采集。

男狩猎、女采集的性别分工是长期以来人们对原始社会的主流认知，这也成了解释“男外女内”分工模式的自然基础和历史根源。狩猎采集社会平均分配，人与人之间关系平等，采集保证了稳定的食物来源，这被认为是女性地位高的主要表现。女性被认为因为体力的劣势和生育的负担只能采集和守护家园，而男性在与野兽搏斗的过程中不但养成了强壮的体格、勇猛的气质，也提高了作战技能、组织能力和社会威望，当采集被需要体力和技术的农业生计取代以后，女性逐渐成了男性的依附者。由于女性的地位下降，在农业社会延续的狩猎承载了重要的文化意义和社会凝聚功能，此时的狩猎成了男性专属的社会活动。实际上，正因为在男女平等的原始社会，男性参与采集，女性也没被排除在狩猎活动之外，才会在男权社会里产生禁止女性狩猎的规范，甚至连狩猎的工具都成了女性的禁忌。

女狩猎、男采集的现象表明生理差异不能充分解释性别分工，也表明性别分工的固化认知遮蔽了我们对古代女性劳动价值的全面认识。女性狩猎是一种世界性的现象，菲律宾的阿格塔（Agta）女性常捕猎野猪和野鹿，中非的阿卡族（Aka）部落女性狩猎极其普遍，加拿大地区的奇佩维安（Chipewyan）女性不但自己捕猎野兔之类的小动物，也与丈夫一起捕猎大型动物。[①] 如果女性的体力足以承担这些一直被认为分配给男性的工作，那么古代社会男女体力的差异也许更多的是训练导致的结果。[②] 仅凭妇女没有参与捕获巨兽，便忽略她们在狩猎劳动中的价值和能力，这实际上是对古代性别分工的误解。

三、男女共耕

男女共耕是南方少数民族农业生产劳动的重要分工模式。南方少数民族

① [美]卡罗尔 · R. 恩贝尔、[美]梅尔文 · 恩贝尔：《文化人类学》（第 13 版），王晴锋译，337 页，北京，商务印书馆，2021。

② [美]卡罗尔 · R. 恩贝尔、[美]梅尔文 · 恩贝尔：《文化人类学》（第 13 版），王晴锋译，336 页，北京，商务印书馆，2021。

男女共耕的现象相当普遍，不管是刀耕火种，还是锄耕、牛耕生产，均“男妇并作”。

刀耕火种农业的性别分工不明显，男女共同参与到刀耕火种的生产劳动中。历史上不少南方山地少数民族曾普遍实行刀耕火种，比如，苗族、瑶族、彝族、拉祜族、独龙族、部分哈尼族、景颇族、基诺族等。基诺族的刀耕火种生计方式历史悠久，延续至今，形成了一套十分复杂的轮作技术。备耕时集体协作砍树烧山，其他劳动工序以个体家庭为单位进行。基诺族的《大鼓和葫芦》讲烧山之前由族长祭祀，然后“成十上百男人们，成十上百女人们，带着腰刀和大刀，举着火把后面跟。沿着寨中大路走，走出寨门上山去”①。20 世纪 50 年代以前，基诺族尚保留原始社会父系家庭公社，尽管个体家庭已经产生，由于生产力水平低下，仍普遍实行“伙耕伙种”的集体共耕形式。②其他实行刀耕火种的民族中，同样是男女共同参与砍树、烧荒、播种。

锄耕自出现后便成为居于山地的南方少数民族主要的生产方式。锄耕农业带来了相对稳定的定居生活，个体家庭逐渐发展为独立的经济单位，夫妻之间加强协作，共同劳动。彝族《阿细的先基》“在荒地上种庄稼”一节，详细地描述了夫妻俩锄耕的全部过程：他们用镰刀割草、捆扎、翻晒、搬运、垒埋、焚烧、撒灰、翻土、播种。

> 亲爱的丈夫呃！扎把烧好了，要撒扎把灰了，撒扎把灰的时候，你在我面前撒，我在你旁边撒。……种子找到了，可以挖地了。我们两个人，丈夫拿撬锄，妻子拿板锄。挖地的时候，底下的土翻到上面来，上面的土翻到底下去。地挖好了，就要撒种子了。亲爱的妻子呃，撒种子的时候，我们两个人，撒在地上边，撒在地中间，

① 云南省少数民族古籍整理出版规划办公室编：《云南少数民族古典史诗全集》（中），415 页，昆明，云南教育出版社，2009。

② 于希谦：《基诺族文化史》，69 页，昆明，云南民族出版社，2014。

撒在地下边。①

这些歌句是夫妻恩爱的情感抒发与生产劳动现实的交融。男女青年常怀着对未来家庭生活的美好憧憬，对唱这类歌，寻觅佳人，互述衷肠。《阿细的先基》描绘阿细人的理想生活是夫妻共同劳作，在生产过程中相互依赖，相互陪伴，形影不离。

对于那些从事水田稻作农业的南方少数民族来讲，“男耕女织”只能在其最狭义的层面描述性别分工，而不能视为一种劳动生产的性别分工模式。哈尼族“女子不犁田，男子不纺织”，但是犁田、耙田、育苗、栽秧、管理、收割等一系列稻作农事的完成有赖于两性的分工合作。这种长期形成的传统在《窝果策尼果》中有多次表述。

男子犁田、耙田：“伙子吆牛的声音，唱歌一样响起来……把大田耙得像姑娘的头发一样平整。”② 经验丰富的年长妇女承担育苗的责任：“捂种的头夜，秧种没有被盖，阿妈下过九道箐，摘野芋头叶当被盖；捂种的二夜，秧种伸手蹬脚，它要伸伸懒筋，它的觉睡醒了；捂种的三夜，秧种冒出头来，笑眯眯地望着哈尼，先祖阿妈老实开心。”③ 插秧是女子的重要责任：“哈尼姑娘来插秧……每丘大田的田头田脚，都要留下你的脚印，不单清凉的早上要干，太阳最辣的时候也要干，晚上太阳下了山，太阳得闲你也不要闲。”④ 管理田水是男人的活计，砍掉杂草是女人的事情。八月是哈尼族收获稻谷的季节，哈尼的老人吩咐了：“儿媳，你快背起竹做的篱笆，儿子，你快扛起椿木的谷

① 云南省少数民族古籍整理出版规划办公室编：《云南少数民族古典史诗全集》（上），236页，昆明，云南教育出版社，2009。

② 云南省少数民族古籍整理出版规划办公室编：《云南少数民族古典史诗全集》（上），585—586页，昆明，云南教育出版社，2009。

③ 云南省少数民族古籍整理出版规划办公室编：《云南少数民族古典史诗全集》（上），385页，昆明，云南教育出版社，2009。

④ 云南省少数民族古籍整理出版规划办公室编：《云南少数民族古典史诗全集》（上），586—587页，昆明，云南教育出版社，2009。

船，男人女人一起下田，老人小娃一起下田。”[①] 女子割谷，男子打谷，共同运谷，女子晒谷。

拉祜族同样遵循“男犁田（地）、女插秧（播种）”的传统。其他生产劳动两性共同分担：男修埂，女薅草；女割谷，男打谷；男女背谷；男舂谷，女簸谷。《牡帕密帕》唱道：

八月谷子黄透了，夫妻去砍青黄竹。
黄竹编个金背箩，青竹编个银囤箩。
编个黄竹簸箕，编个青竹篾笆。
女的手上拿镰刀，男的肩上抬篾笆。
女的下田割谷子，男的地边打谷子。
背谷女的头上背，背谷男的肩上背。
……
男的舂谷子，女的簸谷子。[②]

苗族史诗《亚鲁王》说，亚鲁王国昌盛的时期，苗人居住在丰饶的平坝地区，拥有良田沃土，稻作农业是主要的生计方式。战争失败以后，亚鲁王带领族人迁到西南山区重建家园，生计方式转为刀耕火种，小米是主要的粮食作物。不管是牛耕、锄耕，还是刀耕火种，男女都共同参与到生产劳动中。

南方少数民族男女共耕的现象不仅在本民族的口碑文献中讲述，在汉文献中也有不少记载。“一般男妇，多皆忙忙碌碌，终日工作于其上。但闻彼辈虽积年累月勤劳如此，犹有不免于饥寒者。诚可悯也！其于耕作时，男、妇不分，身负背篓，手握锄鋆，虽风霜雨雪不避焉。”[③] 南方少数民族多居住在

① 云南省少数民族古籍整理出版规划办公室编：《云南少数民族古典史诗全集》（上），592 页，昆明，云南教育出版社，2009。

② 云南省少数民族古籍整理出版规划办公室编：《云南少数民族古典史诗全集》（中），109 页，昆明，云南教育出版社，2009。

③（清）段汝霖、谢华：《楚南苗志 湘西土司辑略》，伍新福校点，235 页，长沙，岳麓书社，2008。

陡峭的山区，土地贫瘠，粮食产量不高，妇女是不可或缺的主要劳动力。鄂西“邑田少山多，男女合作，终岁勤动，无旷土亦无游民”。广西下雷等地区，“春夏男妇耦耕”。即使是稻田耕种，妇女也是农业生产的主力，发挥了不亚于男子的重要作用。也有男子承担家务，女子负责生产的例子。广西兴安等地，“男子炊，女人耕种”“田种晚稻，不用牛犁，用锄以挖”。《苗防备览·风俗考》载：“苗耕，男妇并作。”此类记载，不一而足。男女共耕的劳作模式比比皆是，历史悠久。

四、男猎女织、男编女织

根据南方活态史诗的记录，山地农耕民族在农忙之余，男子或者在家从事竹编、藤编等编织工作，或者外出狩猎，女子则操持家务，承担纺织、喂养牲畜等劳动。传统社会大多数南方民族的生产生活都离不开竹子，生产工具和生活用具多为竹子编制。因此，竹编是男子必备的生产和生活技能，基诺族、拉祜族、独龙族、佤族、怒族、苗族、彝族、傣族等很多民族的男子擅长竹编。

农闲季节，男性外出狩猎，女性包揽纺线织布的活计。怒族的《历史的传说歌》说：“乍付赛是打猎人，没有一天打不着猎物；乍付玛是捻麻织布人，捻麻织布很能干。”[①]而且乍付玛种的南瓜、黄瓜吃不完。彝族《查姆》讲，德白西纺纱，哈若西织布，歇索的三个儿子买染料。《查姆》还讲，有个叫“满五月”的姑娘和女伴们，采桑养蚕，剥茧抽丝，织出绸缎；绸缎染色需要染料，歇索的三个儿子开工搭箭，射中老虎，把虎心血和虎胆送给姑娘做染料。这些内容是对男性狩猎、女性纺织的生动记录。

除了男狩猎女纺织，男编女织也是南方少数民族颇具特色的性别分工。

彝族在家庭手工业生产方面男女分工较明显，男子负责制作竹器、木器、

① 云南省少数民族古籍整理出版规划办公室编：《云南少数民族古典史诗全集》（下），635 页，昆明，云南教育出版社，2009。

石器等，女子则承担传统纺织和刺绣。[1]彝族的劳动工具和日用器皿大多是用竹子编制的，少数为木质、石质、铁质，一般由男性负责制作。这在《阿细的先基》《查姆》《梅葛》等彝族史诗中都有讲述。如《阿细的先基》中，男子用箐沟里的及之树和糙叶树做农具"连械"，用金竹做筷子、篾、笤帚、囤箩、筛子、撮箕等。[2]

拉祜族妇女负责全家人的衣物用品，男子负责竹编。《牡帕密帕》中，拉祜族祖先学习农耕生产以前就会加工竹子了，他们用茨竹做椽子，黄竹做压条，编篾笆做墙，编竹背箩、囤箩、簸箕等劳动工具。[3]竹子在拉祜族的生活中非常重要，盖房需要用竹子，日常所用的许多家具、生产用具都用竹子做成。拉祜族男子一般从七八岁起就开始学习竹编，成年男子大多是编织能手，除了家庭自用以外，他们还把竹编制品拿到市场上售卖。拉祜族的竹编历史悠久，拉祜族"善做宫室，编竹为器，一切床、几、桌、凳备极精巧，汉人莫能及"[4]。拉祜族擅长用藤条、大竹、薄竹为原料编织，织工精细，美观精致，经久耐用。竹制品种类丰富，不同规格、形制一应俱全，有筐、篓、箩、盒，还有篾席、篾垫、桌子、椅子、提兜、挎包等。竹编是许多拉祜族（尤其是黑拉祜和白拉祜）重要的经济来源。

怒族"精为竹器、织红纹麻布，么西[5]不远千里往购之"[6]。男编女织是传统怒族社会的性别分工，一个男人要是不会剖竹剥篾、编制竹器，就不能算是一个合格的男人。怒族竹编种类繁多，有摇篮、转扇、箱子、凳子、各种

① 郭净、段玉明、杨福泉主编：《云南少数民族概览》，26页，昆明，云南人民出版社，1999。

② 云南省少数民族古籍整理出版规划办公室编：《云南少数民族古典史诗全集》（上），243页，昆明，云南教育出版社，2009。

③ 云南省少数民族古籍整理出版规划办公室编：《云南少数民族古典史诗全集》（中），107—109页，昆明，云南教育出版社，2009。

④（清）刘慰三撰：《滇南志略》，见方国瑜主编：《云南史料丛刊》（第13卷），325页，昆明，云南大学出版社，2001。

⑤ 么西：明朝时期文献对纳西族的称呼。见尤中：《云南民族史》，379页，昆明，云南大学出版社，1994。

⑥（清）余庆远撰：《维西见闻纪》，见维西傈僳族自治县志编委会办公室编印：《维西史志资料②》155页，内部资料，1994。

盒子、篮筐、筛子、背篓、鱼篓等。竹编和纺织仍属于家庭手工业，尚未从农业中分化出来，基本满足自用，但怒族的竹器和麻布独具特色，在周边民族中享有盛誉。在怒族古老的创世神话中，有一个传说认为“怒族的祖先是簸箕变成的”。怒族历史上将精美的竹器作为必不可少的纳贡物品，献给外民族土司和头人。[①]

其他南方少数民族同样把竹编的任务分配给男子。景颇族男子编竹的历史悠久，其史诗《目瑙斋瓦》讲，远古时代，男人最初学会的手艺之一，就是用竹篾编食篮、食盘、篾帕。[②]基诺族织布做衣的工作均由女性承担，竹篾编制是男子最基本的手工活计。基诺人住的是竹楼，用的是竹桌、竹凳、竹床、竹箱、竹筐、竹筒、竹盒、竹篓等，吹弹奏乐大多也是竹质乐器。独龙族也是女织麻、男编竹。德昂族男子个个都是篾匠。布朗族男子也会编制各种吃穿用度需要的器具。佤族男子从事竹篾编织，女子从事棉麻纺织。傣族男性从事竹编已成为其传统社会典型的性别分工。布朗族平时每个成年男子都会编制妇女搬运东西的篾背箩、饭盒、簸箕。

传统社会里，竹编器具和纺织品绝大多数为了自用，也有少数手工艺人编制精巧的篾器，拿出去交换或者售卖。对于大多数民族来说，竹编和纺织都是自给自足经济的家庭手工业，没有形成大量商品进入市场。

在一些民族的家庭手工业生产中，男编女织的性别分工是主流模式，但有的民族也存在男女互助、共同分担的情况。

根据史诗讲述，哈尼族男女都从事竹编。哈尼族竹编的悠久历史可追溯到古老的塔婆时代，人类始祖是一对兄妹，叫佐罗和佐白，为了补天地，二人编竹牛祭天地：“阿哥砍来九山的荆竹，阿哥削出滑亮的篾片；阿妹来编竹牛，一天编出一片。”[③]迁徙途中，哈尼先民找好地方建新寨时，一定要栽竹

① 中华文化通志编委会编：《中华文化通志 26 第三典民族文化 彝、纳西、拉祜、基诺、傈僳、哈尼、白、怒族文化志》，514 页，上海，上海人民出版社，2010。

② 云南省少数民族古籍整理出版规划办公室编：《云南少数民族古典史诗全集》(中)，320—321 页，昆明，云南教育出版社，2009。

③ 云南省少数民族古籍整理出版规划办公室编：《云南少数民族古典史诗全集》(上)，432 页，昆明，云南教育出版社，2009。

子，可谓无竹不成寨。《哈尼阿培聪坡坡》中记载，“选好了合心的寨地，还要栽三篷竹子。竹子栽在哪里？栽在寨头的土里。”[①]哈尼族认为竹子是生活中不可或缺的伙伴，从建房造屋到饮食起居各方面都离不开竹。拉祜族多尼支系“住在胡子一样密的竹林里，老实喜欢编织篱笆”[②]。哈尼族盖蘑菇房，男女齐心协力，用竹篾和茅草扎屋顶往往是女人的事情。[③]

彝族《阿细的先基》记录了夫妻共同生产、加工麻的全过程。两人一同挖地、撒种、覆土、割麻、背麻、泡麻、捡麻、晒麻、撕麻、洗麻、搓麻。男子找纺车、做晒线桩，女子纺线，男子洗、漂、晒麻线，绕线团。男子找织机，女子织布做衣。[④]《查姆》中也有男子协助纺织的叙述：阿哥（爹）白天剥麻皮；阿嫂（妈）夜晚把麻搓细，绩成麻后织成布。[⑤]

第三节　家务劳动

一、女性承担

家务劳动的性别分工在很大程度上反映家庭中的性别平等程度。恩格斯指出：“妇女的解放，只有在妇女可以大量地、社会规模地参加生产，而家务劳动只占她们极少工夫的时候，才有可能。”[⑥]由于我国“男主外、女主内”的传统性别分工，家务劳动大多属于女性的职责。女性承担家务劳动的角色在包罗万象的南方各民族史诗中均有记叙，此处不再赘述。

① 云南省少数民族古籍整理出版规划办公室编：《云南少数民族古典史诗全集》（上），403页，昆明，云南教育出版社，2009。

② 云南省少数民族古籍整理出版规划办公室编：《云南少数民族古典史诗全集》（上），430页，昆明，云南教育出版社，2009。

③ 云南省少数民族古籍整理出版规划办公室编：《云南少数民族古典史诗全集》（上），407—408页，昆明，云南教育出版社，2009。

④ 云南省少数民族古籍整理出版规划办公室编：《云南少数民族古典史诗全集》（上），235—240页，昆明，云南教育出版社，2009。

⑤ 云南省少数民族古籍整理出版规划办公室编：《云南少数民族古典史诗全集》（上），24页，昆明，云南教育出版社，2009。

⑥ 马克思、恩格斯、列宁、斯大林：《马克思恩格斯选集》（第4卷），中共中央马克思恩格斯列宁斯大林著作编译局编译，158页，北京，人民出版社，1972。

农业社会的家务劳动极为繁重，不仅包括洒扫庭除、洗衣、缝补、砍柴、挑水、照顾老幼、谷物脱粒、烧火煮饭、酿酒和食物加工与储存，还包括畜禽饲养、菜园管理等。南方少数民族妇女必须从事农业生产，如果家务劳动也由她们操持的话，那么她们的负担就极其沉重，终日劳累，不得休息。相关民族志和社会调查提供了很多这方面的资料。根据《中国西部民族文化通志 · 婚姻家庭卷》对农耕民族中女性的劳动分工介绍，以下南方民族的家务劳动全部由女性操持：普米族、怒族、傈僳族、哈尼族、傣族、佤族、德昂族、苗族、侗族、壮族等。[①] 社会规定女主内，男子做家务劳动不但不被鼓励，甚至会遭致嘲笑，比如，“苗族妇女日常的家务劳动包括洗菜、煮饭、挑水、舂米、喂猪、打猪菜……在苗族看来，这些劳动是专属于女子的，男子不能做，否则会遭人嘲笑和指责”[②]。

从整体情况来看，我国南方少数民族的家务劳动主要由女性承担。女性既要操持家务又要从事生产劳动，肩负双重负担。女性的劳动时间远远超过男性，劳动强度很大。女性日复一日地操心家庭琐事，忙碌于田间地头，难得空闲，缺乏自我发展和参与社会公共事务的机会，而男性忙完了农业生产，就有闲暇进行社交、娱乐、喝酒、吸烟、聊天儿，因此形成了“女劳男逸”的分工特点。南方民族历史上普遍存在“女劳男逸”的风俗。

人们对“女劳男逸”现象的认知在史诗、神话中有充分的反映。彝族、拉祜族、阿昌族、畲族、傈僳族等民族的造天造地神话中，女神勤恳造大地，男神偷懒把天造小了，结果不得不返工。苗族流传的是女神造天男神造地的神话。女神勤劳造天，造得平平展展，而男神贪玩，随便乱造一通，结果大地就高低不平、坑坑洼洼。这些神话一方面反映了“女劳男逸”普遍存在，另一方面反映了社会赞赏女性勤劳、批评男性懒惰的情感态度。

① 崔明安：《中国西部民族文化通志 · 婚姻家庭卷》，昆明，云南人民出版社，2017。
② 崔明安：《中国西部民族文化通志 · 婚姻家庭卷》，315 页，昆明，云南人民出版社，2017。

二、男女分担

“女主内”的传统规范尽管是主流，但不是唯一。南方少数民族多元丰富的社会历史背景和经济地理环境孕育了各具特色的性别文化。南方少数民族大杂居、小聚居，同一个民族分布范围广，内部发展不平衡。以苗族为例，苗族人口1100万人左右，分布在黔、湘、鄂、川、滇、桂、琼等省区，各个地区的苗族社会经济发展不平衡，形成的传统性别文化也存在较大差异。与前述苗族实行严格的“女主内”劳动分工不同，西部方言麻山次方言苗族的家务劳动由男女共同分担。

麻山苗族男女共担家务的传统在史诗《亚鲁王》中有明确的记叙。《亚鲁王》中，男女都照顾幼儿、操持家务。亚鲁王随时关心孩子是否吃得饱、穿得暖，嘴边常常念叨着“孩儿哩孩儿，娃儿哩娃儿，别哭啦，听话啦”①，充分体现了一个尽量分担育儿职责的父亲，并不把养育孩子的事情置身事外。而且，男子在料理家务方面也不亚于妇女，史诗唱道：

亚鲁王族群，亚鲁王儿女。他们去上坡，她们去做活。
他们去讨菜，她们去砍柴。他们见藤子，把藤扯来家。
她们见竹子，将竹划篾来。亚鲁去捆绑，马桑十七抱。②

可见，家庭成员共同劳动，在家务劳动方面没有明显的分工。即使是绝大多数民族中由女性承担的食物制备、洗衣洗碗等活计，在《亚鲁王》中也是男女合作。比如，亚鲁王帮霸德宙料理家务：“扫地又洗衣，挑水又砍柴。烧水又倒茶，洗菜又煮饭。洗碗又洗筷，送菜又送饭。送饭到田头，送饭到坡上。”③

所以说，南方少数民族的家务分工具有多样性，“女主内”是主流模式，

① 中国民间文艺家协会主编：《亚鲁王》，北京，中华书局，2011。
② 陈兴华：《亚鲁王》，269页，重庆，重庆出版社，2018。
③ 陈兴华：《亚鲁王》，249页，重庆，重庆出版社，2018年。

也有不少民族（支系）的家务劳动由男女共同分担。由于民族内部支系众多，社会经济发展水平各异，历史文化变迁的程度不一，女性的地位也存在差异。家务劳动反映了家庭中的性别平等程度，那些母系社会痕迹保留较多的族群中，家务劳动并没有受到贬低、轻视，女性没有彻底沦为家中的“奴仆”，因此，男女都承担家务劳动。

第四节　性别分工的性质

在南方史诗的描述中，犁田、纺织确实属于男女不同的劳动范畴，不过这种性别分工并不存在不可逾越的鸿沟。麻山苗族在犁田这项工作上没有严格的性别界限，苗族史诗《亚鲁王》描述牛祖宗向亚鲁王求情不要杀它时说：“她们去开荒，她们来耕地。我拉犁耙下大力气耕田地，她们只需扶犁跟我后面走。”[①]《阿细的先基》记录了夫妻共同生产加工麻的全过程。两人一同挖地、撒种、覆土、割麻、背麻、泡麻、捡麻、晒麻、撕麻、洗麻、搓麻，男子找纺车，做晒线桩，女子纺线，男子洗、漂、晒麻线，两人绕线团，男子找织机，女子织布做衣。[②]可见，麻山苗族和彝族阿细人的性别分工比较灵活，性别角色重合交叠的部分较多，人们重视相互依赖、均衡合作、最大限度地利用劳动力。

男耕女织本是为了提高劳动效率的自然分工，随着父权制社会性别不平等的加剧，这种分工成了标榜男人力量、技术和男性气概的象征，甚至作为男性优越的权力话语，强化了男外女内、男主女辅、男强女弱的二元对立性别等级体系。犁耕对体力和技术有要求，传统社会普遍禁止女性犁田。傣族有“女子犁田遭雷打”的禁忌。[③]哈尼族严格遵循“男不织布，女不耕田”的习俗。阿昌族流行“女人犁田，田不肥”的俗语。苗族、土家族认为女子犁

① 中国民间文艺家协会主编：《亚鲁王》，285 页，北京，中华书局，2011。

② 云南省少数民族古籍整理出版规划办公室编：《云南少数民族古典史诗全集》（上），235—240 页，昆明，云南教育出版社，2009。

③ 胡绍华：《傣族风俗志》，200 页，北京，中央民族大学出版社，1995。

田伤男人的面子，显得男人没用。[①] 实际上，犁田只是农业生产的一个环节，其他环节两性合作的部分更多。再者，妇女的体力也因人而异，正如陈国钧考察南方少数民族时发现“苗夷妇女一般的体格都很强健”，劳动强度非常大，不逊色于男子。[②] 上升到禁忌的性别分工已远非自然差异而具有强烈的性别政治内涵，在贬低女性的能力和劳动价值时，突出男性在生产领域的重要地位。没有充分的证据表明女子体弱不能犁田，集体生产时期的男女共耕和市场经济时期的“农业女性化”都提供了反证。在神圣化男性从事的生产劳动时，“女织”并没有获得同等的社会价值，本是二元互补的自然分工，在男权意识形态下演变为二元对立的性别等级划分。

所谓“男外女内”“男耕女织”，很大程度上是具有性别政治含义的分工。[③] 即使是在江南地区，男女同耕、男女共织的现象也不是没有，万历时青浦县便有“男耕女织，外内有事。田家妇女，亦助农作；镇市男子，亦晓女红”[④]。

在小农经济形态下，“男耕女织”的性别分工不但历史悠久，而且被视为天经地义，但是这种均质化、普泛性的概括并不能充分反映南方少数民族性别分工的复杂多元性。比如，前述哈尼族和拉祜族都严格遵循“男犁田、女纺织”的分工，但是除此以外，女性从事育苗、插秧、施肥、锄草、收割等各项社会生产劳动，而且在这些劳动过程中，她们也进行广泛的社会交往。哈尼族互帮互助，以换工方式集体插秧，栽秧季节田间热闹非凡，男女青年边劳动边说笑嬉闹，情歌秧歌此起彼伏，此时是他们相识交往的好时机。

农业生产主要以家庭为单位，分工呈对称均衡的特点，农作物的播种、管理和收获几个环节都需要两性的合作。对称强调结伴。南方少数民族史诗对于劳动生产的讲述既是历史记忆，又是现实的映照。史诗中的知识经验以

① 崔明安：《中国西部民族文化通志·婚姻家庭卷》，317页，昆明，云南人民出版社，2017。

② 陈国钧：《苗夷妇女的特质》，见贵州省民族研究所编：《民族研究参考资料》（第20集），363页，民国年间苗族论文集，1983。

③ 邓焱：《中国宗族父权制建构史纲》，208页，北京，九州出版社，2012。

④ 屠隆：《由拳集》卷十六《与王百穀二首》。

及古礼古规长期指导传统社会的农耕生产，如哈尼族在农业生产中，两性合作互补，共同耕作。

“男主外、女主内”的性别角色刻板印象“往往会导致妇女对生产领域的贡献和男人对再生产领域的贡献得不到相应的承认”[①]。

《亚鲁王》史诗的内容表明，在生产力低下的父系氏族社会，农忙时节男女共耕，农闲时节男猎女织，家务劳动男女同做，育儿职责共同分担。以亚鲁王族群为代表的西部苗族因为频繁战争和迁徙，社会发展缓慢，经济比较落后，以刀耕火种为主要生计方式，手工业和集市贸易有所发展，但主要是满足基本生存，没有财富积累，私有制没有得到发展，加上妇女体格强健，吃苦耐劳，从而形成并长期保持着两性平等合作的关系。

南方少数民族的劳动模式主要是男女共同分担生产性劳动。究其原因，南方少数民族保留了很多母系制社会的特征。实际上，正是女性在劳动生产中的重要作用为母系社会尊重女性的观念在父系社会的延续提供了现实基础。两性对称均衡的劳动分工在源远流长的活态史诗中有更为直观详细的叙述。

① 章立明：《结构与行动——西双版纳傣泐家庭婚姻的社会性别分析》，171页，北京，人民出版社，2011。

第二章　互敬互爱：南方活态史诗中的两性情感关系

在南方活态史诗汇聚的历史文化长河里，伙伴关系式的两性文化作为性别文化的源头，随着人类诞生的过程而产生。著名的文化人类学家理安·艾斯勒将相互依存、平等合作的两性关系模式称为伙伴关系模式。此种模式中的恋爱、性和夫妻关系不是建立在等级、控制、痛苦甚至奴役之上，而是以平等、自由、快乐和责任为基本的亲密关系原则和人生价值取向。[①]源于人类之初的伙伴式两性情感关系或者说亲密关系，在南方诸民族恋爱自由、性爱快乐、生殖神圣的文化氛围里，长期作为两性关系的主导模式。

南方史诗，尤其是创世史诗和迁徙史诗，推崇自由平等、双向奔赴的两性情感关系。恋爱、性（sexuality）、婚姻是两性情感关系涉及的主要领域。[②]南方史诗对南方少数民族的婚恋习俗进行了全方位的介绍。从史诗丰富连贯的情节、细腻的情感抒发和生动细致的人物语言叙述，我们可以窥见南方少数民族在婚恋过程中的交流方式、相处之道和理想追求：人们普遍崇尚自由恋爱，以“歌”为媒，以“舞”为介；情到浓时，“奔者不禁”；缔结婚姻，儿女成群，即为人生圆满。这段美好姻缘的达成和维持靠的是男女双方的主动追求和共同努力。

① [美]理安·艾斯勒：《神圣的欢爱：性、神话与女性肉体的政治学》，黄觉、黄棣光译，北京，社会科学文献出版社，2019。

② Connell, R. W. Gender: in world perspective, 2nd ed. Cambridge: Polity Press, 2009: pp.81-83.

第一节　恋爱：郎情妹意，歌舞相传

南方少数民族有崇尚自由恋爱的传统。各民族的节日庆典、宗教祭祀、婚丧嫁娶、逢圩赶场、走村串寨，是青年男女寻觅佳偶、谈情说爱的好时机。青年男女相互了解、追求异性、互诉衷肠的主要方式有吹奏乐器、对歌、舞蹈和游戏竞技等文娱活动以及宴饮集会活动，其中，通过对歌、跳舞进行恋爱社交非常普遍。男女青年在相识、相知、相恋或者是拒绝、终止恋爱等行为过程中，互相尊重、平等相待。这种自由平等的伙伴式情感关系主要体现在以下几个方面。

一、环境友好，恋爱自由

首先，一方面，社会文化提供了宽松自由的恋爱择偶环境，男女相爱顺应自然、合乎人性；另一方面，青年男女的恋爱择偶活动必须遵循一定的社会伦理规范。个体的人性张扬与社会文化的规范尽量达到和谐平衡的状态。

南方少数民族崇尚自然和文化的和谐统一，重视族群繁衍壮大的同时，充分尊重个体的人性发展和自然需求。个体的需求与社会的需求在恋爱习俗和文化中得到了很好的协调和平衡。人们普遍将男女社交的重大节日集会定在春天。春天，万物复苏，草木生长。青春男女就像含苞待放的花朵一样，人们都在期待他们去谈情说爱，好在秋天结出丰硕的果实。彝族《梅葛》的“婚事和恋歌”章节，开始歌咏美丽的春天，花草树木、鸟兽虫鱼、日月星辰、山川河流等都成双成对，大地万物因此才繁荣。然后史诗引入恋爱婚配的内容，男女相亲相爱，成双配对，人间因此才生生不息。

没有不相配的树木花草，
没有不相配的鸟兽虫鱼，
没有不相配的人。

样样东西都相配，
地上的东西才不绝。
天有天的规；
白云嫁黑云；
月亮嫁太阳；
天嫁给地；
男女相配，
人间才成对。

万物皆成对，两性需合一，此种朴素的对称平衡思想光芒在南方史诗中处处闪耀。“没有不相配的人”，两性只有结合，人生才圆满。这种人生价值观源于人口繁衍和社会延续的需求。但是，这种迫切的社会现实需求仅是其一。人的自然情感需求同样受到保护与重视。比如，《梅葛》说，男女吹奏对歌，两情相悦，林中相会，尽情尽兴，此乃人之常情，“白米人人爱，哪个不爱玩，玩了吹了回家来”①。青年男女常常受到鼓励甚至催促，要去恋爱，去寻找人生的快乐。哈尼族《窝果策尼果》唱道：

哈尼安下了寨子，
伙子姑娘谈情的时候到了。
趁着春暖花开的日子，
快来播下人的种子啊。②

男女青年的恋爱既具有自然性和个体性，属于双方情感之私事，又具有文化性和社会性，是关乎族群发展之公事。人们可以自由追求美好的爱情，

① 云南省少数民族古籍整理出版规划办公室编:《云南少数民族古典史诗全集》(上)，160 页，昆明，云南教育出版社，2009。

② 云南省少数民族古籍整理出版规划办公室编:《云南少数民族古典史诗全集》(上)，411 页，昆明，云南教育出版社，2009。

但不能纵欲滥情，恋爱活动需合乎礼节。各民族在这方面有一套相应的礼俗规范和民间习惯法。比如，传统上各民族禁止异族间通婚，同姓同宗不婚也是各民族必须遵守的规则，因此初次见面的男女，一般都需要自报家门。恋爱交往活动在自由开展的同时，也受到社会的组织、调节、监督和制约。社会保障青年男女有充分享受身心愉悦的权利，也监督他们对自己的行为承担责任，保证其行为活动符合社会的伦理规范。总的来说就是，个体的人性张扬与社会文化的规范尽量达到和谐平衡的状态。当这种平衡无法维持下去时，社会文化便做出调整达到新的平衡。比如，有些民族如侗族、苗族迁徙频繁，居住分散，同宗不婚，可通婚的村寨相隔很远，青年男女婚配困难，为了解决这种失衡，进行了婚俗变革，即破姓开亲。尽管严格禁止同姓同宗不婚有其不合理之处，但与同时代的汉族比起来，南方少数民族的婚恋是相当自由的。

二、相识相知，你来我往

南方少数民族传统婚恋文化中，男女双方都可以大胆示爱，恋爱过程中的人际互动关系总体上呈现双向互动的特征。南方少数民族婚恋活动中的交往礼仪可以在其民族经典中找到源头。中国古代束缚妇女的礼教规范和行为准则——“三从四德”，在《仪礼》《礼记》中就已经系统提出，此后的几千年里，女性戴着这副枷锁失去了独立的人格，处于被支配的从属地位。男权中心意识主宰下的女性必须遵循传统女德，在两性关系中必须保持矜持含蓄之态，压抑自己的感情，依赖并顺从男性，只能被动配合与等待。而南方各少数民族的活态史诗是各民族的口碑文献经典，其中的民族婚俗规范，鼓励未婚男女积极主动、自由交往。有的民族史诗甚至将促进单身男女恋爱社交作为社会公共责任和义务进行了规定，比如社区应该提供异性社交的专门场所，开展大型择偶集会，组织相关的节日等。在这种宽松的氛围里，女性在恋爱活动中总体上表现得率真质朴，大胆热烈，与异性社交时积极互动，敢于主动追求爱情。

在很多民族和地区，男子主动追求女子更普遍。傣族、佤族、布朗族、景颇族、基诺族等民族的“串姑娘”由男子主动上门约姑娘，男子到姑娘所在村寨相会。侗族的“行歌坐月”，男子往往三五成群，晚饭之后前往姑娘村寨寻找恋爱对象。侗族的款词讲：

从今往后，
村村寨寨，
破姓开亲。
九十九公立规，
立碑中朝款坪。
女的坐夜搓麻，
月下三五成群；
男的走寨弹琵琶，
结伴来找心上人。
世世代代，
恩恩爱爱。①

这段侗族款词表明，男子需主动前往姑娘住处寻觅佳偶，家人对青年男女恋爱交往一事非常重视，热情支持。侗族的“行歌坐月”，也称“行歌坐夜”“玩山”“走寨”“走姑娘”。姑娘们结伴聚在“月堂”纺纱刺绣，青年男子结伴携带木叶、侗笛或琵琶到姑娘村寨聚集的地方，伴奏对歌，谈情说爱。现场气氛浪漫热烈，小伙姑娘们乐此不疲，黎明才依依惜别。

很多民族既有男子主动追求女子的习惯，也存在女子主动示爱的风俗和现象。黔东南苗族“游方”时男子更主动，同时也存在姑娘“吃姐妹饭”主动邀请男子的习俗。布依族“浪哨”对歌时，男子主动攀谈接近姑娘，不过布依族举行“甩糠包”活动时，姑娘往往更大胆，主动把它甩给意中人。

有的民族流行双方都主动邀约异性开展恋爱交往活动。《哈尼阿培聪坡

① 吴浩、梁杏云主编：《侗族款词》（上），639页，南宁，广西民族出版社，2009。

坡》说，父母家人必须支持青年男女寻找恋人，姑娘主动追求心上人是受到鼓励和肯定的。

三月是哈尼找伴的月，
快快去到心爱的人身旁。
我权威的乌木说下话来，
许你们不去种地放羊，
快去结成甜甜的夫妻，
阿爸阿妈不准阻挡。
不单伙子可以来娶，
姑娘也可以挑新郎，
姑娘们，
瞧着哪个伙子赶紧来认，
扎纳阿波帮你们结对成双。[①]

哈尼族的村寨往往设有专供姑娘小伙恋爱社交的场所。傍晚，姑娘头或者小伙头带领一群男女青年，在固定场所聚会对歌，或在村边丛林约会对歌。在红河南岸大羊街一带的哈尼族奕车人，姑娘们邀约找小伙，若姑娘人数达到五人以上，就举行盛大的“阿巴多”宴会。[②]不过，值得特别注意的是，哈尼族奕车人的社交古俗规定，青年男女的初次约会由姑娘主动发起，女子结伴成群先到男方所在村寨“串小伙子”，男子不能先到女方村寨“串姑娘”。[③]

不管是男追女还是女追男，都只是一种礼仪或者约定俗成的恋爱交往模式，而不是道德伦理意义上对某一方（尤其是女性）的束缚。很多民族除了

① 云南省少数民族古籍整理出版规划办公室编：《云南少数民族古典史诗全集》（上），679页，昆明，云南教育出版社，2009。

② 郝文明主编，国家民委民族问题研究中心编：《中国民族》，257页，北京，中央民族大学出版社，2001。

③ 崔明安：《中国西部民族文化通志·婚姻家庭卷》，52页，昆明，云南人民出版社，2017。

持续的有规律的恋爱社交活动以外，在探亲访友、婚丧嫁娶、赶集等时候，男女之间的交往表现出双向互动的特征，比如布依族、苗族、拉祜族、壮族、瑶族等民族青年男女都可以趁此机会互相结识，主动交流。

三、对等平衡，同为主体

建立恋爱关系的情感基础是两厢情悦，维持恋爱关系的伦理关键是互相尊重，平等相待。南方少数民族史诗中，虽然不乏少数英雄史诗塑造的被物化的女性形象，但是南方史诗大多以创世造人、族群历史发展和社会生产生活为主要题材，其中对男女恋人尊重彼此、平等互爱的歌唱构成了南方史诗中两性关系的主调。男女双方不是主客体的关系，而是在尊重性别差异的前提下主体与主体的关系。史诗往往将恋人之间伙伴式的平等互爱观念置于世界起源的叙述中，赋予其天经地义的特质。布依族《创世歌》中，太阳、月亮都要通过“浪哨”（对歌择偶、谈情说爱）寻找恋人成婚生子。

太阳在天上，
天天发亮光，
惹得很远很远的东方，
飞来一个美丽的姑娘，
他们同浪哨。
浪哨配成双。
过了九十九年，
过了九十九载，
姑娘孕期满，
生下一个崽。
月亮在天庭，
夜夜放光明，
惹得很远很远的西方，
飞来一个英俊的后生，

两人同浪哨，
双双配成亲。
月亮身怀孕，
过了九十九冬春，
生下一个小勒梦（小姑娘）；
脸儿白生生。[①]

布依族先民认为，男女对歌谈情结成夫妇，是从开天辟地之初太阳、月亮开始的。姑娘主动去找太阳小伙，后生去找月亮姑娘，各自双双配对，表明男女之间的交往关系不分主从。布依族男女“浪哨”对歌，双方保持一定的距离，或两两相对站立，或相背席地而坐。在对歌活动中，彼此都会心照不宣地打量对方，双方处于平视的角度，而不是女性处于被男性凝视的客体地位。在对歌活动中，若双方先不露面，但闻其声，那也是你唱我和，互听互述。

其他少数民族青年男女对歌传情的方式大同小异，如拉祜族《牡帕密帕》讲：

晚上月明时，
走到寨子边，
来到大树下，
一起唱情歌。
大伙在一起，
烧起了篝火。
男的坐上边，
女的坐下边。

① 中国民间文学集成全国编辑委员会、中国歌谣集成山东卷编辑委员会编：《中国歌谣集成·贵州卷》，298 页，北京，中国 ISBN 中心，2009。

男的向姑娘求爱，
女的向伙子传情。
男有情来女有意，
男女定下了姻缘。[①]

南方少数民族对歌谈情的社交活动大体相似，男女之间拒绝居高临下的单向表达，也不容忍男性将女性视为物化的欲望对象。男权中心文化中单向的男性看与女性被看是不平衡的两性关系，观者通过把女性建构为他者确立自身的主体地位，观者成为权力的主体和欲望的主体。女性生活在男权社会规训的压力之下，并把社会对女性的规训内化。女性的身体成了男性凝视的对象，女性不仅要被动地让男性观看品评，而且还自觉遵守这一看与被看的权力不平等模式，使自己的身体在男人眼中更加驯服、赏心悦目。男性看女性，而女性注意到男性对自己投来的目光，她内在地凝视自身，又外在地被男性观看，这是大多数在观看或凝视中男女之间的关系，这种关系是不平等的。[②]后现代女性主义强烈批判这种凝视的男权统治本质，呼吁女性摆脱被观看的客体地位，创立女性自身的标准勇敢地与男性对视，向男性投去观看的目光。我国南方少数民族对歌以及共舞的两性交往始终秉承“你来我往”“两相应和”的相互性原则。对歌、共舞的恋爱活动中，男女不仅互相打量，他们也处于观看他人与被他人观看的同一场域中，大家处于互视、平等的地位。

恋爱中的青年男女之所以保持平等相待的态度，除了社会文化语境对于自由恋爱提供了友好支持以外，还因为他们淳朴的择偶观。平等和谐的两性情感关系不应该受到金钱、物质、阶级、权力等其他因素的支配。著名的人本主义心理学先驱阿尔弗雷德·阿德勒（Alfred Adler）指出：“唯有两人之间

① 云南省少数民族古籍整理出版规划办公室编：《云南少数民族古典史诗全集》（中），112页，昆明，云南教育出版社，2009。

② [英]约翰·伯格：《观看之道》，戴行钺译，46—47页，桂林，广西师范大学出版社，2005。

的关系打下了合宜的平等根基，爱情才会走上正途，婚姻才能成功。”[①] 南方少数民族择偶首先看重对方的劳动技能和才干。男子往往通过帮助女子（女方家庭）干活儿来表达爱情，如在哈尼族《窝果策尼果》中：

眉嵯姑娘去赶街，
遇见了合心的伙子。
她到泉边挑水，
伙子帮她挑水；
她到山上砍柴，
伙子帮她砍柴。[②]

自然经济时代，人们过着自给自足的生活，因此择偶时非常看重劳动才能。

道德品质是否良好是另一个重要的择偶标准。一般来说，人品好、忠厚、踏实、勤劳、勇敢的小伙子最能赢得姑娘的青睐；人品好、心灵手巧、善良、孝顺、勤劳的姑娘最受人欢迎。

当然，南方少数民族青年择偶时，外貌长相虽不是最重要的条件，但也是一个不能忽视的重要因素。爱美之心人皆有之，男女双方都会考虑这一点。总体上，男性对于异性外貌的重视程度大于女性，女性更在乎男性是否身强体壮。

不过，民族之间也存在差异性。有的民族的男女都比较在意相貌。比如，从江县苗族有一首情歌《探情对唱》中，男子唱道：“表妹啊，千万不要那样讲，我若有个好貌相，得和表妹配成双。表妹真进我门槛，我只怕乐得嘴不

① [奥]阿尔弗雷德·阿德勒：《人，做得到任何事：阿德勒心理学讲义》，吴书榆译，北京时代华文书局，2018。

② 云南省少数民族古籍整理出版规划办公室编：《云南少数民族古典史诗全集》（上），533页，昆明，云南教育出版社，2009。

会闭来只会张”[①]。记译者在这首歌的附记中评论说“苗族青年男女，最讲外貌，如这男子貌美，三言两语，女子马上表态了，哪会这样躲闪”[②]。而有的民族尽量弱化外貌因素对于择偶的影响。怒族小伙喜欢能编善织的姑娘，姑娘中意能耕善猎的小伙，他们的选择对象往往遵循这样的道理：“羽毛华丽的鸟肉酸，外貌美丽的人心狠”[③]。

南方少数民族不以“男才女貌”为主要判断标准来选择婚恋对象，而是同等地看重两性的社会价值，对于两性持有平衡的审美观念。南方少数民族在择偶时更看重男女双方的劳动才能、人品。不少民族对于两性的外貌有着平衡的审美观念，对男性身体以及身体装饰的重视程度不亚于女性，男女两性的身体美对异性具有同样的吸引力。男青年的传统服饰尤其是节日盛装同样是色彩斑斓、美轮美奂的。比如，苗族相当注重男性的形体美和服饰美，每逢民族节日，苗族青年都要盛装打扮。要去跳月场上吹芦笙的年轻伙子们更要精心装扮，认为“非此不能取悦异性，也不会博得老年人的称赞”[④]。鼓藏节男性盛装非常讲究，整件无领直襟宽松中长衫通身绣花，下摆缀连若干绣花飘带，飘带下束白鸡毛，俗称鸡毛大花衣，做工精美，图案繁复，光彩夺目。大花苗支系男女穿戴以红、黑、白三色毛麻混织的大花披肩，后缀一条彩色挑花背牌。瑶族不论男女，均喜欢蓄发椎髻。男性以红布或青布包头，发髻上缠有红、绿、黄色绒线，喜插雉毛羽翎，戴耳环和项圈。类似的例子不胜枚举。南方很多民族的男性都讲究打扮，美化自身，取悦异性。

“男才女貌”的价值观，把女性框定在自然属性的范围内。女性作为男性凝视下的欲望客体，身体美是男权社会界定她的主要价值标准，也是男权社会对她提出的必然要求。男人可以在广阔的天地施展自己的才能，“而女人却得靠伎俩和受罪来证明她们的女性气质，因为按照男人给女人规定的定义，

① 中国民间文学集成全国编辑委员会、中国歌谣集成山东卷编辑委员会编：《中国歌谣集成·贵州卷》，206页，北京，中国ISBN中心，2009。

② 中国民间文学集成全国编辑委员会、中国歌谣集成山东卷编辑委员会编：《中国歌谣集成·贵州卷》，207页，北京，中国ISBN中心，2009。

③ 陶天麟：《怒族文化史》，209页，昆明，云南民族出版社，2014。

④ 丁朝北：《谈苗族男性服饰美》，载《贵州民族研究》，1990（1）。

美本身就是目的”[①]。旧式中西方社会视“男才女貌”为天作之合，折射出社会对两性不同的期望，女人的价值在于其身体美貌的观赏价值和性的消费价值。女性被设定为审美客体和附属品，这样的社会性别观念压抑了女性的主体性和创造力。“男才女貌”的性别刻板观念隐含着男女权力关系的不平等。

总的来说，除了有些社会阶层分化明显、等级制度森严的少数民族或者支系，南方少数民族的择偶观强调，感情是基础，人品和劳动技能是关键。人们较少考虑家庭出身、财产多寡、门第差别等外在因素，也不把女性物化为审美和欲望的客体，基本上男女在各方面都互相取悦对方、彼此欣赏爱慕。这样的择偶观为青年男女自由择配提供了平等的机会，正是基于此，青年男女往往成群结队对歌谈情，在公开的场合表露心声，恋爱过程中的伙伴式两性关系体现得淋漓尽致。

恋爱过程中双方利用对歌、盘歌，考察彼此的人品、性格、才能和智慧，探知对方的中意程度和诚意。男女都尊重对方人格的平等和独立。双方都有表达爱、接受爱和拒绝爱的自由。南方少数民族的恋爱道德一反男权社会的男性统治心理。不把恋人视为自己的附庸，相应地，女性也不依附对方而失去自我；不把追寻爱情视为征服行为，或者束缚和强迫对方，相应地女性拥有独立的身份意识、人格意识和和自主决定权。恋爱中的男女双方平等相待、人格独立、互爱互敬、相互信任、相互关心、共担责任，恋爱关系中充分体现了两性对等平衡原则。

此种两性对等平衡正好与著名女性主义理论家露西·伊丽格瑞（Luce Irigaray）倡导的“两个主体”性别关系不谋而合。伊丽格瑞指出，两性关系的伦理可以用“我对你有爱”（I Love To You）来表述，比起强调主体爱客体的“我爱你”（I Love You），前者的“对（to）”连接双方，保证彼此都处于主体的关系当中。“我”“你”之间是相互对话与倾听的关系，两个主体自由平等地互爱，既非性别对立又非两性同质化。不像在传统男权社会的两性情感

① ［美］苏珊·布朗米勒：《女性的人体形象》，康宏锦译，见王政、杜芳琴主编：《社会性别研究选译》，114 页，北京，生活·读书·新知三联书店，1998。

关系中，女性是男性欲望的客体。伊丽格瑞主张男女之间应该是两个主体的关系，这种关系的建立，以拒绝将对方视为客体为前提，以尊重两性独立的人格、身份和主体意识为基础。[①]实际上，西方现代女性主义研究的先驱西蒙娜·德·波伏娃早在1949年出版的《第二性》中就系统地阐发了不平等的两性关系：女性是男权社会建构的他者。伊丽格瑞是后现代女性主义的代表人物，她在前辈女性主义的实践经验和理论发展的基础上，提出了尊重差异的性别和谐平等理论，具有很大的影响力，为构建新时代的性别和谐指出了重要的途径。此种不以牺牲女性主体性为代价的两性和谐，非男尊女卑等级下的和谐意识，早已在南方活态史诗中欢快地流淌，在南方少数民族神奇瑰丽的土地上绵延承传上千年。

所以说，从两性情感关系的维度来说，南方史诗传统中，对等、自主的两性关系古已有之。人们只是在两性的相处中朴素地践行这种原则，而没有将其上升到哲学理论的高度。国内文学批评和性别研究对西方女性主义理论资源的运用非常充分，然而对我国传统民族文化中性别平等思想的发掘还远远不够。南方史诗及其传承的文化语境为我们提供了这方面宝贵的资源。

第二节　性：男欢女爱，圣俗交融

南方少数民族的神话、史诗及其与之相关的仪式和民俗活动中，生殖崇拜是一个普遍的主题。学界对少数民族民俗文化中的生殖崇拜已有深入全面的讨论和研究，但是对其中涉及的性观念、性关系较少涉及。要探析两性关系，性是一个绕不开的话题。原始先民起初不明白性行为、性器官、生殖之间的关系，不了解男性的生殖作用，只以为女性拥有生殖能力，因此创造了大量的感生神话，歌颂大母神、始祖母神、其他女神的非凡生殖力。当男性在生育中的作用被认识到以后，单一的女性生殖崇拜过渡到两性生殖崇拜，

① [法]吕西·依利加雷（Luce Irigaray）：《二人行》，朱晓洁译，39—44页，北京，生活·读书·新知三联书店，2003。

到父权制社会发展出男性生殖崇拜。古人认识到两性生殖的奥秘以来，性与生殖过程在他们的心目中就不再是分离的了。谈论生殖固然不能不联系到性行为、性心理、性观念和性体验等与性有关的因素。

性关系既是私人亲密关系，也属于社会关系中最基础的构成。理安·艾斯勒在《神圣的欢爱：性、神话与女性肉体的政治学》中指出，人类对性和性关系的界定深受社会的经济、文化、宗教和政治结构的影响，另一方面，两性的性关系构成也会影响社会的其他关系。艾斯勒将人类社会发展进程中存在的性关系模式分为统治式性关系与伙伴式性关系。每一个社会文化中的性道德都出自这两种基本的选择。[①] 在父权制社会，性关系模式都是男性统治的，男人凌驾于女人之上，"为了维护统治与服从的关系，就得斩断或扭曲男女之间给予和获得性快乐与爱的天然纽带"[②]。艾斯勒指出，史前时期两性关系以伙伴关系为主，男女乐于相互给予快乐，性既是孕育生命的圣事，也可以是美好的体验。妇女解放运动推动了性的解放，但是过度的性自由带来的副作用明显，导致传统婚姻道德崩溃、离婚率攀升、性病泛滥等问题。而且现代社会性暴力、性剥削、性的商业化等性关系的不平等现象屡见不鲜。可见，建立新型健康和谐的两性伙伴关系任重道远。若我们回头看向民族文化的源头——南方史诗中表达的自然和谐的性文化可以为现代社会性文化注入一泓清泉。

南方史诗表达的性观念突出生殖的至上性，但并不是唯生殖目的论。唯生殖论是反对性快乐的，认为通过性来追求快乐是罪恶的，性交的唯一目的只能是传宗接代。南方很多民族在史诗中展现了开明的性道德观念，高度重视生殖的同时也提倡爱情、性与婚姻的密切结合。性是神圣孕育之始；性是世俗欢愉之源；圣俗交融的性，是宇宙、人类生生不息的动力。

---

① [美]理安·艾斯勒：《神圣的欢爱：性、神话与女性肉体的政治学》，黄觉、黄棣光译引言第4页，北京，社会科学文献出版社，2019。

② [美]理安·艾斯勒著：《神圣的欢爱：性、神话与女性肉体的政治学》，黄觉、黄棣光译，引言第5页，北京，社会科学文献出版社，2019。

一、性是神圣孕育之始

（一）两性交合：对等互补的创造力

原始先民悟出了生育繁衍的规律后，在神话思维的主导下，把“性结合会创造新的生命”这一认识由己及物推衍到世界万物的由来问题上。南方民族先民创造了众多两性交合创造世界的神话。男女（雌雄、阴阳）结合为一个整体，就能激发巨大的能量，创造出天地万物。两性合一产生的创造力没有高低优劣之分。创造主体——代表世界的一半男（阳）性成分和另一半女（阴）性成分——相互吸引而非对立，对等合作而非支配与从属。

彝族先民认为世界万事万物和人类的产生源于雌雄（公母、阳阴）的结合演化。彝族创世史诗《天地祖先歌》中描述到，天地初始，混沌中的清浊二气变为天地，清浊是阴阳或者雌雄，雌雄交合产生青、红、黄，三者相聚变成白天和黑夜。清浊相交产生红和绿，红绿交合变成男女，男女交合生儿育女。清浊交合产生雨，风雨交合产生河，雌的河与雄的河交合产生小河。如此推演下去，宇宙万物都是由雌雄交合演化发展出来的。雌雄交合的繁衍生成规律是彝族先民用“以已度物、物我混一”的神话思维，将男女两性结合生育后代的生殖规律类推到宇宙万物的分类和生成变化上面。彝族的多部史诗对世界形成的具体描述有所差异，但都反映了一个共同的基本规律，即万物雌雄观。这种认识表明男女两性之间的相互律动，可以促进“两种生产”——物的产出与人的产出，并成为现实世界中社会发展的一种内在动力。[①] 也就是说，性的结合孕育生命、推动发展；性的结合能爆发出超凡的力量。

不仅彝族，在很多南方少数民族的史诗中，男女对偶神或人格化的雌雄物质元素，经过神圣的性结合创生了大地上的万物和生命。麻山苗族史诗《亚鲁王》中的天公地母，必需“相亲相爱”才能产生滋润大地的雨水，大地才能孕育出花草树木等各种植物。[②]《湘西苗族古老歌话》说宇宙最初是一团

① 巴莫曲布嫫：《鹰灵与诗魂——彝族古代经籍诗学研究》，472 页，北京，社会科学文献出版社，2000。

② 中国民间文艺家协会主编：《亚鲁王》，34—35 页，北京，中华书局，2011。

黑色云雾，云雾凝成“达毕”古祖（dab mlanb deib doub，doub 为“公”）和“达变”古元（toud ted deib nex，nex 为“婆”），达毕、达变二者为造化世间万物的阴阳元素，二者由黑色云雾分化而成，然后又合为一体，阴阳结合激发出巨大的创造力。[①] 景颇族《目瑙斋瓦》中，天地形成之前，在朦胧和混沌里，上有男神“能万拉”，下有女神“能斑木占”。“能万拉”向下漂移，落到“能斑木占”身上，创造世界万物的壮举就开始了。“能万拉”和“能斑木占”不断创造繁衍，生下了天地、飞禽走兽、山川河流、经书典籍、各种生产生活用品……[②]《目瑙斋瓦》毫不掩饰地描写了男女神的性活动，他们通过性结合创造了世间万物。

南方史诗中神圣的性结合反映了古老的伙伴式性关系。男女神或者雌雄两种元素的结合，很大程度上隐喻两性基于性关系建立了互助合作、互补依存的关系。这种关系的建立可以产生最强大、最神秘的生命原始动力，并能激起无穷的创造力。原始先民从自身的生殖繁衍联想到宇宙的生成，对于人的孕育与自然万物的产生，性活动都是将两者类比思考的基点。性的神圣力量受到崇拜，先民怀着虔敬的态度看待性。人类对性的重视源于对生命的尊重，这是各民族共同的文化心理。《周易·系辞》云：“天地氤氲，万物化醇；男女媾精，万物化生”，[③] 人类创造新生命的男女之道与宇宙演化的阴阳之道是相通的。《周易·系辞》又云：“天尊地卑，乾坤定矣。卑高以陈，贵贱位矣。”“乾道成男，坤道成女。”[④] 于是，自然的男女交合繁衍之事被纳入天尊地卑、阳尊阴卑、男尊女卑的父权社会人伦秩序后，在性关系上也形成了上下、主从、施受、尊卑的等级。然而，南方少数民族的史诗经典大多保留了自然原初的性观念，强调两性合一、平衡对等的互补依存关系。

① 张子伟、石寿贵：《湘西苗族古老歌话》，9 页，长沙，湖南师范大学出版社，2012。

② 云南省少数民族古籍整理出版规划办公室编：《云南少数民族古典史诗全集》（中），213 页，昆明，云南教育出版社，2009。

③ 宋祚胤注译：《周易》，362 页，长沙，岳麓书社，2001。

④ 宋祚胤注译：《周易》，315 页，长沙，岳麓书社，2001。

（二）两性交合：神圣非凡的生殖力

远古时期，生殖崇拜曾在世界各民族中普遍盛行。生殖崇拜是性崇拜的核心内容。性崇拜分为生殖崇拜、生殖器崇拜和性交崇拜三个方面。最初的性交崇拜与生殖崇拜是分离的，强烈的性冲动和性交的快感使初民以为其中有神力存在，对此加以膜拜。初民最初对女性生殖崇拜和生殖器崇拜不含有性的因素，而对男性生殖器及两性性交的崇拜，是在了解性与生殖的关系之后产生的。在初民认识到性与生育的因果关系后，性交崇拜与生殖崇拜逐渐合二为一（两性生殖崇拜），性交也被赋予了神圣的意义。

南方少数民族对生殖的崇拜在其创世叙事中得到了充分的表现。生殖崇拜意识几乎通贯南方创世史诗作品全篇，不仅全方位地渗透到世界起源、人类起源、文化起源等各个层面的叙事文本中，还影响和调节着人们的仪式实践和节日集会等活动，“生殖主题的实现，以不同方式实现在宇宙开辟、人类来源与繁衍、农事起源等各个过程，成为一条或隐或显的线索”[①]。如果说女性生殖崇拜和男根崇拜反映了不同社会时期两性此起彼伏的地位变化，那么两性生殖崇拜更能体现男女在性与生殖方面的亲密关系。南方史诗有很多夫妻对偶神造人神话赞美了两性交合迸发的神圣伟大的生殖力。

阿昌族《遮帕麻与遮米麻》中，遮帕麻对遮米麻说：“天和地已经合拢，我们为什么还不合在一起？”[②]天公遮帕麻、地母遮米麻创造了天地后相爱结合，结婚九年，遮米麻生下一颗葫芦籽，又过了九年，种下的葫芦籽开花结果，结了一个磨盘大的葫芦，从葫芦里跳出九个娃娃，他们是九个族群的祖先。阿昌族的人类起源神话融合了两性生殖崇拜和以葫芦为象征的母体崇拜。葫芦多籽，形状似母腹，繁殖能力强，是生殖崇拜的代表性符号。遮帕麻和遮米麻的结合经过了象征性交的占卜：“磨盘相合”和“火烟相交”，他们爱情的结晶就是那颗葫芦籽。遮米麻孕育葫芦籽与大地生长出葫芦虽然是神话

① 黄泽：《西南民族节日文化》，202页，昆明，云南大学出版社，2012。

② 云南省少数民族古籍整理出版规划办公室编：《云南少数民族古典史诗全集》（中），354页，昆明，云南教育出版社，2009。

中孕育人类的两个环节，实为表达同一个意义，即对母亲 / 地母生殖力的膜拜。这则神话既歌颂了母亲旺盛的生殖力，又强调父亲在生殖过程中的作用，二者的结合赋予了性爱的神圣性和强大的生殖本能。

苗族古歌中的蝴蝶妈妈“妹榜妹留”是人类、动物和鬼神的始祖母神，她与水泡“游方”（谈情说爱）生下十二个蛋的神话表达了苗族对性爱和生殖的礼赞。

妈妈妹榜留，
心爱小水泡，
会说也会唱，
长得又漂亮，
同他去游方，
和他配成双。
……
榜留和水泡，
游方急水滩，
成双漩水潭。
……
游方十二天，
成双十二夜，
怀十二个蛋，
生十二个宝。①

蝴蝶妈妈（苗语“妹榜妹留”）生下的十二个蛋分别诞生出了雷公、老虎、龙、水牛、蜈蚣、人祖姜央兄妹、鬼神等。姜央是人类始祖，他开创了“鼓藏节”——苗族最隆重的祭祖仪式。鼓藏节是姜央为了祭祀其母亲蝴蝶妈

① 田兵编选，贵州省民间文学组整理：《苗族古歌》，196—197 页，贵阳，贵州人民出版社，1979。

妈兴起的，比如叙述鼓藏节祭品的用途时说“拿来祭祀爹和娘，祭了妹榜求兴旺”[①]，类似的祭辞有很多。蝴蝶妈妈不仅被尊为最高祖神受到苗族的供奉和祭祀，蝴蝶妈妈的形象还蕴含繁衍兴旺的寓意，代表女性的神秘生殖力量，受到苗族广泛的崇拜。蝴蝶成了苗族独特的审美意象和文化符号，在苗族服饰、头饰、剪纸等工艺品中，蝴蝶图案随处可见。

苗族对蝴蝶妈妈的崇拜实际上是对女始祖生殖力的赞颂和膜拜。由于蝴蝶的繁殖能力很强，苗族将其作为生殖崇拜的对象，并且将蝴蝶人格化和神格化，塑造了生育世界万物的蝴蝶妈妈形象。蝴蝶妈妈与“泡沫”“游方”生下十二个蛋的神话属于感生神话。感生神话属于无性生殖神话的一种，强调女性贞节受孕，可感对象包括植物、动物、无生命物、天象、神灵等，如中国上古神话中的五帝均为其母感异物而生，白族九隆神话中的女子触沉木而孕，哈尼族塔婆迎狂风而孕，彝族《勒俄特依》中支格阿龙的母亲蒲莫列衣沾鹰血受孕，耶稣由处女玛利亚所生，释迦牟尼母感日而孕，等等。感生神话或强调英雄的神异出生，或突出女性在生育中的单方面作用。南方少数民族解释人类起源的感生神话往往赞颂女神或始祖母的伟大及其生殖力的繁盛。这些反映“知母不知父”的感生神话产生于母系氏族社会，由于原始先民还没弄清楚男女性交与受孕生子之间的因果关系，因此认为产出子女的母亲拥有神秘且神圣的生殖力量，从而发展出女性生殖崇拜。蝴蝶妈妈生人的神话就反映了苗族先民对生命起源的浪漫解释和对女性生殖力的赞颂。

然而，蝴蝶妈妈感生而孕的情节只是该神话的一部分，另一部分实际上强调了蝴蝶妈妈代表的女性生殖力与性爱密不可分。首先，古歌对蝴蝶妈妈成长和“游方”的描述实际上就是对苗族姑娘成长和谈情说爱的真实写照。苗族古歌中的《妹榜妹留》和《十二个蛋》是广为流传的两首，异文情节基本一致。古歌中的日、月、星星、山石和春风等都被人格化了，他们细心呵护妹榜妹留快乐成长。古歌唱到：“妹榜长大了，妹留长大了，三岁挨妈妈，串门去喝茶，六岁摘猪菜，帮着喂鸡鸭，十岁到村边，游方在树下。榜留去

① 吴一文、今旦：《苗族史诗通解》，405 页，贵阳，贵州人民出版社，2013。

游方，穿的什么衣？围的什么裙？”[1] 当妹榜妹留长大后，她还要梳妆打扮去谈情说爱，她先后同河水、太阳“游方”，都不满意，最后同水泡配成双。整个过程就像是在描述苗族姑娘的成长和爱情生活。苗族把蝴蝶妈妈塑造成为了一个活泼美丽的姑娘形象。其次，妹榜妹留孕育生命需要“游方”，说明苗族先民非常重视以爱情为基础的性和生殖活动。有的古歌版本还提到她的婚姻，“榜略嫁去十二年，生下了十二个蛋”[2]。妹榜妹留由枫树所生，她又生出各种动物和人类始祖，说明世界万物同源同根。苗族先民在万物有灵观念的支配下，认为自然界的一切与人一样都是有生命有灵魂的，因此，“水泡”也被赋予了生命和情感，被人格化为一个英俊小伙。所以说，妹榜妹留与“水泡”“游方”的故事很容易让人联想到恋爱活动中的男欢女爱。

其实，在感生母题、葫芦生人母题（如前述阿昌族的人类诞生神话）、化生母题等前面增加两性婚配母题的神话很常见，比如，兄妹婚神话就极具代表性。

兄妹婚神话分为两种类型：单一型的兄妹婚神话和复合了洪水母题的兄妹婚再殖人类神话。不管是单一型还是复合型洪水兄妹婚神话，都明确反映了人类已经掌握了性与生殖紧密相关的奥秘。复合型兄妹婚神话的主要情节为：洪水滔天，人类灭绝；只有兄妹（姐弟）二人幸存；兄妹各自找不到配偶；神（天神、雷公等）让二人成婚繁衍人类；兄妹拒绝成婚，于是占婚；婚后生下儿女或者肉团（或肉球、瓜等）；砍碎肉团播撒，化生成人，兄妹为各族群或各姓氏的祖先。

兄妹婚神话对占婚情节的描述通过大量的性隐喻展开。占婚的方式一般有：火烟交合、磨盘滚合、簸箕滚合、树枝交缠、穿针引线、射箭穿靶等。占婚仪式强调了乱伦禁忌，为处于洪水灭世、空前绝后困境下的兄妹违禁提供了合法性，同时也赋予男女婚配以神圣性，并对成婚的男女进行性教育。

兄妹婚神话在血亲性禁忌与违禁这一对矛盾的纠缠中，使生育的前提为

---

① 田兵编选，贵州省民间文学组整理：《苗族古歌》，194—195 页，贵阳，贵州人民出版社，1979。

② 马学良、今旦译注：《苗族史诗》，342 页，北京，中国民间文艺出版社，1983。

两性交媾这一认识得以充分的凸显。面临洪水灭世的绝境，人类遭遇了强烈的繁衍危机，人类不得不靠仅存的一对兄妹婚配繁衍后代来解决这个危机，神话将两性生殖主题置于救世的宏大叙事情境中，目的就是凸显两性交媾的生殖功能。尽管后世回避性的问题，用性隐喻使性交的描写更含蓄，用神谕、天意等方式对血亲婚配进行神圣化、合理化，并着力刻画不得已而为之的紧迫性和必然性，但是两性生殖被推崇到了神圣的至高无上的地位，对于血缘婚违反伦理禁忌和血缘婚造成的畸胎产生的心理恐惧，都无法撼动两性生殖主题在这类神话叙事中的重要地位。

兄妹婚神话中，通过男人与女人神圣的性结合而出生到这个世界的人，成为“进化”成功并最终完善的人。在把生殖的根源追问到人类自身之前，原始先民创造了造人神话、感生神话、化生神话等神话解释人的由来，但这些人还不是完善的人。比如，彝族史诗《梅葛》说，格滋天神撒人种，大地上先后有了独眼人、直眼人，他们的身体有很多缺陷，心肠也不好，天神决定再换人种，于是发大洪水使人类灭绝，让心地善良的一对兄妹躲进葫芦逃生，兄妹婚配生下九个族群的祖先。[①] 彝族的其他史诗如《查姆》《尼苏夺吉》也有相似的情节内容。南方大多数民族都流传兄妹婚神话，情节母题大同小异。[②] 这些神话都进入了他们的创世史诗。兄妹婚神话中洪水灭世的原因往往是要换掉有缺陷的人，使选中的兄妹作为人种，通过二人的婚配优化下一代，在此，兄妹作为男人和女人的代表，其“性别”凌驾于“姓别”之上。在初民的观念里，只有通过人自身的两性生殖，生下的人类才是完善的；男女通过性结合生下的孩子生来就带着神圣感。所以，性是神圣的生殖力之源。

口传神话在世代流传的过程中会逐渐遗失一些早期的内容，增添一些反映后世观念的情节，导致同一则人类诞生神话包含了无性生殖与有性生殖两种形式，这种看似矛盾的情节实则是人们用新增的生育知识丰富神话的结果。

① 云南省少数民族古籍整理出版规划办公室编：《云南少数民族古典史诗全集》（上），117—126 页，昆明，云南教育出版社，2009。

② 王宪昭、姚新勇总主编：《中国多民族同源神话研究》，广州，暨南大学出版社，2020。

南方创世史诗中较多两性生殖神话保留了较早出现的感生型、化生型或造人型母题，在原初神话的情节基础上或隐或显地增添父亲这一角色，这显然发生于父系社会取代母系社会后（同时伴随初民掌握了两性生殖的知识）。值得重视的是，这些神话在给“父亲”名分的同时并没有降低母亲的地位或削弱母亲的力量，而是从符合人们认知的角度对生育活动给出令人信服的解释，强调父母在生育中的配合作用，更彰显了民众对生殖活动中恋爱和性的重视与赞美，在他们的心目中，恋爱、性、婚姻和生殖都是美好而神圣的。

二、性是世俗欢愉之源

性是人类繁殖和生存的基础之一，是人类进化和物种延续的重要因素，性又是人类的一种基本生理需求和自然本能。但是，人类的性不仅仅是为了满足生理需求和生殖需要，性还与爱情、感受和体验有关，它是人类情感和社会行为的重要组成部分，可以促进人际关系和提升个人幸福感。人们会因为性行为带来的愉悦和快感而感到满足和幸福。性是世俗欢愉之源：一方面，人类追求性生活的快乐，而不以生殖为唯一目的，这是人类进化中独有的硕果，是人类高于其他动物之处。另一方面，在世俗社会，男女双方互相给予性快乐主要源于炽热的爱情之花绽放，这朵爱情之花结出的果实更令人欣喜万分——新生命的诞生是值得欢庆的事件。

南方史诗通常在庄重严肃的祭祀仪式上演唱，其中充满歌颂神圣生殖力及其创造力的内容，其神圣性的一面更为突出，因此直接描述爱欲的内容并不多见。不过，仍有一些史诗片段洋溢着原始的生命冲动和炽热的生命激情，展现出南方史诗对待性的问题坦率自然的一面。这些史诗中的性爱故事，一部分仍属于各民族先民创造的富有想象力的神话，很多还是与民族起源或人类起源相关，但其表达的世俗欲望倾向相当突出。景颇族《目瑙斋瓦》、彝族《梅葛》、拉祜族《牡帕密帕》、傣族《巴塔麻嘎捧尚罗》、纳西族《黑白之战》、苗族《亚鲁王》等作品中，许多诗行以质朴生动的语言，向我们展现了远古时代人们在大自然的怀抱中自由狂欢的情景，让我们感受到了原始生命力的狂野和美丽。

景颇族史诗《目瑙斋瓦》在第一章《天地的形成》第八小节中讲述了性欲的由来。远古时期，宇宙万物形成之时，“彭干支伦”和“木占威纯”二神创造、繁衍，生下天、地、风、雾等，当生下了在天上管神药的一对少男少女之后，他们耗尽了力量，生命濒临衰竭。然后他们包上包头，穿上筒裙，顿时焕然一新，神奇地返老还童了。他们接着生下了接生用品，如割脐带的刀，生下了一个如冬瓜一样的肉团，还“生下了女性生殖器，有了男性生殖器；生下了性欲药，有了润滑油”[①]。这些东西在此后创造人的时候会派上用场。由此可见，在人类出生以前，神就为他们准备好了激发性欲的药，说明性需求与生俱来，对生命原始冲动和激情的享受是神赐予人类的珍贵礼物。

《目瑙斋瓦》第一章第十三小节讲述了两性性欲的差别，男女都共同享受天赐的性爱，相比之下，女人的性欲更持久。[②] 对于性欲的认识这一点来说，景颇族先民可以媲美现代社会的性学专家。著名性科学家马斯特斯和约翰逊通过大量的临床研究发现，在一次性交中女性常常可以多次达到高潮，女性的性能力甚至能高过男性，“事实上她们能够比男人享受更经常或更长时间的性刺激”[③]。对于这样的结论，很多人拒绝相信，因为在过去漫长的社会里，男人在性上面对女人的支配与男性统治的社会结构对应，女人被要求贤良淑德，形成了性羞耻、性压抑甚至性罪恶的心理。她们自然的生命之火被掐灭了，徒留一具驯服的生育躯体。相比之下，我国南方少数民族两性平等的伙伴关系社会模式持续的时间漫长。尽管在大多数南方史诗中，性和爱欲总是被隐藏在其承担的神圣生殖使命之中，不过赞美爱欲的语言常常出现在这些民族储量丰沛的情歌、叙事诗中。而《目瑙斋瓦》别具一格，把性单独提出来追根溯源。可以看出，景颇族先民对于人类的性事是多么坦率自然。他们所拥有的性知识和性观念，即便放在现代文明社会，也无疑是一种进步和充满智

① 云南省少数民族古籍整理出版规划办公室编：《云南少数民族古典史诗全集》（中），231 页，昆明，云南教育出版社，2009。

② 云南省少数民族古籍整理出版规划办公室编：《云南少数民族古典史诗全集》（中），244—245 页，昆明，云南教育出版社，2009。

③ [美] 弗雷泽等：《女人与性角色》，潘溪等译，183—184 页，天津，天津人民出版社，1989。

慧的表现。在这部史诗中，性爱的欢愉被推崇为创世主的旨意，自然有了举足轻重的地位。

在布朗族史诗《创世歌》中，也有对于爱欲起源的叙述。一个传说讲，男祖先“布咪哑”劈开木头做木偶，这个木偶原来是仙女变的，“布咪哑”在睡梦中，仙女“不断把他逗，教他男女事，直来不怕羞”。① 二人成夫妻，繁衍了布朗人。另一个传说讲，开天辟地之后，天地间生出一对神，男神叫“达来亨”，女神叫“雅来亨”，男神憨厚结实，女神美丽聪明。春天百花盛开，女神春心荡漾，多次想与男神交欢，无奈男神懵懂无知，不解风情。激情的火焰依然在女神心中燃烧，于是她开始调教男神：

> 她春心不死，耐心把歌唱：“两样东西合起来，你猜他会变哪样。”达来亨糊涂乱回答：“两样东西合起来，这莫非是指太阳。”……抬头看见两只鸟，情意绵绵在交欢。女的指给男的看，男的见了心里慌。心中终于露灵光，她要与我学这样。他还担心领悟错，开口直言不转弯：“你让我几次三番猜不着，莫非要我学这样。”女的停了羞答答，红脸点头细声说：“说的正是这个样，猜着还不赶紧来。”说完顺手拉过他，从此二人配成双。不久生下一对娃，男女结合又成家。②

“达来亨”和“雅来亨”就是布朗人传说中的祖先。他们生儿育女，后代自相婚配，地上人口渐多，这个群体成了布朗族。

上述两则传说都认为女祖先神是男女性交的启蒙者。第一个传说较为简略，我们主要谈一谈第二个。布朗族在这个神话中歌颂爱欲，赞美女神“雅来亨”的洒脱率性与热情浪漫，更对她在性事上启蒙指导男子的行为予以肯

① 云南省少数民族古籍整理出版规划办公室编：《云南少数民族古典史诗全集》（中），334 页，昆明，云南教育出版社，2009。

② 云南省少数民族古籍整理出版规划办公室编：《云南少数民族古典史诗全集》（中），334—335 页，昆明，云南教育出版社，2009。

定，可以说，“雅来亨”相当于布朗人的爱神。在中国封建社会“谈性色变”的大文化背景下，布朗族史诗能够保留女性对性爱炽热追求的描述，是一件极为难得的事情。这些描述记录了布朗族先民对于性爱的探索和追求，是文化传统中的重要组成部分。它们的存在使我们能更好地了解古代人们的生活和思想，也为我们今天对于性爱的认知提供了宝贵的历史资料。

拉祜族史诗《牡帕密帕》中的天神厄莎也有充当爱神的时候。厄莎让扎笛、娜笛结为夫妻繁育后代，扎笛、娜笛以两人是兄妹为由拒绝结合。扎笛、娜笛分别跑到阿基山、阿约山，山山阻隔两不相见，但是厄莎神通广大，把两座大山合并，即使这样也不能撮合两人，然后两人又分别跑到月亮、太阳里躲藏。厄莎一计不成又生一计，做了两剂相思药。“厄莎给响篾放上相思药，厄莎给芦笙放上相思药。扎笛吹芦笙就想到妹妹，娜笛弹响篾就想到哥哥。扎笛、娜笛当着厄莎害羞，他们背地生活在一起。他们成了夫妻，从此他俩不再分离。”① 扎笛、娜笛终于相爱成亲，生下九双儿女。这则神话表明，尽管厄莎作为拉祜族心目中万物的主宰者，掌握着人世间的吉凶祸福，是拉祜族敬奉的至高无上的天神，但是厄莎也不能强制儿女的婚姻大事。厄莎只能想方设法促成一桩姻缘，实在不行就充当爱神，使用“相思药”激发扎笛、娜笛对彼此产生强烈的欲望和爱情。

学者叶舒宪认为，中国上古神话体系里原初的性爱女神是宋玉笔下的高唐神女，可与维纳斯相提并论，只是礼教文化兴盛之后，这位性爱女神隐退了，演变为美神，成为一位“不可乎犯干”的守礼女性。② 学者谢选骏指出，中国中原地区的上古神话对于神的性爱故事，不仅极少有希腊式的大胆夸张，就是涉及一下，也是轻描淡写、朦朦胧胧的。这些神话表现出了“伦理化了的中国式严谨”，“每一个神或英雄都持身拘谨，仿佛都在一致地为了某种高

① 云南省少数民族古籍整理出版规划办公室编：《云南少数民族古典史诗全集》（中），68 页，昆明，云南教育出版社，2009。

② 叶舒宪：《高唐神女与维纳斯——中西文化中的爱与美主题》，北京，中国社会科学出版社，1997。

于自己的道德规范而活着”，女神的世界也充满冷峻，令人敬而远之。[①]

苗族史诗《亚鲁王》直言不讳地推崇人们的性欢愉。《亚鲁王》中的性欢愉意识最初源于苗族先民对女人生殖力和性神力的崇拜。《亚鲁王》中的铜鼓起源神话说，铜鼓因龙女的经血染就，才拥有雷鸣般的响声及神圣力量。铜鼓具有生殖力和求雨的功能，可以促进农业丰收和人口繁衍。[②]月经的出现是生殖功能成熟的重要标志。在女性受到尊崇的以伙伴关系为主的社会里，妇女的月经周期被视为宇宙生生不息的神奇力量，经血“不是‘诅咒’，而是祝福——是女神的又一个神奇恩赐”[③]。经血是生殖崇拜的象征物。来了月经的妇女才拥有生育能力，这一特征使古代先民认为经血中有种潜在的巨大力量。[④]月经是性成熟女性的重要生理特征，在那些对两性生殖已经有了充分认识的苗族先民那里，经血隐喻了成熟女性的性魅力和性神力。铜鼓声音洪亮，源于龙女之血染就，故铜鼓被称为“龙鼓”，融合了龙的神圣性和女性的性力量，麻山苗族在其民俗生活中对此深信不疑。比如，翁家烈在《苗族铜鼓文化调查》中指出，麻山苗族认为“龙鼓”为雌性，传说四大寨乡班氏祖公家的铜鼓常于深夜去河中与龙约会，祖公在夜间听到藏于床下的鼓发出呻吟声，倍感蹊跷，把铜鼓拉出来一看，鼓身破了一块，鼓腔内竟有小铜鼓一个，人们以为那是该铜鼓下的崽（方言，指孩子）。[⑤]笔者在大营镇芭茅村田野调查时听歌师们说，当地有一个铜鼓的鼓面上每年多一个小手指头那么大的凸起，他们说那是她生的崽，每年生一个。[⑥]苗族对女性的爱欲持肯定的态度，认为

① 谢选骏：《神话与民族精神——几个文化圈的比较》，160 页，济南，山东文艺出版社，1986。

② 蒋廷瑜、廖明君：《铜鼓文化》，270—273 页，北京，文化艺术出版社，2012。

③ [美]理安·艾斯勒著：《神圣的欢爱：性、神话与女性肉体的政治学》，黄觉、黄棣光译，84—85 页，北京，社会科学文献出版社，2019。

④ 王晓丽：《经血认识中的生殖崇拜与生命象征》，载《青海师范大学学报》（哲学社会科学版），1994（4）。

⑤ 翁家烈：《苗族铜鼓文化调查》，见中国古代铜鼓研究会编：《铜鼓和青铜文化研究——中国南方及东南亚地区古代铜鼓和青铜文化第四次国际学术讨论会论文集》，193 页，贵阳，贵州人民出版社，2001。

⑥ 访谈对象：东郎岑小强、东郎岑万兴；访谈时间：2021 年 7 月 5 日；访谈地点：紫云县大营镇芭茅村芭茅寨东郎岑小强家。

龙鼓也有七情六欲，可以繁衍后代。

在《亚鲁王》中，性欢愉是一个贯穿上古神话时代和亚鲁王时代的主题。亚鲁王收复六国凯旋，路上他口渴了，走进河中喝水洗手，看见了在水里沐浴的波丽莎和波丽露。两个美貌的身影迷住了亚鲁王，“亚鲁王惊魂不定，亚鲁王按捺不住。身子颤抖，头发直立，恍惚看到自己的魂魄。亚鲁王说，今天是我的吉祥日，亚鲁王讲，此时是我的吉利时。我遇见了龙的女儿，我见到了雷的女儿”①。波丽莎和波丽露虽然以肉体凡胎的面貌出现，但其拥有龙（雷）女身份的神话背景。龙（雷）女浑身散发出的性魅力激发了亚鲁王狂热的性冲动，同时她们的“龙威”又让亚鲁王对其产生了敬畏。可以说这段诗行以一种本真质朴的语言表达了苗族人对象征自然力、生殖力和爱欲的龙女的礼赞。后来，亚鲁王战败迁徙，寄居在荷布朵的王国。亚鲁王在此勤勤恳恳地工作，尽心尽力地帮助他人，赢得了荷布朵的王妃霸德宙的青睐。霸德宙称之为“顶天立地、身强体壮的男人”②。史诗将霸德宙视为性神力的持有者，当霸德宙向荷布朵坦言男女之爱与生育之事何其重要时，荷布朵却并不认可性力量和生殖力的重要性：“我不听信女人的胡话，女人的鬼话我不相信。”③在一个赞美自然性爱，普遍推崇生殖力的社会，荷布朵反其道而行之。他的王国因此变得死气沉沉，牲畜失去了活力，大地失去了生机。不仅如此，荷布朵也得不到祖先的认可，所以当他和亚鲁王比赛喊祖宗的时候，他没有得到回应而亚鲁王得到了回应：

> 三声炸雷轰响，瓢泼大雨落下。滚滚潮水涌来，成了巴乐甬河。巴乐甬河将荷布朵隔在对岸。亚鲁王说，哥哥哩哥哥，龙祖宗听见我的话啦，雷祖宗听到我的话啦。这疆域是我的疆域，这王国为我的王国。④

① 中国民间文艺家协会主编：《亚鲁王》，97—98页，北京，中华书局，2011。
② 中国民间文艺家协会主编：《亚鲁王》，234页，北京，中华书局，2011。
③ 中国民间文艺家协会主编：《亚鲁王》，232—236页，北京，中华书局，2011。
④ 中国民间文艺家协会主编：《亚鲁王》，252页，北京，中华书局，2011。

亚鲁王占领了荷布朵的王国，把荷布朵从原本属于他的王国驱逐了出去。可见，《亚鲁王》中的女性与族群的财富、人口和土地紧密关联。英雄史诗大都有一个共同的母题——争夺英雄之妻，诸如《奥德赛》《伊利亚特》《罗摩衍那》《摩诃婆罗多》《格萨尔》《江格尔》《玛纳斯》等享誉世界的英雄史诗都有抢婚的母题。在这些史诗中。英雄妻子的原型是女神、女萨满，具有崇高的神性，是部落财富、人口的象征。史诗“将部落战争的实质性目的艺术化、象征化为对英雄妻子的争夺”[①]。《亚鲁王》中的战事也与女性息息相关，而与这些具有代表性的英雄史诗不同，《亚鲁王》不但缺乏抢婚母题，而且潜藏着一种反向的逻辑——英雄之妻择偶。

从“荷布朵—霸德宙—亚鲁王”这组人物的亲密关系可以看出，一方面，对偶婚在亚鲁王时代仍然盛行，此时已处于对偶婚晚期的从夫居阶段，女性仍然拥有较大的自由，女性在两性亲密关系中占据主导地位。另一方面，《亚鲁王》既不压制女性自由奔放的恋爱风尚，也不试图否定男欢女爱的自然愉悦。

《亚鲁王》重视身心享乐的性张扬和性自由对苗族传统文化有深刻的影响。唱诵《亚鲁王》的葬礼，不仅为未婚青年男女提供了择偶的机会，更要专门为亡灵举办“相亲”仪式。在《亚鲁王》活态传承的区域紫云布依族苗族自治县四大寨乡，唱诵《亚鲁王》的葬礼上有一项重要的仪式，便是演唱史诗的东郎在吊唁的客人中（姻亲集团）找几个年龄与死者相仿的异性充当亡灵的“情人”，与这些“情人”（或为其代言的巫师）对唱情歌，帮死者做“媒”谈“恋爱”，代为接受“情人”的礼物，使亡灵回归祖先故地的路上不会寂寞。

总体而言，南方史诗中的性爱神话有着一定的现实基础。初民享受自然的性愉悦，他们自然无邪的性本能并不意味着他们不懂得性爱。摩尔根在《古代社会》中认为，原始人不懂爱情，两性之间的性关系只能归结为最原始

① 罗明成：《“争夺英雄妻子”母题的社会文化研究——以几部有代表性的英雄史诗为例》，载《民族文学研究》，1995（2）。

的本能。[①] 杜玉亭在《基诺族爱情文化》中有力地反驳了“原始社会没有爱情”的观点。20 世纪上半叶，基诺族保留了较多原始社会的特点，基诺族男女对于性爱的追求是建立在相互吸引、相互爱恋的基础之上的。[②] 前述南方活态史诗描述了初民对于性爱的追求，再次证明远古先民对于爱与性的欲望。人类不同于其他灵长目的性活动方式，人类的性具有社会性。当初民懂得了性与生殖的直接因果关系后，为了人丁兴旺，强化了性意识，并将性爱与生殖统一起来。于是，原始先民开始注意到性欲，甚至有意识地刺激性欲，吸引异性，既满足爱欲，又促进生殖繁盛。原始初民自由自在地沉醉在性爱的欢乐之中，性欲是促使神话萌生的人们深层心理动机之一，各族先民按照自己的生活实践创造出了性爱神话，按自己的追求编织了天神或祖先神的性爱神话。南方史诗中的这些言情言性的诗篇，是先民们真情实感的流露，无须忸怩造作、遮遮掩掩。这是那个时代两性关系比较健康、自然的风气的现实反映，一言以蔽之，思无邪，乐而不淫，坦率真挚。

三、性是生生不息之动力

南方少数民族的活态史诗都会讲述本民族重要的节日、祭祀活动，很多史诗就是在这些节日、祭祀活动上演述。南方少数民族一年之中的各项祭祀活动，大都与节令、农事相关，节日文化与农业紧密联系。节日、祭典中气韵生动的史诗演述及与之紧密相关的仪式表演，通过圣俗交融的节日场合和仪式情境，表达了民众对人口昌盛、农作物丰产的祈愿。

以哈尼族和苗族为例，节日、祭祀活动中不管是神圣的宗教仪式，还是世俗的欢愉活动，都传递了民众的一个共识：性是人与自然绵延兴盛、生生不息的动力。哈尼族把对梯田丰产、五谷丰登的祈愿与人口的生殖繁衍相联系，形成了物我互渗、圣俗交融的观念和习俗，在本民族传统节日里予以集中展现。苗族有两句俗话：苗族不跳花，谷子不扬花；苗族不跳花，儿女难

① [美]路易斯·亨利·摩尔根：《古代社会》，杨东莼译，460 页，北京，商务印书馆，1977。
② 杜玉亭：《基诺族传统爱情文化》，昆明，云南人民出版社，2008。

成家。苗族跳花节上包含的生殖崇拜意蕴既有世俗男女自由释放情欲的一面，青年男女自由恋爱，“奔者不禁”；又有神圣的一面，即通过体现生殖和性的宗教仪式，促进农作物丰收、风调雨顺、人丁兴旺。

“十月年”和“六月年”是哈尼族的民族传统节日。哈尼族以十月为岁首，过“十月年”就是过新年或过大年，过年的具体日期各地不一，节期从五天至半个月不等。“六月年”一般在六月二十四日前后，云南省红河州的哈尼族称之为“苦扎扎”。节日期间，男女老少穿上节日盛装，开展各种娱乐活动和举办祭祀仪式。年长的人们齐聚一堂，围坐在丰盛的年宴边，唱起传统的民族古歌，谈笑风生，通宵达旦。青年男女三五成群，在村边寨头，或田间树林，对歌择偶，谈情说爱，玩耍嬉闹。有的地方举行集体性的节日联欢庆祝活动，人们踏鼓吹笙，载歌载舞，游戏竞技，兴高采烈。

红河一带的哈尼族奕车人，在“十月年”期间举行一种奇妙的酒宴，哈尼语称为“阿巴多”，意为“喝酒”。“阿巴多”是专门为青年男女进行社交、择偶、恋爱举行的酒会，在农闲期间举办，尤以“十月年”期间最为盛行。“阿巴多”由男方发起，同村一群男青年商议，准备酒宴所需的丰盛食物，邀请远方村寨的姑娘于某日夜晚前来聚会。届时，姑娘们梳妆打扮，手持火把前来参加。在酒会上，男女青年配对入席，人数多达二三十人。男女双方饮酒作乐，对歌谈情，许多人在此许下了爱情的誓言，盟订了终身。

“阿巴多”酒宴本是为男女青年相会择配而举办的，生殖、性、爱情都是其不可或缺的主题。深夜时分，伴随着一阵歌声，姑娘们结队而来。酒宴相当丰盛，在摆得满满当当的桌子正中间，盛放了一只煮熟了的大公鸡，鸡头用筷子支撑起，鸡脖子上悬挂着它的睾丸，这无疑是生殖繁衍的象征。有些调皮的人故意为难主办“阿巴多”的小伙子们，会悄悄把它拿掉，主办方必须重新杀公鸡，取出它的睾丸再挂上。[①]“阿巴多”没有这个东西是不行的，因为哈尼族认为公鸡是神鸟，公鸡的睾丸在此作为神圣的祭品，代表旺盛的生殖力，在这个男欢女爱的集会上寓意了男女结合、人丁兴旺。酒宴开始以

① 王清华：《梯田文化论——哈尼族生态农业》，144页，昆明，云南大学出版社，1999。

后，男女双方相互敬酒、对歌，寻找意中人。头一轮对唱的内容一般是取自本民族史诗，如开天辟地、民族起源、文化起源等。从第二轮开始，一对一对的男女青年互诉衷情，歌声伴随着三弦琴声和笑声，情意绵绵，热闹非凡。这是集体性的恋爱场合，他们热情奔放，率真大胆。[①]黎明破晓时，爱情的盛宴结束了，双方约定好下一次姑娘们举办“阿巴多”的时间，才依依惜别。“阿巴多”鲜明地体现了圣俗交融的性观念：悬挂的公鸡睾丸象征了神圣的生殖崇拜，在这个集体恋爱酒会上突出它的重要性也是一种性张扬；第一轮对歌唱天地起源、民族起源和文化起源等神话或史诗内容，表明酒会在祖先神灵的庇佑下举行，表达对祖先神灵的尊敬，第二轮开始以后，男女就可对唱情歌，开怀畅饮，尽情地享受爱情的欢乐。

哈尼族的“六月年”同样隆重盛大。青年男女在“六月年”的串寨活动，体现了浓厚的生殖崇拜意识。不少青年人乔装成异性，男扮女装，或女扮男装，相约着串寨出游。衣着上的一些象征性的图案、装饰以及表演体现了人类追求人口繁衍、族群昌盛的美好愿望，同时也是一种生命本能欲望的尽情抒发，以一种本真的、俗世的展演和欲望的宣泄来向祖先神灵求得庇佑和祝福。

哈尼族过“六月年”期间举行“打磨秋”娱乐竞技活动，磨秋寄寓了特殊的生殖意义。只有生命力旺盛的树木如栗树、青松木才能被选作磨秋的木材，砍树的人必须是夫妻健在、人丁兴旺、家庭和顺的人。“六月年”结束时，抖落磨秋杆的瞬间，期盼生子的成年男子争抢去摸连接磨秋柱和磨秋杆的榫眼，寓意着来年可得子。“打磨秋”的习俗起源非常古老，据哈尼族史诗讲，天神阿匹梅烟的时代就有了，立秋杆“打磨秋”是为了纪念神灵，迎接神灵来享用祭品，祈求神灵赐福。《哈尼阿培聪坡坡》唱道：“天神地神，吃饱喝足就玩耍去吧。快去杀牛的秋房，骑上骏马一样的磨秋，朝前转三转，许给

① 王清华：《梯田文化论——哈尼族生态农业》，144 页，昆明，云南大学出版社，1999。

哈尼数不尽的人种，朝后转三转，保佑五谷六畜年年增添。”[①]大神阿匹梅烟许下心愿，要哈尼过六月年的时候，小伙姑娘来谈情说爱：“邻寨的姑娘来荡高秋，远处的伙子也来撵磨秋。”[②]在“打磨秋”的活动中，青年男女施展自己的技能，展现自己的魅力，吸引异性，竞相成为被爱慕的对象。磨秋对于哈尼族来说是生命延续的象征，承载着哈尼族生殖繁衍、人丁兴旺的美好愿望。

哈尼族过“十月年”“六月年”和祭寨神“昂玛突”等大型庆典或祭祀活动中跳“阿腊撮”“棕扇舞”“铓鼓舞”，人们在这些节日里跳的舞蹈，主要是向祖先神灵祈求人口繁衍、五谷丰登、六畜兴旺。比如，棕扇舞的主要道具是用棕榈树叶制成的棕扇。哈尼族非常重视棕榈树，在安寨时必种棕榈树，“安寨还要栽棕树，三排棕树栽在寨头；栽下的棕树不会活，一寨的哈尼就没有希望”[③]。棕榈树由于生命力和繁殖力的强大被哈尼族视为生育的象征。据元江县一位老人讲舞蹈的寓意：“一般上部动作手（或持棕扇）左三下，右三下是祈求粮食丰收；双手在中部动作（有双手握生殖器似的动作）是祈求多多生殖；下部动作或半蹲、深蹲动作是祈求六畜兴旺。”[④]一般在栽秧前举行的“昂玛突”，既是祈祷风调雨顺、粮食丰收、平安顺遂，又是春耕农忙前的狂欢节，青年男女借此机会交友择偶。正如《哈尼阿培聪坡坡》唱道：“秧姑娘已经长大成人，田小伙已经等在田边；秧姑娘不嫁，秋天的大田不会有背的，田小伙不讨，八月的大田不会有装的。”[⑤]在每年盛大的“苦扎扎”节会跳铓鼓舞。鼓在哈尼族心目中是神器，鼓似母腹，象征生命万物的孕育之体，男子的舞蹈动作蕴含生殖繁衍、万物生生不息的寓意。铓鼓舞一方面反映了哈尼民众虔诚的祈愿，具有神圣的意义；另一方面才是娱乐嬉戏，从繁重的生

① 云南省少数民族古籍整理出版规划办公室编：《云南少数民族古典史诗全集》（上），527页，昆明，云南教育出版社，2009。

② 云南省少数民族古籍整理出版规划办公室编：《云南少数民族古典史诗全集》（上），530页，昆明，云南教育出版社，2009。

③ 西双版纳傣族自治州民族事务委员会编：《哈尼族古歌》，158页，昆明，云南民族出版社，1992。

④ 李金印、刘金吾编著：《哈尼族布朗族基诺族舞蹈》，8页，昆明，云南民族出版社，1999。

⑤ 云南省少数民族古籍整理出版规划办公室编：《云南少数民族古典史诗全集》（上），454页，昆明，云南教育出版社，2009。

产劳动中缓解疲劳，追求生活的快乐。奕车人在“苦扎扎”节的表演直接流露出了男欢女爱的意味。邓启耀先生认为，这种表演把性“原欲”和生殖的“原欲”或赤裸或隐晦地透过装扮显露了出来，美丽服饰遮掩下的生命本能和种族繁衍的本能，均或显或隐地透露了出来。①

苗族的“跳花节”是苗族最隆重的节日之一。跳花节也称为“花山节”“踩花山”“跳场”“跳花坡”“跳月”等，据说是由苗族的民族英雄杨鲁（贵州西部苗族现称其为“亚鲁王”，云南苗族称其为“蒙孜尤”）开创，杨鲁开创跳花节的缘由在苗族史诗、古歌和传说中广为传颂。苗族的跳花节主要是为了求丰产、祈子嗣和青年择偶交友，跳花节一般由婚后多年无子嗣的人家主办，节日期间立花杆、跳花、采花、献花、倒杆等环节充满了生殖崇拜和农业祭祀的意义。在这些节日活动中，青年男女之间的互动也洋溢着生命的激情和青春的欢乐。

跳花节的生殖意蕴非常突出。该节日包含着浓厚的求子内容，从砍花树、立花树、祭花树、跳花到送花树等一系列节日活动都含有对生育的祈求。如果一对夫妇婚后多年不育或没有生育儿子，他们就主办跳花节祈求子嗣。主人家请巫师主持，请一位德高望重且多子多孙的老人带头砍花树，请若干儿女双全、家庭和美的同村男性青壮年，这样是为了希望沾沾老人的福气和青壮年旺盛的生殖力。花树要选高大挺拔的柏树、杉树、青松或者竹子，以顶端枝繁叶茂为佳，蕴含茁壮丰产的意义，花树上装饰一些花朵寓意开花结果，挂上象征吉利的彩色布条。接下来是立花树和祭花树。巫师站在花树下焚香秉烛，念唱祭词，敬献供品，祈求神灵保佑。主办家庭夫妇在巫师的指引下祭祀花树，唱祭祀歌。立好花树后，主办人和巫师坐树下，数名芦笙手绕花树跳芦笙舞开场，然后由主办人宣布跳花的纪律，跳花节正式开始。男子吹笙舞蹈，女子振铃执帕合之，围绕花树翩翩起舞。花树象征男性生殖器，装饰于树上的花朵则象征女阴，男女绕花树吹笙舞蹈，两相配合，舞蹈传递了

① 邓启耀：《民族服饰：一种文化符号——中国西南少数民族服饰文化研究》，431 页，昆明，云南人民出版社，1991。

求偶信息与两性交合的技巧，在此过程中，巫师会适时地向跳舞的姑娘身上喷洒酒水，道出了生命孕育的秘密。[①]跳花持续数天，活动以送花树为结束的标志。花树由一群小伙子抬着送给主办的人家，寓意送子送祝福，主办人用它来做床，花树上的布条则系在腰间，以此希冀生儿育女。苗族的跳花节与南方很多少数民族的“三月三”和汉文献记载的上巳节名异而意同。这是上至帝王下至百姓的全民性的求偶、求育节。帝王率领九嫔、官臣在上巳日举行郊祭，于是上巳节成为国家层面开展的生殖崇拜的盛典。《周礼·媒氏》云：“仲春之月，令会男女。于是时也，奔者不禁。”男女交游上升为礼的高度，仲春之集会在增加人口、促进社会发展方面发挥了积极的作用。

跳花也属于一种农业祭祀活动，人们通过交感巫术用男女生殖行为来促进农作物丰产。苗族的跳花节，除了祈祷子孙繁衍以外，还有庆祝丰收之意，苗族谚语“苗人不跳花，谷子不扬花，苗人跳了花，收谷又收瓜”表达了这种愿望。贵州苗族民众在每年正月农闲时节，举行跳花节，既娱神又娱人，祈求新的一年风调雨顺、五谷丰登。云南、四川等地苗族在农历五、六月间正值水稻扬花之际跳花，企盼谷物多结籽粒，预祝谷物丰收。原始先民认为人类的生育与农业的生产紧密联系，五谷来自大地母亲的恩赐，大地母亲拥有繁衍生殖力，就像妇女通过受孕怀胎一样，耕田播种是让大地受孕的方式。在稻谷播种、扬花、吐穗时实行繁殖巫术，用人的交合刺激农作物的生长，促进农作物多产。古人对苗族的跳花或者跳月有很多记载。《续文献通考》载：“苗人休春，刻木为马，祭以牛酒。老人之马箕踞，未婚男女，吹芦笙以和歌词，谓之跳月。”清人陈鼎在《滇黔土司婚礼记》中记载：“跳月为婚者，元夕立标于野，大会男女。男吹芦笙于前，女振金铎于后，盘旋跳舞，各有行列。讴歌互答，有洽于心即奔之。”可见，古时跳花节多在春天举行，与各民族在春季祭祀神灵、迎接生命、祈福和恋爱择偶的活动相似。仲春之会的性活动源于原始初民认为男女交合繁衍人口与农作物生生不息之间相通的原始思维。

① 黄椿：《苗族信仰民俗中的性教育——以小坝寨为个案》，载《贵州民族学院学报》，2007（3）。

跳花是苗族青年男女喜爱的传统社交恋爱活动，节日期间的男欢女爱不仅是为了生殖繁衍，感官的愉悦、性爱的快乐同样受到尊重。跳花节为青年男女的婚恋创造机会，传统社会苗族青年男女的婚恋对象主要是在参加跳花时选择的。在此期间，他们皆盛装出席，以芦笙舞为媒介相互交流，挑选意中人。参与者有通婚圈的限制，不能通婚的集团只能作为旁观者，不能参加跳花求偶活动。舞蹈过程中，青年男女浓情蜜意，你唱我和，使跳花节弥漫着男女寻欢的浪漫情调。古代的性爱节日定在春季，因为春回大地，气温回升，雨量增加，万物复苏，春的节律引起了人类生物本能的骚动，春天的身体机能逐渐活跃，性欲旺盛，是求偶的最活跃时期。古希腊的性神但翁色斯也是冬去春来，与我国古代的仲春之会类似，与苗族青年男女在春日的跳花节上求偶相通。我们不能用现代的道德观念去衡量古代少数民族的社会生活，南方少数民族历史上长期保留了浓厚的古代习俗。在封建礼教观念较少渗透的地区，苗族跳花节上的恋爱与性活动发乎情但不必拘于封建礼教，南方少数民族有传统的习俗规范和道德标准，比如同宗不婚，不属于通婚圈的人不能参加跳花求偶活动等。民国时期的苗族学者杨万选在《贵州苗族考》中记录："已届婚年之女子，为父母者，构竹楼于野外处之，使于夜中吹芦笙或为荡歌以诱男子。两情既洽，即于竹楼私焉，谓之摇马郎。"[①] 由此可见，恋人间的性生活不完全是为了生育，更多的是为了享受生活和爱情的天伦之乐。封建社会奉行唯生殖目的论，压抑人性，按照封建主义的荣辱观，性生活是淫乐，是丑事，但为了生孩子，则性交又可变不净之事为行夫妻人伦。古代苗族社会没有形成束缚女子的极端的贞操观念，女性与男性同等地享有性自由。

由上所述，跳花节的主题是求偶、求子、求丰年，持续几天的节日，丰富的活动将农耕祭祀、生殖崇拜、青年恋爱求偶以及集体娱乐等目的融于一体，从神圣的宗教仪式到世俗的欢愉活动都传达了性是人与自然绵延兴盛、生生不息的动力。家长老人们并不干涉青年男女的性自由，反倒认为男女会合之事可促进万物的繁殖。归根结底，族群发展的第一要义是种族的延续，

① 杨万选、杨汉先、凌纯声等：《贵州苗族考》，34 页，贵阳，贵州大学出版社，2009。

这要靠人口增殖和粮食丰产，春耕季节，男女结合之举满足了人们对这两方面的需求。

在生产力十分低下、人均寿命短、难以抵御自然灾害的原始社会，生殖繁衍以保障人类群体的种族延续是一件十分重要且神圣的事情。在自然崇拜和原始交感巫术的心理作用下，人口增殖与土地的丰产息息相关。人的生殖力通过交感巫术转移给土地和谷物，促进土地丰产、五谷丰登，而谷物的丰收满足了人的生存需求，最终达到人口繁衍与族群发展的目的。原始先民对农业丰收的祈求与人口繁衍的渴望之间具有内在的文化感应，先民将自身的生产和物质生产紧密结合，形成了农耕文化中浓墨重彩的生殖崇拜文化。

第三节　婚姻：夫妻一体，同心同德

每一对步入婚姻的夫妻都希望白头偕老，伉俪情深。但是生活的琐碎、家庭的重担、劳作的艰辛都会给夫妻关系带来连续不断的挑战和压力，要想保持夫妻关系的长期和谐相当不容易。幸福的婚姻生活离不开坚实的感情基础，需要依靠夫妻共同经营。只有夫妻保持恩爱，家庭才能和谐美满。

一、先恋爱，后结婚

爱情是青年男女缔结婚姻的前提和基础。情感关系中最核心的方面是爱和亲密，这是人们在情感关系中最为追求的，也是最为看重的方面。流传于云南省元阳县壮族聚居区的壮族史诗《德傣掸登俄》（壮语，意为“土僚造天地”），用朴实凝练的语言讲述了深厚的感情基础对于家庭和睦、婚姻幸福的重要性：

双方没感情，婚姻无信誉，就是结了婚，感情也不深。夫妻缺感情，就会互相吵；夫妻感情少，经常互相吵；感情不融洽，日子过不好。是非不弄清，你总记在心，心里有疑问，感情无法深。我们要结婚，必须感情深；如果我嫁你，感情应更深。[①]

如果以当下人们对婚姻的期待来看，上面这段从女性角度讲出的肺腑之言也是非常契合美好婚姻的标准的。回望史诗产生的古代时期，女性对于婚姻有这样的认识和要求就更加难能可贵。这段话表明，爱情是婚姻的基础，婚姻让爱情落地生根，并且婚姻是爱情的延续而不是爱情的终结，爱情和婚姻二者统一，互相支持，彼此增强。

首先，婚恋自由为婚姻缔结的情感基础提供了保障。南方少数民族崇尚婚恋自由，婚姻的缔结建立在双方相互爱与吸引的基础上，爱情成为婚姻缔结的必要条件。家长鼓励青年男女频繁地开展恋爱交友活动，人们非常看重当事人在婚前对彼此的深入了解，提倡双方自愿结合、自由择配。《窝果策尼果》说，"人道十五六岁，心不动也动了；人道十七八岁，情不动也动了"[②]。一个叫佐则的小伙子和叫罗白的姑娘相爱了，姑娘和小伙子，像一对鸽子在天上飞，像一对蝴蝶在花上飞，像两支筷子一样齐，像两只脚离不了。两人出双入对、形影不离。罗白要去背柴，佐则立马砍好一捆柴，帮着罗白挑回家，一起上山，一路下坝，一处歇息，一同劳动。两人深爱着对方，各自告诉了父母。两家的老人欣喜不已，佐则的父亲立马安排去女方家说亲，双方满意地订下了婚约，两边的亲戚互相走动，"望见两个年轻人这样合心，两家的老人笑出声来"。过了一段时间，罗白和佐则结婚了。《窝果策尼果》史诗说，自开天辟地以来，哈尼族始祖塔婆生下了人类，罗白和佐则是"嫁出讨进的头一对人"[③]。他们开启了人间最早的恋爱婚配，所以哈尼族自由婚恋的习俗拥有源远流长的历史。世界上的第一桩嫁娶婚姻拥有牢固的爱情基础，得到了父母亲人的鼎力支持和衷心祝福。这个故事以史诗的形式唱诵，史诗的

① 云南省少数民族古籍整理出版规划办公室编：《云南少数民族古典史诗全集》（上），729页，昆明，云南教育出版社，2009。

② 云南省少数民族古籍整理出版规划办公室编：《云南少数民族古典史诗全集》（上），550页，昆明，云南教育出版社，2009。

③ 云南省少数民族古籍整理出版规划办公室编：《云南少数民族古典史诗全集》（上），552页，昆明，云南教育出版社，2009。

溯源功能和神圣性质为后世的恋爱婚姻习俗提供了神圣的来源，婚恋过程中的诸多习俗规范也成为后世遵循的典范。青年男女自由恋爱和自愿婚配才是哈尼族认为的符合传统规范的婚姻缔结方式，才是每个人向往的美好姻缘。

先恋爱后结婚也是南方很多少数民族史诗普遍讲述的婚恋流程、习俗和观念。拉祜族的《结亲缘》说古时候男女各在一方，不知道谈恋爱结婚和生儿育女，天神厄莎教会人们如何恋爱择偶，接着又叙述了男女定情后提亲、定亲、举行婚礼的礼俗礼规。[①]对于儿女的婚事父母往往只会促成，而不会强迫。即使是厄莎也要在其儿女自愿的情况下撮合他们，《牡帕密帕》中的扎笛、娜笛不听厄莎的意见拒绝成婚，厄莎只好设法让他们谈情约会爱上彼此，然后成婚。同样，彝族《梅葛》追溯了吹芦笙、弹响篾、对歌恋爱的起源，男女相恋，自由结合，组建家庭，生育儿女。在《密洛陀古歌》的“楠妮婚宴”一节里，蒙德旺的女儿楠妮与罗德元的儿子依歌定情，“日与罗德元的儿子唱‘吩托’相亲，夜与罗德元的儿子唱‘撒旺’相爱。他俩商量婚配，他俩议定做夫妻”[②]。双方家长非常认可这门亲事，择了良辰吉日为这对恋人举办了婚礼。文献中的记载可以与口头史诗相互印证，清代王言纪的《白山司志》卷九载：“白山瑶人……岁时祭祀，男女跳跃歌唱，相悦为婚。”[③]清《云南通志》记载宣威彝族支系“黑乾夷”婚恋自由，他们“居深山密箐，婚配不用媒妁，男吹笙，女弹口琴，唱和相调，悦而野合。归语父母，始用媒聘，迎妇归。”[④]这种以自由恋爱为基础，取得父母同意和全方位支持的婚姻缔结方式在南方少数民族中最为普遍。

有的民族不仅崇尚自由恋爱，而且盛行自主结婚，甚至可以在不需要父母和媒人参与的情况下建立起婚姻关系。彝族《阿细的先基》详细地叙述了一对青年男女由思春、寻亲、谈情、定情到结婚的过程。在这个过程中，父

① 云南省澜沧拉祜族自治县志编纂委员会编：《澜沧拉祜族自治县志》，665页，昆明，云南人民出版社，1996。

② 张声震编：《密洛陀古歌》（下），3185页，南宁，广西民族出版社，2002。

③ 蓝武、蒋盛楠：《〈白山司志〉点校与研究》，97页，桂林，广西师范大学出版社，2016。

④（清）阮元、王崧、李诚纂修：《道光云南通志稿点校本7》，330页，昆明，云南美术出版社，2020。

母、亲戚、媒人都不参与，全程由这对相爱的男女自主决定。小伙向姑娘唱歌表白："心直的姑娘啊！我们两个人，说了能不能成伙伴，讲了能不能成夫妻？"[①]姑娘唱述了远古时候，天上的男神托瓦若的小儿子和地上的女人尼依拉的小姑娘之间甜蜜坚定的爱情。姑娘借此表白自己的心迹，认为风霜雨雪都挡不住他俩谈情的路，唱道："我们两个啊，一世不能分离，永远不能分离！"[②]然后，依循古代阿细先民的习俗，小伙子不畏艰难，从悬崖峭壁上拔来黄草，做成装饰品，作为定情物送给姑娘。决定结婚的时候，小伙子、姑娘问清楚彼此的真实姓名和生辰，请路边的石头见证，便以夫妻相称了。

> 亲爱的姑娘，路上边的红石头，就是我们的男媒人；路下边的蓝石头，就是我们的女媒人。亲爱的哥哥，男媒人已经有了，女媒人也已经有了，我们两个啊，已经是夫妻了。亲爱的妻子，我在前面走，你在后面跟，同我回家去。……亲爱的丈夫，我们既是真心相爱，哪怕踩着路上的刺，哪管石头撞破脚。要是在白天走，我们两个啊，只要是在一道，天气再热也不怕，太阳再辣也管不着。[③]

《阿细的先基》讲，小伙子和姑娘自主结婚以后，小伙子把姑娘带到家里见父母，认亲戚，七天以后，夫妻俩去见女方父母。阿细男女青年不受父母之命，无须媒妁之言，他们的婚姻极重感情、人品以及性格是否相合。

南方少数民族还有一种自主缔结婚姻的方式叫"出面婚"。宋代《溪蛮丛笑》载："山猺婚娶聘物以铜与盐，至端午后约于山上相携而归，名'拕亲'"；"拕亲之后，年生子，引妻携酒归见妇家，名'出面'。"[④]"出面婚"即

① 云南省少数民族古籍整理出版规划办公室编：《云南少数民族古典史诗全集》（上），212页，昆明，云南教育出版社，2009。

② 云南省少数民族古籍整理出版规划办公室编：《云南少数民族古典史诗全集》（上），216页，昆明，云南教育出版社，2009。

③ 云南省少数民族古籍整理出版规划办公室编：《云南少数民族古典史诗全集》（上），231页，昆明，云南教育出版社，2009。

④ 符太浩：《溪蛮丛笑研究》，278页、353页，贵阳，贵州民族出版社，2003。

男子等妻子生了头胎后才首次去女方家亮相认亲。至清代，“出面婚”仍盛行于不少南方少数民族地区。清李宗昉《黔记》：荔波县之伶家苗（今仫佬族、水族等）“每仲冬，男女相聚歌舞，所欢者约而奔之。及生子后，方归母家，名曰‘回亲’，始用媒妁通聘”。“出面婚”强调男女自由择配，不需要经过双方家族公开承认就自主同居开始夫妻生活，生孩子后，男方备办礼物到女方家族举行婚礼仪式，正式确定婚姻关系。这种婚礼主要是向社会公开宣布一个新家庭的正式确立，强调其礼仪的性质。

总而言之，南方少数民族史诗描述的婚姻往往有爱情的基础，婚姻生活中夫妻彼此需要的程度高，夫妻双方更容易做到互相关心、互相支持。

二、一体合心，彼此信任

情感关系中的沟通和理解也是非常重要的方面。只有通过良好的沟通和理解，才能够更好地了解对方，进而建立更加深厚的情感关系。南方少数民族史诗中常常讲的一句话就是“合不合你的意？”或者“合不合你的心？”哈尼族《窝果策尼果》描述选新寨时，哈尼先民将看地势、山形、树林、水源、菜园以及寨中的空间布局等要考虑的问题一一唱出，为了强调这是大家共同商量的结果，连续九个唱段都用“十个男人合心了，十个女人爱着了”作为段落的结尾。彝族《阿细的先基》讲述夫妻共同劳动的时候，双方对于农业生产、手工制作、家务劳动等总是事无巨细地彼此交谈，共同商量，保持良好的沟通与交流。在“在荒地上种庄稼”一节，由于家庭贫困，没有一块像样的田地，丈夫对新婚妻子诉苦，给妻子道出实情：对门的“大陷塘”是大爹、大嬷的地，前面的“小陷塘”是老爹、老妈的地，山头那块地是二大爹、二大嬷的地，山脚那块是阿叔、阿婶的地，只剩山坡脚有一块还未开辟的荒地。“伤心的人啊，没有做活计的地方，也没有种庄稼的地方……亲爱的妻子呃！那块没有犁过的荒地，合不合你的意？”[①] 虽说“有情饮水饱”，可真正

① 云南省少数民族古籍整理出版规划办公室编：《云南少数民族古典史诗全集》（上），234页，昆明，云南教育出版社，2009。

要建立家庭、养育子女就不得不考虑具体的经济问题，在过去物质匮乏的年代，有一块可耕种的土地能满足基本的生存，无疑是一个出嫁姑娘最低程度的要求了，可是这位丈夫连这个最低要求都达不到，但是他能提前与妻子沟通，把对妻子的歉疚娓娓道来。面对如此诚恳的态度，新婚妻子不但不会生气，反而充满怜爱，并安慰鼓励丈夫："亲爱的丈夫呃！怎么不合意呢。没有地的时候，不能做活计，也不能种庄稼。现在有地了，就能做活计啦。亲爱的丈夫呃！我们两个人，就在那里种庄稼吧。"[①] 可见，理解和沟通在夫妻情感关系中的重要性，双方需要尝试站在对方的角度去思考问题，理解对方的想法和感受，为了更好地理解对方，可以尝试主动询问对方，倾听对方的回答。这样可以建立更加稳固、美好的感情关系。

夫妻情感关系中的信任、忠诚和责任也非常重要。夫妻彼此信任、互相尊重、保持忠诚、共担责任，家庭才能和谐兴旺，族群才能发展壮大。夫妻在长期的婚姻生活中，会面对形形色色的诸如生活上的、经济上的、社会人际交往的问题，只有恋爱时期的两情相悦是远远不够的，还需依托牢固的感情基础，建立起彼此的信任，培养对家庭的责任心，遇到分歧才能免于争吵，互相商量，共同解决问题。南方少数民族史诗提及的夫妻往往是对一个民族影响深远的祖先、部族首领，他们之间的齐心协力对于族群的发展尤为关键，在面对战争、迁徙、定居等重大决策时，部族首领夫妻一体，才能带领大家共克时艰、共渡难关。《哈尼阿培聪坡坡》中戚姒扎密对其丈夫纳索真挚的感情感人心魄。戚姒是哈尼的第三代头人纳索的发妻，她美丽善良、文武双全、足智多谋、胸襟广阔，是一位女政治家、军事家。夫妻二人深受大家的拥戴和喜爱，但是邻族（蒲尼）的头人罗扎觊觎哈尼的肥田沃土，他打着心里的小算盘，把自己的女儿马姒嫁给纳索，离间了哈尼族的关系，企图吞并哈尼的土地。戚姒早有防范，劝阻纳索不要重蹈覆辙：

① 云南省少数民族古籍整理出版规划办公室编：《云南少数民族古典史诗全集》（上），234 页，昆明，云南教育出版社，2009。

纳索啊，亲亲的男人，哈尼和外人打交道，吃亏的是哈尼人，咯记得诺马的老事？……今天蒲尼嫁出姑娘，也怕生着一样的心眼。听你的女人说句话吧……你要一日欢乐，早上不能喝酒；你想一家欢乐，不能讨两个老婆；你想一辈子欢乐，不能讨那扎密做女人。纳索啊，我的话句句实在，愿你装进耳朵里面！①

戚姒说的这段话从大局利益的角度出发劝阻其丈夫不要被美色诱惑，从道德伦理和家庭稳定的角度强调了对婚姻忠诚和对配偶尊重的重要性。它暗示了婚姻应该是一种忠诚和持久的关系，而不是一种随意的选择或满足个人欲望的手段。作为一个丈夫，应该珍惜自己的婚姻和家庭，并对自己的妻子忠诚和尊重。哈尼族把先祖戚姒说的这些话作为格言永远牢记并代代相传。头人纳索为自己的贪恋美色和一意孤行付出了惨重的代价，还连累了整个族群卷入战争，正如史诗唱的“男人做事只图痛快，女人才会知道艰难”②。当纳索认清了小妾马姒的真面目后，他坦诚地对一直支持他的妻子戚姒说，山箐的花蛇好看却心肠狠毒，他喜欢马姒的美貌但不喜欢她的坏心肠，“戚姒扎密啊，亲亲的妻子！样子和心肠都美的，只有你一个女人！心里的话我只对你说，不会漏给她一点半点”③。当哈尼战败，伤亡惨重，纳索怒火攻心，提起大刀就要杀死屡次泄露战争机密的马姒，而此时马姒已怀上纳索的骨肉。戚姒顾全大局，为了避免加剧哈尼和邻族（蒲尼）之间的矛盾，累及子孙后代，阻止了这场哈尼头人杀死妻儿的悲剧。马姒感激不已，洗心革面。戚姒的儿子和马姒的儿子繁衍成两个哈尼后代支系，这两个哈尼支系世代友好，再无纷争，戚姒维护了哈尼族千百年的团结和统一。

戚姒形象彰显了一个妻子对于丈夫充分的尊重和信任，一个族群领袖对

① 云南省少数民族古籍整理出版规划办公室编：《云南少数民族古典史诗全集》（下），687 页，昆明，云南教育出版社，2009。

② 云南省少数民族古籍整理出版规划办公室编：《云南少数民族古典史诗全集》（下），691 页，昆明，云南教育出版社，2009。

③ 云南省少数民族古籍整理出版规划办公室编：《云南少数民族古典史诗全集》（下），696 页，昆明，云南教育出版社，2009。

于族群大家庭强烈的使命感和责任心。戚姒对纳索有提醒、有劝告、有责备、有宽慰、有支持，也有教育，最重要的是，她对纳索真挚的感情始终如一。这种感情既有夫妻之间的亲密和爱，更多的是身为头人之妻，她身上展现出了民族大义和崇高仁爱之精神。纳索被“美人计”迷惑了心智，哈尼不再听他的领导，而戚姒深明大义，实际上已经是哈尼公认的头人。但戚姒对丈夫不离不弃，用自己的智慧帮助他，始终尊丈夫为族群的头人，维护丈夫的威信，加强哈尼族的团结。当哈尼族决定搬迁，七十七个头人齐声说：“纳索的妻子戚姒扎密，是哈尼最英雄的女人，全体哈尼要听从她的吩咐，她叫走到哪边就走到哪边！”[①] 纳索不以为然，强烈反对搬迁。拥有雄才大略的戚姒胸襟宽广，她仍然包容和爱护丈夫，对众人说，大难临头更需要齐心，哈尼不能像没有王的蜂群，纳索肩负头人的使命，大家要和他商量。另一方面，她又在众人面前劝告（实为教训）纳索：“头人不是没有教过的小牛，爱跳就跳，爱玩就玩，你要听我戚姒的劝告，快快领着哈尼搬迁！”[②] 随即大手一挥，让八个哈尼扛着倔强的纳索，开始迁徙。哈尼迁到石屏住了一段时间，再次陷入战争，哈尼战败，不得不再次举族迁徙。戚姒率领族群寻找新的地方，纳索领兵殿后。分手的时候，戚姒对丈夫讲：“纳索啊，男人，我丢掉百样珍宝，只带上你的酒壶烟筒，我打好软软的棕鞋，等你穿鞋过江！”[③] 这是多么令人感动的话语！哈尼尊奉戚姒为寨神，歌颂这位伟大的民族英雄，世代敬仰这位具有卓越美德的妻子，以此教育后代如何正确处理夫妻关系，平衡“小家”和“大家”的关系。

相互猜忌是婚姻的致命杀手，没有相互信任基础的婚姻难以维持。稳定和谐的婚姻必须建立在相互信任的基础上。如果婚姻中有了猜疑，悲剧便会产生。支格阿鲁的死就是由于其妻子猜忌导致的。彝族流传的《支格阿鲁》

① 云南省少数民族古籍整理出版规划办公室编：《云南少数民族古典史诗全集》（下），700页，昆明，云南教育出版社，2009。

② 云南省少数民族古籍整理出版规划办公室编：《云南少数民族古典史诗全集》（下），700页，昆明，云南教育出版社，2009。

③ 云南省少数民族古籍整理出版规划办公室编：《云南少数民族古典史诗全集》（下），705页，昆明，云南教育出版社，2009。

史诗讲述了这位彝族创世英雄神异辉煌的一生。支格阿鲁英俊洒脱、智勇双全、爱憎分明、神通广大。支格阿鲁时代的婚姻形态为对偶婚，他与两个表妹结为夫妻，姐姐住在滇潘海东岸，妹妹住在滇潘海西岸，阿鲁骑着神马飞跃滇潘海，轮流与两位妻子居住。遗憾的是，由于阿鲁在途中帮助人们降妖除魔耽误了几天时间，妹妹以为阿鲁偏心姐姐，不再相信当初的约定，产生了猜疑嫉妒之心，剪断了阿鲁神马的翅膀，阿鲁坠海而亡。因此，夫妻之间的信任是无坚不摧的武器，只有彼此以心换心，信任对方，婚姻才能得以长期保持、稳定幸福。如果婚姻缺少了基本的信任，就好比神马被剪断了翅膀，将面临坠亡的危险。

三、互相关心，平等相待

美满的婚姻离不开夫妻之间的互相关心、支持和陪伴。正如彝族的《支格阿鲁》史诗所言："妻子靠丈夫，妻与夫相伴，心中乐滋滋，丈夫靠妻子，夫与妻相伴，生活才幸福。"[①] 在长期的家庭生活中保持互相关心的夫妻，可以延续并加强婚前恋爱时期建立的感情基础，营造温馨的家庭氛围，也有利于孩子的健康成长。足够的体贴和支持是美好家庭关系的助推器。夫妻之间互相陪伴、互相支持、互相关心，遇到困难才能共同承担，相互扶持。缺少相互关心和爱护的夫妻关系容易产生许多不良影响：夫妻间亲密感不足，难以建立起稳定和美满的家庭关系；夫妻之间的压力和负担增加，难以应对生活中的困难；夫妻之间的个人发展受到限制，难以共同进步和成长，夫妻之间的感情可能变淡，失去彼此之间的吸引力和依赖感，甚至会导致婚姻破裂，影响家庭的稳定和婚姻幸福。哈尼族《窝果策尼果》中的佐则、罗白夫妻就是哈尼族赞颂的恩爱夫妻的榜样：

姑娘嫁到佐则家三年，日子一年比一年甜。姑娘回娘家串亲，丈夫跟着来作伴；姑娘上山背柴，丈夫跟着去砍；丈夫做活下田坝，

① 洛边木果、肖远平等编译：《支格阿鲁：彝族英雄史诗》，120 页，北京，民族出版社，2018。

> 姑娘送饭到大田。两个像树心离不开树皮，夫妻像树枝离不开树干。在外听到三次布谷鸟的叫声，在河坝见到三次黄泡成熟，不懂事的男人，成了会心疼妻子的男人，不懂事的姑娘，成了会关心丈夫的女人。①

根据上述史诗对夫妻关系的讲述，良好的夫妻关系不是单方面要求妻子为丈夫、为家庭无尽付出不求回报，良好的夫妻关系要求丈夫以同样的程度爱护妻子、关心妻子。情感关系中的支持和关心是相互的，当一个人需要帮助和支持时，另一个人会给予他们支持和关心，这样家庭命运共同体才会和谐发展。夫妻情感要经常培养，如果不善于保持自己的吸引力，那么可能给家庭带来麻烦。夫妻一方由于得不到最初预想的温情和幸福，婚姻有可能破裂。《苗族史诗》讲述了这样的例子。苗族人祖姜央有九个女儿，其中，名叫阿苟的老八嫁个丈夫不心疼她，阿苟心生不满，死活不愿住到丈夫家去，又是跟父母告状又是跟丈夫吵嘴，最后姜央卖了几块水田赔偿，阿苟改嫁给了汉族男子。②比起经济上的支持，女性在婚姻中更需要丈夫在情感上的关心。

情感关系中最核心的一点是平等。在一段情感关系中，只有双方享有平等的地位，各自才可以保持自己的独立和自由，不会感到束缚和压迫。平等是夫妻互敬互爱的立足点。著名心理学家阿尔弗雷德·阿德勒指出："唯有以完全的平等为基础，才能圆满解决爱情和婚姻的问题……美满的婚姻关系中并没有征服者的立足之地，意即婚姻中是没有征服者的。"③要是一个人想在情感关系里成为征服者和主宰者，如果他的伙伴也有同样的想法，那么两人根本无法共同生活。如果在一段情感关系里一方臣服于另一方，那么这样的情感关系中掺入了太多权力而失去了爱情的本质。要使婚姻和谐美满，基本

① 云南省少数民族古籍整理出版规划办公室编：《云南少数民族古典史诗全集》(上)，558—559页，昆明，云南教育出版社，2009。

② 马学良、今旦译注：《苗族史诗》，222页，北京，中国民间文艺出版社，1983。

③ [奥]阿尔弗雷德·阿德勒：《人，做得到任何事：阿德勒心理学讲义》，吴书榆译，200—201页，北京，北京时代华文书局，2018。

的平等是非常重要的前提，爱情和婚姻问题只有立足于平等的两性关系才能得到圆满解决，只有在平等的基础上，爱情才会沿着正确的方向发展，并促进成功的婚姻生活。

南方少数民族史诗中，夫妻情感关系最难能可贵的一个方面就是秉持人格平等。在男尊女卑制度和观念传入南方少数民族社会以前，诸如纳西族、白族、瑶族、苗族、壮族、拉祜族、哈尼族、黎族、部分彝族支系等较多民族奉行男女平等的原则。婚前自由恋爱，女性不是消极、被动地等待男性选择，而是你来我往的对等交流；结婚自愿自主，女性不是男人之间交易的礼物，女性对于自己的婚姻有发言权；婚后夫妻共同劳动，夫妻互帮互助、互敬互爱，妻子不是丈夫的私有物，不是做家务的奴隶和生育的工具。因此，在两性情感关系中，男女人格平等，女性不必依附于男性，不以男性为主宰，夫妻同生共体、同心同德，家庭和合美满。

从南方少数民族史诗的相关内容中，我们可以看到古代先民通过长期的婚姻家庭生活总结出来的宝贵经验和道理。南方少数民族先民对于爱情、性、婚姻中的性别关系具有对称平衡、和合共生的观念。这种朴素的性别平等观念及其实践在现代社会给我们提供了诸多可供借鉴之处。

第三章　民主共治：南方活态史诗中的性别权力关系

权力关系是性别关系结构的一个关键维度。性别关系具有动态性，权力对于性别关系的形成、维持、冲突和改变都至关重要。性别权力关系以性别为依据决定人们的权利和人们对他人生活的控制程度。性别/女性研究界趋向于认为母系社会的两性秉持合作平等的伙伴关系。父权制社会的性别权力关系是不平等的关系，总体上男性处于支配地位，女性处于从属地位。随着性别理论日臻完善，性别权力关系不再刻板地从生物差异的角度强调男女二元对立，而是综合考察两性气质与角色、两性权利与地位、文化规范和民族、阶级等错综复杂的因素形成的权力格局。在南方活态史诗中，双性化气质普遍得到认同，不管是母系社会还是父系社会，不管掌权的是女性还是男性，男/女性气质都不会因为权力掌握在不同性别手中而受到贬低或者抬高。随着社会形态的发展更替，尽管在南方活态史诗中不乏女性地位下降的描述，但两性之间平等协作、相互依赖的关系是主旋律。

第一节　两性气质与权力

传统的性别气质概念是基于生理性别的本质主义定义，即以两性的第一性征和第二性征为基础，强调一整套稳定的、固化的和两性对立的行为模式及其行为的社会意义。[①]传统的性别气质概念具有男性中心主义的取向。男性气质（masculinity），传统的意义上也称为男性气概、男人味儿，指男性应当

① 方刚、罗蔚主编：《社会性别与生态研究》，1—2页，北京，中央编译出版社，2009。

主动进取、理性、坚强、勇猛、争强好胜、有冒险本领、有攻击性、在性活动上活跃主动、以社会成就为取向；而女性气质（femininity）一般指女性应当被动顺从、感性、温柔、羞涩腼腆，依赖男性、以家庭孩子为中心。男性气质必须是非女性化的，如男性不能软弱、依赖。[①] 这种两性对立、僵化的性别气质观念导致了有关男性气质和女性气质的刻板印象。女性天生被视为非理性的、驯服的、低男人一等的人，使男尊女卑、男优女劣的性别等级固化为与生俱来的自然属性，从而保证了男性支配女性的优势地位，女性因其天生的性别而遭受歧视。

20 世纪以来的社会性别气质建构论强调男女气质差异是文化塑造的。男性气质和女性气质都应该是复数的概念，具有多元化、可塑性和动态性特征。男性气质和女性气质的内涵摆脱了传统二元对立的框架和价值评价体系。社会心理学认为理想的人格应当具有刚柔兼济的双性特质。双性化是指兼具男性气质和女性气质的人格特征。瑞士著名精神分析学家荣格指出，每个人在心理上都具有双性特征，并用阿尼玛和阿尼姆斯（anima，animus）分别指代男性和女性潜意识中存在的一种异性原型。在荣格看来，父权制文明使这种雌雄同体的人格分裂为男性和女性，“阿尼玛”和“阿尼姆斯”成为远古时代在人类的集体无意识中留下的原型意象。父权制文化压抑了男性身上的女性特质，否定女性身上的男性特质。值得注意的是，既然性别是由社会文化塑造的，那么性别内部的差异和性别与种族、阶级交织的复杂性都不能忽视。康奈尔强调必须将性别气质置于性别关系中分析。康奈尔将男性气质视为与女性气质相互依存和联系的概念，男（女）性气质指男性与女性通过实践确定这种性别关系中的位置的实践活动，以及这些实践活动在身体的经验、个性和文化中产生的影响。[②] 笔者将南方活态史诗中性别气质的分析置于性别关系中的具体体验和实践活动。

① 佟新：《社会性别研究导论》，22 页，北京，北京大学出版社，2005。

② [美] R. W. 康奈尔：《男性气质》，柳莉等译，97 页，北京，社会科学文献出版社，2003。

一、互补共存：两性气质的内涵

（一）男性气质

在南方活态史诗中，男性气质通常被描述为一种英勇、力量、智慧、有担当、善于表达情感、有责任心和道德高尚的品质。

英勇是男性气质的核心特质之一。史诗里英勇的男性被民众世代赞颂，英勇的品质被认定为男性应该具有的优秀品质。南方史诗歌唱的英雄人数众多，他们能够在面临困难和挑战时无所畏惧、积极应对，保护自己和族群免受危险和攻击。创世史诗中的创世英雄开天辟地、测天量地、射日射月、治理洪水、战胜妖魔鬼怪，勇敢地与恶劣的大自然作斗争，拯救人类的生命，为人类的生存开辟空间，为族群的延续和发展做出巨大贡献。纳西族的《创世纪》中，从忍利恩与洪水猛兽、妖魔鬼怪、众神等诸多敌对力量进行了形形色色的斗争，表现出了顽强不屈的英勇气概。《创世纪》用豪情壮志的语言生动地刻画了一位英勇坚强的创世英雄从忍利恩：“我是开九重天九兄弟的后代，我是辟七层地七姐妹的后代，我是翻越九十九座大山气力更大的种族，我是越过九十九座高坡精神更旺盛的种族……是所有人来杀怎么也杀不死的种族，是所有人来敲怎么也敲不碎的种族。”① 就连至高无上的天神听了这番话，也不得不折服于从忍利恩的勇敢顽强，答应了他娶其女儿的请求。不仅创世英雄，南方史诗中的战争英雄也无一不具有胆敢和勇猛的品质，比如彝族的支格阿鲁、壮族的莫一大王、傣族的海罕王等。迁徙史诗中的族群首领同样展现了异于常人的勇气和胆识，比如苗族的亚鲁王、哈尼族的扎纳和纳索。他们带领族人翻山越岭、跋山涉水、披荆斩棘、砥砺前行，面对重重险境毫不退缩，勇往直前。这些史诗中的众多英雄人物受到民众的敬仰爱戴，他们身上具有的英勇品质成为男性气质的标志，得到各族人民的强烈认同。

男性气质也与智慧、谋略和理性紧密联系。拉祜族唱诵的《根古》讲，住在阿沃东的拉祜人被敌人包围，男人突围出去后，有的主张去拼命，有的

① 《中国少数民族文学作品选》编辑委员会编：《中国少数民族文学作品选》（第 5 分册），246 页，上海，上海文艺出版社，1981。

主张换个地方住，经过深思熟虑，男人们决定先找到新居。安顿好之后，强壮者返回阿沃东搭救寨中的妇女们，由于敌人百般刁难，拉祜人便让妇女灌醉官兵，用九十九条包头救出了妇女。在逃跑的路上为了躲避敌人的追击，他们利用芭蕉树砍倒很快发嫩叶的巧计迷惑对方，让对方误以为他们早已走远从而停止追击。苗族史诗《亚鲁王》中的首领亚鲁王利用“悬羊击鼓”的办法迷惑敌人进行智慧撤退，运用“喊祖宗”等计谋赢得荷布朵的土地。这些情节内容彰显了沉着机智的男性气质。南方史诗赞颂的民族首领、氏族长老、部落头人是本民族高度认可的智者和决策者，他们具有洞察力和判断力，能够做出英明的决定，为族群的发展做出明智的选择。他们具有的理性和运筹帷幄的品质被视为男性卓越的能力和优势。

积极进取、敢于担当也是男性气质的重要方面。男性通常被视为承担经济责任、提供物质支持、保护和指导家庭和社区成员的核心人物。积极进取的男性对于各种挑战和机会始终保持主动的姿态，勇于追求自己的梦想和目标。理想的男性必须是有责任心、敢于担当的人，能对自己的行为负责任，同样也能对他人、集体和环境负责，这种男性气质可以帮助男性成为一个更好的领导者、更好的父亲和更好的丈夫，同样也能够增加男性在社会中的声望和信任度。创世叙事中的文化英雄具有这样的男性气质。当人类需要适合生存的空间和物质条件时，他们承担起开天辟地、造林开荒的重任；当人类遭遇极端干旱和洪水的灾难时，他们以身作则，救民于水火之中；当童年时代的初民在伟大的大自然面前是那么弱小和不知所措时，他们带领民众创造发明、开拓进取。南方史诗的迁徙叙事和战争叙事中，如《哈尼阿培聪坡坡》《苗族史诗》《亚鲁王》《支格阿鲁》《扎努扎别》《宁贯娃》《黑白之战》等，进取和责任的男性气质内涵也得到了鲜明的体现。

男性气质的内涵毫无疑问与男性的生理特征相关，身体对于男性气质的构建是不可或缺的基础，男性身体最能体现男性气质的就是力量。在神话和史诗中，男性通常被描绘为身体强壮、力大无穷，男性非常重要的一个素质就是力量，拥有强大的力量是他们成为领袖和保护者的基础。南方史诗对天地万物起源的解释充满了艺术性的想象，但这种想象往往基于他们生活中的认识和经验通过物我互渗的神话思维达成，生活中孔武有力的男子形象经过艺术加工就成了神话中力拔山兮的角色。《勒俄特依》“开天辟地”讲师傅用“膝盖做砧磴，口腔当风箱，拳头当铁锤，手指当火钳，制成四把钢铁叉，交给四个仙子”，由四位仙子各持一把去开辟东南西北四个方向。阿尔师傅又造铜铁斧交给九个仙小伙，他们用斧子将大地打成山、捶成沟、敲成坝、开成田、打成坡、开成垭口，大地有了山川沟壑，人们有了耕种的田坝。[①]《亚鲁王》中造地的赛杜挥一拳头成一片平地，敲一锤子成一个山垭，打一巴掌成一座山峰。[②]这些大神是人类祖先的化身，他们身上体现了劳动创世所需要的巨大力量。后世的男子也以力大无比、武艺高强为荣。

南方史诗推崇的男性气质还包括善良、正义等高尚品质。我国南方普遍流传的洪水神话中，幸存者实际上是善、良知、正义的代表。纳西族《创世纪》讲述金古、夸古不会犁田地，犁田犁到了天神住的地方，天上东神和色神派野猪在晚上把他们犁的田地复原，金古、夸古得知后把东神、色神打得喊声震天，只有大哥从忍利恩阻拦金古、夸古，关心伤者。天神怒不可遏，决定发洪水淹没大地、毁灭人类，但看在从忍利恩心地善良的分儿上，天神告诉了他这个信息并教他如何避水逃生。《梅葛》也讲了一个类似的惩恶扬善的洪水神话：洪水来临前夕，武姆勒娃奉天神之命寻找人种，见有五兄弟犁田，就变成熊，将犁好的田翻平，兄弟几个捉住熊，对熊很凶，只有老五心地善良，给熊松绑，老五因此获得帮助，在洪水中幸存。相似的神话在南方很多少数民族中广泛流传。惩恶扬善、倡导正义的主题是南方民族史诗表现的重点之一。我国各民族的史诗虽然高扬战斗精神，以勇敢为美德，但是，它们并不是一味地宣扬战争和暴力，而是把追求善和正义作为更高的准则。[③]在傣族史诗《兰嘎西贺》中，召朗玛申明，他既是为了爱情更是为了正义而战：“南西拉有如宝石一般珍贵 / 但今天我不只是为了夺回她 / 我是想要你的

① 口传文学作品，《勒俄特依》，冯元蔚译，8—15页，北京，中国国际广播出版社，2016。

② 中国民间文艺家协会主编：《亚鲁王》，41页，北京，中华书局，2011。

③ 伍雄武：《中国少数民族哲学思想简史》，125页，昆明，云南人民出版社，1996。

十个头颅为民除害。”[①] 召朗玛战胜捧玛加以后，史诗讲：“善良和正义啊 / 犹如宝石一样 / 具有磨灭不了的光芒 / 就是沉到海底也会发亮。”[②] 在各族人民心目中，做好人好事、扶持正义、惩恶扬善是英雄的重要品质，胸怀天下、大公无私、善良正义的人地位很高，备受人们的尊敬，正义是非常重要的美德，反之，自私自利是一种耻辱，恃强凌弱就是作恶。拥有这些美德的英雄对自己和他人的行为有强烈的道德标准，也被认为是社会和文化秩序的保护者。

坚韧顽强的男性气质在南方活态史诗中得到了充分的体现。我国南方少数民族多居住在热带、亚热带地区的茂林深箐、崇山峻岭之间，交通极为不便，生存环境恶劣，开荒种地、狩猎采集、防御危险、抵抗外敌都必须依靠集体团结协作、共同拼搏，世代民众在生存与发展的过程中，不断锤炼出顽强坚毅的民族性格和艰苦奋斗的民族精神。南方史诗的创世叙事大都记载了原始先民百折不挠征服自然的艰苦历程，迁徙叙事歌唱了各族先民历经千难万苦也毫不退缩、永不放弃的坚强意志，英雄叙事生动展现了各族英雄率领族人同侵犯和掠夺他们家园的形形色色的敌人进行顽强斗争，在这些叙述中，南方史诗将坚韧、刚烈的男性气质展现得淋漓尽致。哈尼族史诗唱道：“九死一生的哈尼，不像尖角的野牛强壮；筋疲力尽的哈尼，没有四蹄的马鹿快当。但是哈尼人啊，又抽出锋利的竹箭，又拿起三拃的竹枪，像拼命的老熊，像发怒的老象，把短路的强人杀倒，把恶辣的腊伯砍伤！”[③] 哈尼族伤心地离开了诺马家园，迁徙的哈尼人虽受尽苦难，但总是保持坚韧的意志，充满希望，“只要手不折，就不会饿肚肠，只要脚不断，就不愁走不到好的地方！”[④] 苗族史诗《亚鲁王》讲述了亚鲁王带领族人一次次地艰难迁徙，历经漫长的颠沛流离的岁月，走走停停，经过了三十多处地方，才最终找到定居地。《亚鲁王》唱诵的是西部苗人不屈不挠的生命意志。

① 刀兴平等翻译、整理：《兰嘎西贺》，184 页，昆明，云南人民出版社，1981。
② 刀兴平等翻译、整理：《兰嘎西贺》，195 页，昆明，云南人民出版社，1981。
③ 云南省少数民族古籍整理出版规划办公室编：《云南少数民族古典史诗全集》（下），675 页，昆明，云南教育出版社，2009。
④ 云南省少数民族古籍整理出版规划办公室编：《云南少数民族古典史诗全集》（下），675 页，昆明，云南教育出版社，2009。

在南方史诗中，富有感情并善于表达感情的男性气质受到社会文化的鼓励和期待。性别学的主流观点认为刚毅深沉且不轻易表达情感是男性气质的重要方面，但与之相反，南方少数民族的男性需要善于表达丰富的情感，因为他们从小就要锻炼对歌谈情的能力，这样长大后才能在谈恋爱的年龄阶段找到对象，才能与恋人谈天说地、互述衷情，缺乏交际、不会言谈的男子不会受到欢迎，从而在寻找配偶时会面临很多困难。彝族史诗《阿细的先基》的表现形式是对唱，青年男女唱“先基”是测验对方智识和抒发感情的重要方式。该史诗由一对男女主人公从相识对歌、相知、询问、谈情、定情到结婚为线索，将阿细人的创世神话、文化习俗、劳动生产和这对恋人谈情说爱的内容交织在一起。史诗中男子对其内心的感受、细腻的心思、温柔的情感都进行了充分的流露和表达。《阿细的先基》在阿细人口中代代相传，史诗中的这位男主人公作为阿细人的典型代表，他身上体现的温柔细腻的男性气质必定是阿细人集体认同的男性气质。

传统社会性别观念认为，英勇、独立、进取、有力量、理性、负责任、有领导才能、有权力、富有的男性是理想的拥有男子气概的男性，社会文化要求、期待男性去发展、维护这些符合传统男性气质的品质。总的来说，南方史诗对上述大部分男性气质有充分的展现和认同，但也存在南方少数民族对男性气质持有的独特认识，比如推崇勇敢顽强但不鼓励争强好胜，赞美集体主义的团结而否定个人主义的独立，重视族群的共同繁荣而轻视个人的财富积累，要求男人坚强但不要求男人压抑情感。

（二）女性气质

南方史诗推崇的女性气质主要指女性应该有旺盛的生殖力，应该具有心灵手巧、温柔体贴、能歌善舞、善良、孝顺、勤劳、坚强等能力或品质。

在南方史诗中，女性必须具备的能力就是旺盛的生殖力，可以生儿育女的妇女才是社会公认的合格女人。南方少数民族较早进入农业社会，普遍存在“多子多福”的思想，希望女性婚后能够为夫家多生育儿女，以求家族人丁兴旺、香火永续、种族繁盛。因此，女性美就与女性的生殖力紧密相关。

女性需要保持强健的身体，以便能够顺利地生育后代。彝族史诗《阿黑西尼摩》中记述的主要人物阿黑西尼摩，是天地万物之母，是人类的祖先。阿黑西尼摩生下了万物，万物不吃奶，就无法成长，她用奶养育天地、日月星辰、风云雾霞等。她全身长满乳房，乳汁充足，喂奶的时候滴下的奶水变成大地上的花草、树木、山坡、溪水。阿黑西尼摩以一个神通广大、生育万物和人类的大母神形象，赢得至高无上的地位，成为彝族人民心目中伟大的女神，她代表的女性强大的生殖力被世代歌颂。创造世界的女神是具有神圣繁殖力的伟大母神，像这样的女神形象在南方史诗中比比皆是，如：摩梭人的女神黑底干木、瑶族的密洛陀、壮族的姆六甲、苗族的蝴蝶妈妈、哈尼族的塔婆等。在古代社会，女人的生育能力是女性美的重要体现，生育众多的女性是古代妇女和母亲的榜样，她们可以为农业生产提供源源不断的劳动力，为家族延续和传承做出重要的贡献。

心灵手巧也是南方史诗普遍赞美的女性气质。人们喜欢赞扬女性心灵手巧，因为这种能力在很多方面都非常有用，而且能够体现女性的美德和才华。在传统农业社会中，人们过着自给自足的生活，家庭生产是极为重要的一环。在这个过程中，女性的心灵手巧发挥了非常重要的作用。女性可以用自己的手艺制作衣服、鞋子、被褥、陶器等生活必需品，为家庭成员提供基本的生活保障。同时，女性还可以制作各种工具和器具，帮助家庭成员开垦土地、种植作物、养殖牲畜等，提高生产效率。而且，女性通过制作各种手工艺品，如编织、绣花、印染等，为社区提供各种装饰品，丰富了社区的文化生活，女性的手工艺技能成为传统文化的重要组成部分。南方史诗往往用织布缝衣的技能来表现心灵手巧的女性形象，她们是纺纱、织布、做针线活儿的高手，纺织和针线活儿做得好的女人属于优秀的女人。《阿细的先基》里丈夫赞美妻子有一双巧手："亲爱的妻子呃！世上最聪明的就是你。你缝的衣裳啊，缝得不宽不窄，缝得不长不短。……如果没有你这双巧手，我就要光着身子做活计。”[①]女孩从七八岁起就跟着母亲学纺线、织布、绣花，从小接受精心培养，一到年节集会，穿上花了几年时间做好的节日盛装，展示她们或者她们母亲的手艺。在男耕女织的传统生活方式下，手巧是中国女性气质的重要标志。一个女人是否聪明能干，就要看她纺纱织布、绣花制衣的手工艺是否精湛，这也关系到她的婚姻与前途。心灵手巧的姑娘人见人爱，不但会获得众人的好评和夸赞，也会成为异性热烈追求的对象。

在南方史诗中，勤劳能干、吃苦耐劳也是女性应该具备的美德。女性在传统农业社会中承担着家庭生产和家务劳动的重任，需要付出大量的劳动和汗水。女性需要在农田里劳作，养殖牲畜，同时还要负责家庭的日常生活，如烹饪、洗衣、照顾儿童和老人等。勤劳的女性可以保证家庭的生产和生活正常运转，还可以为家庭增加经济收入。勤劳能干、吃苦耐劳是传统文化中的重要价值观。女性的勤劳、耐苦，符合这些传统价值观的要求，因此被视为女性的美德。彝族《阿细的先基》中，丈夫连连称赞妻子吃苦耐劳的美好品质。这位小伙家境贫寒，没有一块好的耕地，没有劳动工具，没有纺车，夫妻俩只能借镰刀、锄头开荒地、种庄稼、栽麻，借纺车、织布机做衣服。这位丈夫数次对妻子能跟随他一起吃苦表达了感激和赞美，比如“我们这个穷家啊，什么都没有，蒿枝棍做的筷子，树叶子做的小碗，攀枝花树做的甑子，糙叶做的黑饭，就是我家的好东西”“吃过饭嘛，我们两个啊，要去做活计啦，要去收庄稼啦。”“聪明的妻子呃！我们这对夫妻，就是这样过日子了”。[②]《梅葛》中造地的四个姑娘精心细致，个个喜欢劳动，“大姑娘飞快地做，二姑娘甩团地做，三姑娘手不停地做，四姑娘顾不得吃饭地做”[③]。四姐妹废寝忘食，不管天晴下雨，不分白天黑夜，耐心、勤恳地、一点一滴地把地造好。哈尼族《窝果策尼果》中，阿白姑娘是天神最疼爱的姑娘，因为她是

① 云南省少数民族古籍整理出版规划办公室编：《云南少数民族古典史诗全集》（上），239—240页，昆明，云南教育出版社，2009。

② 云南省少数民族古籍整理出版规划办公室编：《云南少数民族古典史诗全集》（上），242—243页，昆明，云南教育出版社，2009。

③ 云南省少数民族古籍整理出版规划办公室编：《云南少数民族古典史诗全集》（上），113页，昆明，云南教育出版社，2009。

“最好看最勤快的人”[1]；还有“脚勤手快”的哈尼族女人，为“十月年”早早地磨好了白白的糯米面；“一家辛勤的女主人，伴随着头道鸡叫起身了，一寨勤劳的姑娘媳妇，天不亮就背回清亮的泉水”，开始生火煮饭。[2]南方少数民族史诗中，女性因为其聪明能干的持家本领和完成烦琐家务劳动展现出的勤快干练而备受称赞。

根据南方史诗的描述，女性应该具备温柔、贤惠的传统理想型女性气质。傣族史诗《巴塔麻嘎捧尚罗》中的“神补天补地”一节里，火灾、洪灾毁坏了世界，一对夫妻神桑嘎西和桑嘎赛承担起了补天地的重任，可天地被严重毁坏，桑嘎西感到为难，妻子桑嘎赛生怕如火一般性情的他急躁发怒，连忙宽慰他。桑嘎西听到妻子温柔的劝慰，转忧为喜，微笑着问妻：“我最爱的妻哟，请你也想想，天下什么也没有，只有雾在走，只有水在流，只有风在吼。用什么补天，用什么补地，请你出个主意。”桑嘎赛鼓励丈夫说：“好丈夫啊，你说得有理……你不要伤心，也不必发愁，我俩是天神，万事定能成。”然后妻子建议学天神英叭，用身上的泥垢补天地，桑嘎西一听，欣喜不已，非常赞同。[3]温柔体贴的桑嘎赛赢得了丈夫的尊重和喜爱，性情刚烈的丈夫变得温和，对妻子充满爱意。桑嘎赛的性别气质是傣族女性性别价值观的一个典型范例。傣族是一个酷爱水的民族，女性的性情脾气如水一般温柔。温柔、贤惠符合传统农业社会对女性的审美标准和道德要求。媒人在提亲的时候夸得最多的也是姑娘的贤惠。《傈僳族祭祀经》里的“媒经”一节，媒婆说男方人老实平和，女的贤惠，个个脾气好。[4]贤惠的女性不但自己备受称赞，而且可以为家庭增光。比如，《窝果策尼果》讲祭寨神（昂玛突）的节日要推选德高望重的祭主“咪谷”，推选的条件之一就是要看看这位老人家的妻子、儿媳是

① 云南省少数民族古籍整理出版规划办公室编：《云南少数民族古典史诗全集》（上），424页，昆明，云南教育出版社，2009。

② 云南省少数民族古籍整理出版规划办公室编：《云南少数民族古典史诗全集》（上），514页，昆明，云南教育出版社，2009。

③ 云南省少数民族古籍整理出版规划办公室编：《云南少数民族古典史诗全集》（上），781页，昆明，云南教育出版社，2009。

④ 张自强搜集整理，张自强、杨宗译：《傈僳族祭祀经》，103页，昆明，云南人民出版社，2006。

否贤惠。贤惠能干的女性持家有方，能更好地照顾家庭和后代，处理好邻里关系。

南方史诗描述的很多女性是智慧的化身，理想的女性应该拥有聪明才智。史诗中有众多讲述女性拯救、帮助、扶持男性的故事。彝族史诗《勒俄特依》中的《石尔俄特》一章讲，人们知其母不知其父，石尔俄特决心寻父，但他四处奔走，寻遍世界的每个角落也没找到父亲，最后是施色姑娘教他娶妻配偶。在这个过程中，石尔俄特寻求施色姑娘的帮助，姑娘便提出许多智力问题考验并启发他，可石尔俄特无法给出正确答案，便回家寻求妹妹俄洛的帮助，聪慧的俄洛对这些问题信手拈来，对答如流。石尔俄特终于通过了施色姑娘的考验，得到她的指点，并娶她为妻，从此，生子知父。这就是彝族一夫一妻婚姻制度的起源，婚嫁习俗也源于此。苗族史诗《亚鲁王》中，当亚鲁王面对敌人愁眉不展、无计可施的时候，他的初恋情人波尼桑策马扬鞭及时赶到，为他指点迷津，冲锋陷阵。《傈僳族祭祀经》说古代男人傻，女人很聪明，女人娶男人，女人教男人如何生育，教男人捕麂子、剥麂皮，直到天神看不下去，才让女人忙于打扮，男人锻炼自己，于是变得聪明起来。[①] 普米族的史诗《帕米查哩》、纳西族的《创世纪》中，洪水过后世上仅存的一个男人求娶天神的女儿，面对天神的重重生死考验时，天神的女儿帮助其把难题一一化解。《哈尼阿培聪坡坡》中的戚姒，身处战争频繁、危机重重的时期，表现出了女首领的果敢和睿智，在民族生死存亡的搏斗中，她洞悉局势，足智多谋，带领哈尼族走出困境，迁徙到滇南腹地建设家园、发展壮大。这些女性有的是母系氏族社会里聪慧能干的代表，是母系社会里女性占有主导地位的生动写照；有的是父系社会勇敢智慧的女英雄。这些积极、理性、智慧的女性形象不仅在生活和战争中表现出卓越的能力，同时还体现了女性独特的思维方式和行动方式，并证明了女性在家庭和社会中同样具备令人钦佩的才智与胆识，散发着女性独特的魅力。

性别研究的主流观点认为，传统女性气质的规范是贤惠、贞洁、顺从、

① 张自强搜集整理：《傈僳族祭祀经》，张自强、杨宗译，97 页，昆明，云南人民出版社，2006。

娇柔、被动、依赖，社会文化要求、期待女性去发展、维护这些符合传统女性气质的品质。总的来说，在南方少数民族史诗中，诸多少数民族对女性应该具有贤惠的品质表现出强烈的认同，但南方少数民族对女性气质持有与主流观点差异较大的看法，推崇贤惠的美德的同时也认可女性的独立自主，赞美女性的温柔体贴而贬抑女性的柔弱，女性应该拥有强健的身体和坚韧的意志，重视女性的生育能力但并不束缚女性的社交自由。

二、偏双性化：两性气质的特征

南方少数民族广泛流传的很多创世神话中蕴含双性同体的性别观念。有的神话说，世界起源于一个原始的混沌状态，这种本源或万物始基往往是集雌雄双性于一体，在外力或自身的能量作用下一分为二，性别分化为男女。比如《湘西苗族古老歌话》里，达毕、达变为造化世间万物的阴阳元素，二者由云雾分化而成。[①] 云南永宁摩梭人的达巴教认为，太初时天地是一团稀糊般的混沌，后来逐渐分裂出天 / 雄性、地 / 雌性，天地交合化育万物。彝族认为天（雄性）、地（雌性）是由清浊气体分化而成，人类男女是由“红绿”分化而成。[②] 瑶族神话讲天地合为一体，是密洛陀将天地分开的。有的神话说，创造万物和人类的大神为二元合一的男女对偶神，他们出双入对、行止一致，如拉祜族的厄雅、莎雅，傣族的桑嘎西、桑嘎赛，白族的刀薄劳谷、刀薄劳苔。南方少数民族对起源、生殖、创造等重大问题的探索渗透了双性同体理念，认为两性合一可以代表一种超凡的、强大的完美存在，就如美国学者卡莫迪（D.L.Carmody）所说：“两性兼体是古代人表示全体、力量以及独立自存的普遍公式。人们似乎觉得，神圣性或神性如果要具备终极力量和最高存在的意义，它就必须是两性兼体的。”[③] 双性融合把两性的优势集于一体，可以产生巨大的能量，这种力量源自古人渴望从两性互补中达到最佳、最强、最

① 张子伟、石寿贵：《湘西苗族古老歌话》，9 页，长沙，湖南师范大学出版社，2012。

② 王子尧等：《天地祖先歌》，208 页，载《贵州民族研究》，1983（3）。

③ [美] 邓尼丝 · 拉德纳 · 卡莫迪：《妇女与世界宗教》，徐钧尧、宋立道译，14 页，成都，四川人民出版社，1989。

完整的内心祈愿。原始社会的生存环境极为艰苦，社会分工不发达，主要是以生理差异为基础的自然分工，自给自足的生产方式要求男女互相依赖、优势互补、缺一不可，人们在恶劣的自然环境中必须团结协作，相互帮助，只有这样才能生存延续，双性合一的观念源于远古先民的这些生产生活经验。

南方少数民族史诗塑造的众多神灵形象往往具备双性化的性别气质。双性化是指兼具男性气质和女性气质的人格特征。瑞士著名精神分析学家荣格指出，每个人在心理上都具有双性特征，父权制文化压抑了男性身上的女性特质，否定女性身上的男性特质。南方少数民族史诗传统以创世史诗为主，创世史诗产生于原始社会初期，反映人类早期的社会生活以及对世界的认识，原始社会民主平等，世界的创造是由两性共同完成的，男女没有身份和地位的差异，因此南方创世史诗中的两性气质较少受到阶级社会性别意识形态的规训和建构，更多地表现出对个体自由发展的包容，同时也强调两性对等协作的重要性。南方史诗中的创世大神一般兼有刚强与温和、理性与情感、自主与依赖、超越性与保守性等较为双性化的人格气质。

性别气质双性化最为典型的例子莫过于创世史诗中的男女对偶神了。拉祜族《牡帕密帕》中，一方面，厄雅（男）、莎雅（女）都兼具男性气质。他们贵为天神，主宰世界，无所不能，展现了君临天下的神王气概；他们力大无穷，创造天地万物，分年月，定秩序，安排得井井有条；他们勤劳智慧、积极进取，带领儿女们把大自然打造得尽善尽美，遇到不够完善的创造发明总是亲力亲为，反复思考，不断改进。另一方面，厄雅、莎雅都具有浓厚的女性气质。他们情感细腻，当他们让动物去看娜笛是否生了孩子，土蜂没有说实话，二位大神一生气就把土蜂的腰打断了，然后心里又感到可怜，便用丝线连起来，土蜂的腰从此变细了。厄雅、莎雅善解人意，他们让扎笛、娜笛兄妹结婚繁衍人类，扎笛、娜笛不愿意，二位大神便想方设法让他们爱上彼此。厄雅、莎雅不但辛苦地把扎笛、娜笛抚养大，还给娜笛的娃娃既做毡子又做缎子，分出热水和冷水给娃娃洗澡，给娃娃找奶吃，给娃娃取名字、找伙伴。二位大神俨然是悉心照料孩子的祖母，他们身上都闪耀着母性的光辉。

《侗族远祖歌》里的后生纪子和姑娘龙奴也表现出了相似的性别气质。纪子造“燕鸣燕各”古琴，龙奴造“芦芒琴”，两位都是乐神，是浪漫柔和的艺术美的象征。纪子、龙奴小小年纪，武艺超群，血气方刚。他们的族群遭到魔王的攻击，二人决定保家卫族，与魔王决战。

纪子拉着燕鸣燕各到处跑，号召男人随他上战场；龙奴弹着芒琴岭过岭，号召女人起来保家邦。纪子统率千军万马，龙腾虎跃冲下山梁，左砍右杀扫敌阵，直冲魔王的营帐。龙奴带领女将女兵，飞刀放箭冲下山岗，左奔右突闯向前，直闯暴君的营房。①

纪子、龙奴在战场上骁勇无畏，最后壮烈牺牲，他们都是尚武刚烈的男青年头领和女青年头领。二人的秉性有相同的一面，也有基于生理差异不同的一面，比如纪子管理男人、田地和山场，龙奴管理女人、家务、住房。龙奴的女性身份并没有削弱她身上的男性气质。纪子勇猛刚强，但他也没失去自己的柔性气质。他投胎重生，名为万亮。史诗说，万亮既英武勇敢，又谦和仁爱，是一个刚柔并济的男神。②

不少独立创世神也兼具男女气质。侗族信仰“萨天巴”，布努瑶崇拜“密洛陀”，壮族信仰“姆六甲”，她们是至高无上的全能女神和始祖女神，创造了人间的一切。“密洛陀”意为“洛陀老祖母”。密洛陀神功盖世，力量无穷，她双臂向上顶，天就成了；她双脚向下踏，地就成了。她命令儿女们创造一切，是家庭的主导者、世界的主创者，她拥有卓越的领导能力和组织才能。“萨天巴”是侗语音译，意为“生育千个姑娘的祖婆神”。萨天巴身材巨大，力大无比，她有四只手，一掰掰开万丈宽，她有四只脚，横行直走无阻挡，她善良贤明，诸神尊她为王。壮族女神姆六甲擎起天地，掌管天下，

① 杨保愿翻译整理：《嘎茫莾道时嘉　侗族远祖歌》，150 页，北京，中国民间文艺出版社，1986。
② 杨保愿翻译整理：《嘎茫莾道时嘉　侗族远祖歌》，160 页，北京，中国民间文艺出版社，1986。

“挥手能招来天边彩云朵，翻掌能按压太阳下山坡”[①]，她是人类的母亲，也是花草树木、庄稼种子的慈母。这些创世大母神不仅威震四方，同时也是温柔贤惠的代表，比如，密洛陀对待儿女的慈爱就是人间母亲的真实写照，姆六甲求偶时展现的细腻多情与壮族女子并无不同。这些创世大母神勇敢、神武有力、聪明、智慧、勤劳，同时她们也充满了母性的慈爱和女性的柔情，集男性气质和女性气质于一身。

双性同体的性别观念在南方少数民族中源远流长，不仅上述创世叙事蕴含此种观念，它也广泛存在于南方史诗对古代生产生活、民族发展和英雄业绩的叙事当中。在西方社会，“阿尼玛”和“阿尼姆斯”已经成为远古时代在人类的集体无意识中留下的原型意象，而南方活态史诗往往与仪式同构，与民众的社区生活息息相关，其承载的双性同体神话思维对于后世的性别文化产生了持续的影响，在史诗有关生产生活的叙事中也有鲜明的反映。因此，史诗刻画的民族祖先、英雄人物大多具有双性化的性别气质。当然，南方少数民族中也有不少英雄史诗。英雄史诗一般是男权中心主义的文学，并且有些创世史诗包含英雄叙事，其在流传发展的过程中附加了男权中心主义的思想。英雄史诗或者英雄叙事中的女神形象，显现了男权中心文化塑造的女性柔弱、被动、依赖男人的女性气质，但总体而言，南方的创世史诗群描绘的女性形象大多是积极、理性、足智多谋、英勇无畏、自立自强且贤惠温柔的形象。

首先，《哈尼阿培聪坡坡》中的女英雄戚姒就是具有双性化气质的典型。戚姒有着美丽的外表，她的“白脸就像满月”“细长的脖颈像嫩白的竹节”，有“灵巧的双手”“滑滑的辫子”“颤颤的腰肢”。[②]戚姒温柔善良，深爱她的丈夫纳索。纳索被施以“美人计”，戚姒总是耐心劝阻，为纳索和族群排忧解难。戚姒充满了智慧，她的谋略体现了女性在做决策和判断方面的才华。她

① 广西壮族自治区民间文艺家协会编：《中国民间创世史诗集成·广西卷》，47页，南宁，广西人民出版社，2011。

② 云南省少数民族古籍整理出版规划办公室编：《云南少数民族古典史诗全集》（下），685页，昆明，云南教育出版社，2009。

坚定和冷静的性格表明了女性在面对困难和挑战时具有的理智和冷静，这样才能在战斗中保持头脑清晰，决策果断，不因情感波动而犹豫不决。戚姒果断的性格特征也反映出女性在领导和组织能力方面的实力。戚姒的英勇和战斗能力也展示了女性在自卫和保护方面的潜能。在父权社会，男性通常被认为具有防御和战斗技巧，而女性则仅被视为柔弱和需要保护的对象。戚姒生活的时代，哈尼族已经进入父系社会，头人由他的丈夫担任，但戚姒却凭她的才华担任了实质上的头人角色，这表明女性在领导和组织方面拥有无限的潜力，只需要社会给予更多的机会和支持。在传统父权社会，戚姒身上的优点和男性气质只会赋予优秀的男性，女性被认为缺乏这样的秉性和才能。总之，戚姒的形象表明了女性不仅拥有温柔贤惠的一面，同样也拥有智慧、理性、坚毅和勇敢的一面。

其次，苗族史诗《亚鲁王》中的苗族祖先亚鲁王刚柔并济，是具有双性化气质的男性典型。少年亚鲁血气方刚、积极进取，行动时干练，退避时能审时度势，既刚烈勇猛，又温和谨慎。他初次面对比自己强大的卢呙王也毫无畏惧，被卢呙王陷害以后冷静沉着，专心备战三年，然后发起对卢呙王的进攻。亚鲁的军队到达卢呙王城门下，双方激战，势均力敌，亚鲁久攻不下，于是撤退，承认自己束手无策。这时，亚鲁的初恋情人波尼桑及时赶到并施以援助，亚鲁在她面前毫不掩饰自己的忧愁、焦虑、软弱和无助。

成年后的亚鲁王和荷布朵都是拥有权力的部落首领，但都不具有支配性男性气质。亚鲁王勇敢但不冒险，保守且珍惜生命，崇尚和平，退避战争，更多体现的是温和的、被动的性格。赛阳赛霸发动掠夺战争时，亚鲁王部族实力强大，但他不愿参战，恳求道："哥哥哩哥哥，我们要留得子孙吃糯米。……哥哥哩哥哥，我们要留得子孙吃鱼虾。"[①] 除赛阳赛霸以外，《亚鲁王》史诗中的男性总体上偏温和，不推崇暴力。对男性力量的热情颂扬是古代英雄史诗的基本主题，勇武彪悍、争强好胜的男性气质总是与战争和英雄联系在一起。但是亚鲁王与荷布朵的较量，以计谋、神判和讲道理比高低输

① 中国民间文艺家协会主编：《亚鲁王》，112 页，北京，中华书局，2011。

赢，不动一兵一卒取得胜利。《亚鲁王》中的男性气质与农耕氏族部落的生活方式和生存环境存在紧密的关系。一方面，民主团结的集体生活竭力抑制男性气质中的个人主义倾向，防范个人的野心。亚鲁王和荷布朵的实践表明，保卫族群生存是首领的第一要务，负责任的首领不是带领族人与敌人正面交锋、在战场上浴血奋战死而后已的人。在他们身上看不到战争中的个人英雄主义，嗜血的战争不是赢得荣誉的舞台，反而是以保护生命和维护族群生存为最高宗旨，简单地说，就是我（你）活着，让你（我）也活着。另一方面，恶劣的自然环境和战败后半流浪半定居的社会环境鼓励坚韧顽强、尚力而不崇武、避免直面危险、内敛隐忍的男性气质。在史诗中，这种男性气质体现在沉着冷静地远距离射猎、用讲道理的方式解决战争冲突、重计谋和巫术等方面。康奈尔对现代社会迁徙的劳动力人群的调查研究也揭示了类似的男性气质，贫困和繁重的劳动环境塑造了这个群体的男性气质，他们的社会实践和宗教信仰着重权利平等、社区团结的伙伴关系，他们集体性贬低个性张扬的男性气质——这可能会瓦解穷苦劳动者的社区，民主的而不是竞争的品质才是示范的男性气质。①

再者，从家庭关系来看，父职是男性气质的重要体现。《亚鲁王》《哈尼阿培聪坡坡》《牡帕密帕》《梅葛》《密洛陀》等南方少数民族史诗中的男家长与妻子和儿女保持平等协商、彼此依赖的相处模式。对父职的强调主要体现在照料养育孩子方面，史诗中的男性（如《亚鲁王》中的亚鲁王、陆拢、伍俊，《哈尼阿培聪坡坡》中的扎纳，《牡帕密帕》中的厄雅，《阿细的先基》中挑水、烧火的父亲）将家庭、家族、族群的生存、延续和发展视为首要义务，主动分担养育孩子的责任，表现出主流社会所谓的母性的行为模式。

此外，《亚鲁王》中的女性与男性在气质和人格上不存在显著差异，都表现出勇敢、温和、坚韧、自主的特点。她们刚柔并济，例如，亚鲁王的母亲博布能荡赛姑是一个有魄力、有远见卓识、智勇双全的女首领形象，在面对敌人追杀的险境时展现出英勇无畏、沉着冷静的气度，同时她又不乏母亲的

① ［美］R. W. 康奈尔：《男性气质》，柳莉等译，277 页，北京，社会科学文献出版社，2003。

慈爱和细腻的情感。她们不卑不亢，独立自主，如波尼桑、波丽莎、波丽露、霸德宙等女性，在生活中勤劳朴实，在战场上英姿飒爽，对待爱情和性爱大胆豪迈，在与男性相处时保持平等协作、相互尊重。

综上所述，《哈尼阿培聪坡坡》《亚鲁王》《密洛陀》《牡帕密帕》等南方少数民族史诗里的很多创世神形象和人间英雄形象展现出了双性化的性别气质。从文化规定性上来说，双性化气质表明社会文化对男性和女性的人格特征没有明显地区别对待，没有男强女弱、男优女劣的价值判断。

三、反本质观：性别气质与权力

性别本质主义认为，女性受压迫的根源在于父权制将女性气质设定为劣等人格气质，其天生不如男性气质。男人把女人的身体看作"一种障碍，一个监牢"，女人的身体是自然界有缺陷的创造，是天生有缺失的一个性别。[①]父权社会里男人对女人的压迫首先是生理上的压迫，女性在体格、体力上不如男性，男性通过暴力、性和生育的控制在肉体上征服女性，生育又造成女性身体虚弱，使其为了生存而不得不依附于男性。在精神、智力、道德上，女性也被视为天生的弱者。诸如"头发长见识短""女子无才便是德""红颜祸水"等歧视女性的言论人尽皆知。柏拉图在《法律篇》中指出，女人"天然的性格倾向""劣于男性"。[②]亚里士多德认为男人天生高贵，女人天生低贱，所以男人统治女人。康德认为女性相对于男性而存在，女性缺乏抽象思维能力，女性气质的典型特性就是爱美，康德否定女性的智力和理性。[③]罗马法为了限制女性权利提醒人们注意"女性的愚蠢和脆弱"。[④]父权文化以二元对立思想为基础，将男女气质区分为截然对立的两面，男 / 女对应于理性 / 感性、强壮 / 柔弱、积极 / 消极、主动 / 被动、本质 / 非本质、主体 / 他者等。

① ［法］西蒙娜 · 德 · 波伏娃：《第二性 I》，邓克鲁译，8 页，上海，上海译文出版社，2018

② ［美］科林 · 布朗著：《基督教与西方思想》（卷一），查常平译，444 页，北京，北京大学出版社，2005。

③ ［德］伊曼努尔 · 康德：《论优美感和崇高感》，何兆武译，30 页，北京，商务印书馆，2009。

④ ［法］西蒙娜 · 德 · 波伏娃：《第二性 I》，邓克鲁译，16 页，上海，上海译文出版社，2018。

在父权意识形态下，理想的女性气质要求妇女顺从、柔弱、贤淑、优美、被动，要求女性以男性为中心，要求女人的一生先后从属于她的父亲、丈夫和儿子。

性别本质主义把男性对女性的统治和支配合理化、固定化，这种观点忽视了经济、政治和文化等外在因素对性别的影响。为了实现真正的性别平等，我们需要摒弃性别本质主义的观点。著名女性主义先驱波伏娃指出："女人不是天生的，而是后天形成的。"[①]女性的性别实践和取得的社会成就以及社会性别研究对此已经做出了有力的证明。尽管男性和女性在生理和心理层面上有差异，但这并不意味着他们在一切方面都有等级之分，也不意味着男性应该比女性更有权力。

值得注意的是，激进女性主义在批判父权制对女性的压迫和歧视的时候，又走向了另一个极端，偏激地攻击男性气质。抬高女性气质的优越性，造成两性关系紧张，导致社会矛盾增加。

南方少数民族史诗认同的双性化气质是一种反对性别二元对立的范畴。每个人身上都具有不同程度的男性气质和女性气质。这种气质相较于二元性别认知更为包容和开放，它认可多样性、平等性、协作性以及相互依赖。一方面，南方少数民族史诗记载的古代社会尊重男性和女性的生理差异，并且赞美这种差异，因为男女不同的优势在构建美好家园的过程中相得益彰。另一方面，南方少数民族史诗反映的古代社会，个人的生存必须依赖集体的力量，大部分集体劳动要求团结协作、步调一致，人们更注重的是求同，因此先民形成了二元合一、男女互补、和谐共生的性别观念。总体而言，两性在生产生活、文化创造中表现出大致等同的力量、智识、品性和情感，没有性别对立，更无主次高下之分。性别角色的限制和传统认知的二元化观念导致女性往往只能表现出女性特质，而男性往往只能表现出男性特质。这种性别刻板印象会导致性别认同狭隘化，同时也是性别不平等的一种表现。但是当个体拥有双性化气质时，他们会同时表现出男性和女性的特质。这种多样性

① ［法］西蒙娜·德·波伏娃：《第二性 II》，邓克鲁译，9 页，上海，上海译文出版社，2018。

被认为是有益的，可以促进性别平等和包容。

南方少数民族史诗中的男/女性气质与权力分配之间没有建立起明显的联系。在南方少数民族史诗中，双性化气质得到普遍认同，不管是母系社会还是父系社会，不管掌权的是女性还是男性，男/女性气质都不会因为权力掌握在不同性别手中而受到贬低或者抬高，两性之间的权力关系主要受到社会制度、婚姻形态和居住方式等的影响。比如，《哈尼阿培聪坡坡》中，英明的戚姒不会因为头人是她丈夫就不受拥戴，比起她的头人丈夫，聪慧、勇敢的戚姒是哈尼民众认可的实际领导者；《亚鲁王》中，用一双巧手编织蓝天的女神与用力量开辟大地的男神，《簦汪传》中，用手撑天的男神“簦汪”与织地的女神“乃汪”，不会因为“男耕女织”的性别分工而有神格的高低之别；《阿细的先基》中，丈夫挑水、烧火帮助妻子煮饭，丈夫帮助妻子洗麻、绩麻，不会担心其男子汉气概受损。所以说，南方少数民族史诗尊重并支持不同性别气质之间的相互融合、平等相处和相互促进。

兼容并包的性别气质观念有助于消除性别偏见和性别歧视。男性统治的社会，男性的权力和地位比女性更高，女性的特质被认为是弱势和负面的，而且当个体展现出双性化气质时，他们可能会经常面临来自社会体制和他人的歧视和排斥，这种歧视可能会导致这些人更难以获得社会中的资源和权力。也就是说，这是一种性别刻板印象，其常常导致社会对于某些性别气质的歧视和偏见，比如对于男性不同寻常的温和、细腻、情感表达，或者对于女性的坚强、独立、果断缺乏认同和支持。这些偏见和歧视常常会阻碍个体的自我发展和身份认同，给个人以及整个社会都带来负面影响。因此，我们需要采取措施，包括教育、法律和政策等方面，来弱化性别气质的刻板印象和二元化观念，促进人们对双性化气质的认可和包容。这有助于构建一个更加平等、开放和包容的社会环境。南方少数民族史诗中以双性化气质为特征的朴素的性别和谐文化为我们提供了有益的参考。

第二节　两性角色与权力

“角色是指个人在社会关系体系处于特定社会地位、并符合社会要求的一套行为模式。”[①] 社会学家拉尔夫 · 林顿（Ralph Linton）论述角色与地位的关系时指出，“地位是权利和义务的一种直接的集合”，而角色则“体现着地位的动态方面”。[②] 性别角色是以性别为基础来划分的角色类型，指“社会针对具有不同生物性别的人所规定的足以确认其身份与地位的一整套权利、义务的规范与行为、表现的模式”[③]。

有些性别角色在大多数社会中是具有普遍共性的，但研究表明性别角色主要是社会文化塑造和规范的结果。因为在任何一个社会里，妇女都有足够的能力来完成几乎所有的任务，还有值得注意的是，在某个社会分配给男子的工作在另一个社会里却由妇女完成。[④] 我们需要看到性别角色在文化中的天赋因素和性别制度的规范性质。在有些农业社会中，妇女从事着繁重的耕作劳动，在地位上却处于劣势。在热带非洲的很多地区，男人们游手好闲，妇女终日劳作却还要忍受他们的剥削。[⑤] 在父权制性别制度下，性别社会化过程塑造了积极进取的男性气质和消极顺从的女性气质，从而把男性对女性的统治合法化，另一方面，在父权社会中，亲属关系构成一种权力结构，其中妇女被视为男性建立社会关系的客体，妇女被置于从属的地位。[⑥] 上述表明，要说明性别权力关系仅仅考察劳动分工是远远不够的，还必须考虑社会赋予两性角色在权利、资源占有和分配以及文化象征等方面的差异。

---

① 奚从清、沈赓方主编：《社会学原理》（第 4 版），67 页，杭州，浙江大学出版社，2001。

② 奚从清、沈赓方主编：《社会学原理》（第 4 版），66 页，杭州，浙江大学出版社，2001。

③ 郑杭生主编：《社会学概论新修》，185 页，北京，中国人民大学出版社，2003。

④ [美] 威廉 · J. 古德：《家庭》，魏章玲译，103 页，北京，社会科学文献出版社，1986。

⑤ [英] 朱丽叶 · 米切尔：《妇女：最漫长的革命》，陈小兰、葛友俐译，见李银河主编：《妇女：最漫长的革命——当代西方女权主义理论精选》，17 页，北京，生活 · 读书 · 新知三联书店，1997。

⑥ [美] 盖尔 · 卢宾：《女人交易：性的“政治经济学”初探》，王政译，周越校，见王政、杜芳琴主编：《社会性别研究选译》，北京，生活 · 读书 · 新知三联书店，1998。

南方活态史诗可分为创世史诗、迁徙史诗和英雄史诗。其中，创世史诗最为丰富。创世史诗也称神话史诗、原始性史诗，主要记录了原始社会的生产生活。[①] 原始社会的生产力发展水平极端低下，形成了共同占有生产资料、共同劳动、平均分配的原始共产制。在原始共产制社会中，私有制没有发展起来，没有产生阶级关系，也没有与阶级划分相联系的各种政治、经济组织。这些在创世史诗中都有详细的记录。迁徙史诗讲述民族或族群在历史上的迁徙事件和迁徙历程，展示各民族或族群在漫长的迁徙路上经历的艰辛和不断开拓的精神，记录了在迁徙途中发挥卓越贡献的民族英雄、氏族或部落首领的事迹。南方少数民族中，哈尼族的迁徙史诗最为丰富。研究哈尼族的著名学者史军超指出："迁徙史诗的产生却要比英雄史诗早得多"，比如《哈尼阿培聪坡坡》囊括了氏族社会各个阶段和阶级社会初期的口传历史。[②] 英雄史诗比创世史诗、迁徙史诗出现得要晚，最早产生于原始社会末期至奴隶社会初期。随着私有制的产生、阶级的分化，氏族社会逐渐解体，通过战争、武力掠夺财产、土地、妇女的现象越来越普遍，妇女成为男人的战利品，失去了人格尊严和人身自由。不过，南方的英雄史诗内容较为古朴，有些记录的是原始社会末期的部落战争，有的英雄史诗兼有创世史诗和迁徙史诗内容，具有混融性的特点，比如《亚鲁王》《布洛陀》《支嘎阿鲁王》等。所以，即使英雄史诗是男权中心主义的文学，南方英雄史诗中仍保留了很多原始社会男女平等和谐的性别文化。

总的来看，南方活态史诗中，两性之间平等协作、相互依赖的关系是主旋律。不过，鉴于史诗的数量众多，产生和流传的时代跨度大，两性权力关系的发展变化也在史诗中有详细的记录。因此，本节讨论平等和谐的伙伴关系中的两性角色与权力、地位等问题，下一节论述伙伴关系社会转变为统治关系社会后的女性角色、地位的变迁。

① 李子贤：《李子贤学术文选——探寻一个尚未崩溃的神话王国》，236—237 页，昆明，云南人民出版社，2015。

② 史军超：《史军超学术文选——神舞哈尼》，102 页，昆明，云南人民出版社，2014。

一、共劳共享的男女伙伴

在社会经济领域，南方史诗中几乎不见性别区隔，男女共同参加物质生产劳动，妇女在经济领域发挥着与男性同样重要的作用。本书第一章的分析表明，南方活态史诗中的生产分工表现出对称平衡、对等合作的特点。农业出现以前，男狩猎、女采集是主流的分工模式，但也不乏男女共同狩猎、共同采集的情况。农业出现以后，实行刀耕火种的民族在农忙时节男女共同耕作，实行精耕稻作农业的民族普遍由男耕田、女插秧，共同管理和收割。农闲时节男狩猎或编织、女纺织是常见的性别分工。不管是母系社会还是父系社会，妇女在经济生产中都具有重要的作用，父系社会早中期，妇女的地位有所下降，但两性之间主要还是共存合作的关系而不是统治与被统治的关系。

记载了母系社会生活风貌的南方史诗中，女性长者是生产生活的组织者和领导者，带领所有成员参与集体生产。母系社会的女性享有很高的威望和地位，尤其是母亲或者祖母，她们是一个群体的权威。在原始社会，这种权威是由于其在“两种生产”中具有重要的作用而自然获得的威望，是由于其付出、给予和奉献而赢得的尊崇地位。正如艾斯勒在《圣杯与剑》中指出的那样，女性的身体是赋予生命的圣杯，象征母亲的责任、关怀和爱，母系社会的两性维持着互相依赖、友善关爱、平等合作的伙伴关系。[①]在伙伴关系的母系社会中，氏族的生产生活由女性长者来指导，她们秉持公平，不会偏袒女性一方，也不会歧视男性一方。在这样的集体大家庭里，人们团结一心，共同劳动，在某些方面存在的性别分工也只是自然的分工。母系社会的女性整体受到尊重，从母居、从妻居和母系继嗣使女性占有一定的社会优势，人类学和民族学调查及研究表明，母系社会的女性地位很高，但是一般不存在母权统治。

这在南方少数民族史诗中得到了有力的证明。比如，《密洛陀》中，瑶族的始祖母密洛陀的儿女们个个神威无比，他们尊重母亲的安排，也有自己

① [美]理安·艾斯勒：《圣杯与剑：我们的历史，我们的未来》，程志民译，总序6—7页，北京，社会科学文献出版社，2009。

选择的自由。密洛陀带领儿女们建村寨田园、找种子种庄稼、栽树造林、开山治水、修路架桥、除兽剿妖。当密洛陀的儿女不愿意干某件事情或者抽不开身去做某个任务时，密洛陀完全尊重他们的意愿。密洛陀叫她的大儿子卡亨去“铁罗关东”买种子。卡亨摇头说：“密呀密，我忙去搬山，一时都不闲；我忙去移岭，一刻也不空。又不知铁罗关东在何处，不懂沙罗关西在何方，不如叫别个去买。”[①] 然后，密洛陀先后叫老二罗班、老三耶芝、老四央也去买种子，他们说了同样的话拒绝，最后大家推举老八沙拉把去。《侗族远祖歌》中，主神萨天巴女神与众神是平等的关系，萨天巴的形象不是专制的统治者形象，萨天巴是善良贤明的主神。当她想要修整天地的时候需要其他神的协助，她说：“有谁能协助我啊，修出这样的天，我将任命他啊，为修天的先锋神将！有谁能协助我啊，治出这样的地，我将任命他啊，做治地的先锋神王！”[②] 萨天巴身边的两个壮士分别叫姜夫、马王。姜夫跳出来请旨，声如神钟一样响亮：“请把修天的重担，让我姜夫来承当……”马王的态度也非常积极，他说：“请把治地的重担，放在我马王的肩上！”[③] 萨天巴听了非常高兴，立即对姜夫、马王授封嘉奖。从密洛陀和萨天巴的身上我们看不到母权统治的影子，只是折服于母亲的伟大力量和母亲创造的丰功伟绩。类似的女始祖或女神还有哈尼族《窝果策尼果》中天神俄玛、梅烟，彝族《阿黑西尼摩》中的万物之母西尼摩等。她们在创世神话中举足轻重，享有崇高地位，这是母系社会女性角色和女性地位在神话中的反映。这些史诗反映的是在以血缘家庭为特征的母系社会中，妇女在劳动中起带头作用，不欺压或者剥削男子，她们的权力不是为个人谋私利的权力，不是通过暴力、战争强行压制另一个性别的权力，而是围绕繁殖、哺育、创造进行赐予的权力。

南方少数民族史诗描述的大多数父系社会，女性的地位相较于母系社会有所下降，但两性之间仍是均衡分工、互惠共生的伙伴关系。父系制使男性

① 蒙冠雄、蒙海清、蒙松毅搜集翻译整理：《密洛陀》，56页，南宁，广西民族出版社，1999。

② 杨保愿翻译整理：《嘎茫莽道时嘉　侗族远祖歌》，9页，北京，中国民间文艺出版社，1986。

③ 杨保愿翻译整理：《嘎茫莽道时嘉　侗族远祖歌》，10页，北京，中国民间文艺出版社，1986。

在社会上的地位高过女性，父系继嗣和从夫居赋予男性更多的权力。然而，我国南方少数民族或族群在父系社会很长一段时期内，生产力没有取得长足的进步，有的民族因部落战争失败导致全体迁徙反而退步，社会生产和分配制度仍然保留了原始共产制的很多特征。苗族英雄史诗《亚鲁王》和哈尼族迁徙史诗《哈尼阿培聪坡坡》对此有生动细致的描述。

在苗族英雄史诗《亚鲁王》中，族群的农业生产活动以集体劳作的方式为主，主要由亚鲁王的妻子带领族人劳动，有时候由亚鲁王带领，当亚鲁王带领族人外出做买卖时，亚鲁王的妻子带领留在家的所有成员开荒耕地、播种收割。① 农业生产范围已涵盖了农、林、牧、副、渔五大类，具体劳动有开荒、耕地、造田、种小米、种糯米、圈鱼池、养鱼虾、放牧、种麻、种棉等。除农业生产以外，男子偶尔从事打猎、捕鱼等辅助性生产活动。史诗中，亚鲁王部落的手工业生产还没有从农业生产脱离出来，不曾形成独立的生产部门，主要涉及兵器制造、农具制造、煮盐、棉麻纺织和打铁，其中，除了打铁冶炼是男人的任务，其他几项男女共同参与。部落氏族中的所有成员共同消费，平均分配。尽管亚鲁王部落发展到鼎盛时期已经产生了私有财产观念，积累了财富，引起了其他部落的觊觎，但由于战争失败，时而迁徙时而定居，生产力没有得到进一步发展，反而退步了，人们的劳动成果只能满足基本生存需要，产品则平均分配，以维系族群的存续。亚鲁王部落即使在父系社会的兴盛阶段，产品的分配和消费也没有性别等级差异。

根据《哈尼阿培聪坡坡》的记载，哈尼族来到惹罗普楚定居后，从事稻作农业，父系制度初步确立。有的学者认为此时母权丧失，哈尼族妇女“地位坠落，呼声微弱”②。有的反对这个观点，认为在该史诗中，从母系氏族到父系氏族再到部落联盟社会，女性自始至终都受到族群的尊崇。③ 据史诗记载，

① 在中华书局版《亚鲁王》中，提到亚鲁王带领大家去劳作的诗行在第 101 页、第 131 页，提到王妃们带领族人和士兵去劳作的诗行在第 102 页、第 267 页，提到王妃们去劳作的诗行在第 102 页、第 281 页、第 283 页、第 285 页。

② 王清华：《梯田文化论——哈尼族生态农业》，47 页，昆明，云南人民出版社，2010。

③ 王惠：《哈尼族迁徙史诗〈哈尼阿培聪坡坡〉中的女性形象分析》，载《民族文学研究》，2011（6）。

进入父系社会以后，女性在生产、公共事务、战争中起着与男性不相上下的作用，确实享有与男性相当的地位。这从氏族会议上头人阿波的话中可以得到证实："孝顺的姑娘媳妇哟，世上再找不着你们这样的好心肠！你们的心贴在惹罗的火塘上，你们的心拴在惹罗的田坝上。开大田数你们最出力，盖蘑菇房数你们最忙。"[①] 哈尼族离开惹罗，迁到诺马阿美居住。头人乌木的女儿出嫁，她为自己的嫁妆提出很多要求，争取大片的良田、成群的牲畜和一间房屋。提出这些要求的理由是她参加了氏族的集体劳动，而且嫁得不远，"头人们听了找不着答话，只好随她分走大田"，她的全部要求得到了满足。[②] 由上可见，父系社会早中期，女性在集体生产中的贡献很大，她们在氏族长老会议上不仅有发言、申辩的权利，而且具有相当大的影响力。

古代南方少数民族过着自给自足的生活。两性在各自擅长的手工艺领域都扮演了非常重要的角色。他们生产的手工制品往往是家庭共用、集体共享的。纺织、酿酒、制陶等都是妇女擅长并负责的领域。她们通过手工艺制品，传承了民族优秀文化，维护了家庭和社会的生活秩序，并为经济的发展和繁荣做出了重要贡献。女性在纺织方面的作用毋庸赘言。就酿酒而言，妇女扮演着至关重要的角色。南方少数民族拥有悠久的酒文化历史，酒文化是物质文化和精神文化的双重结晶，是民族礼俗的重要组成部分。婚丧嫁娶、年节喜庆、宗教祭祀、日常待客等场合，酒必不可少。妇女通常是酿酒的主力军，从采摘原材料到酿造、贮藏都是由她们来完成的，她们的酿酒技巧和经验非常宝贵。男性在石器、木器、竹器、皮革、金属器具的制作等方面发挥了重要的作用。这些手工制品是家庭生活（如家具、劳动工具、房屋）和社会生活（如武器、仪式器具、礼器）的必需品。他们的手工艺技能在史诗中得到了广泛的赞扬，如基诺族《大鼓和葫芦》对铁匠的敬重，《密洛陀》对央也打铁铸铜制造锄头、铁锹、铜鼓、镰刀、箭、剪刀、缝衣针等手艺的由衷赞美。

① 云南省少数民族古籍整理出版规划办公室编：《云南少数民族古典史诗全集》（下），658页，昆明，云南教育出版社，2009。

② 云南省少数民族古籍整理出版规划办公室编：《云南少数民族古典史诗全集》（下），666页，昆明，云南教育出版社，2009。

两性发挥各自的优势创造了丰富的手工艺文化，他们的劳动产品基本上属于家庭共同使用或者氏族集体共享。比如，妇女酿造的酒供大家享用，像布依族、苗族、彝族、哈尼族等很多民族的妇女都擅长饮酒。

不少史诗还讲述了氏族社会的物品交换活动，有的民族史诗提到了早期商业，女性不但是商品交换的主力，而且还参与甚至成为商业集市的开创者。比如，在《亚鲁王》中，为了发展商业，促进贸易，建造集市的人有火布当（男）、博布能荡赛姑（亚鲁王之母）、亚鲁王（男）。亚鲁王的妻子波丽莎经商，掌管部落的财物。直到清代，少数民族妇女在社会经济领域仍有一定的参与度，贵州清水江流域的木材贸易活动中有大量苗族、侗族妇女的身影，而且她们在为女、为妻、为母的不同人生阶段都有处理财产或者协商买卖家庭财产的权利。[①]

拥有平等的经济资源和经济参与机会，是女性享有平等的经济利益的基础和前提，对收益和资源的分配权和使用消费权是判断经济性别平等的关键指标。妇女在生产、交换、分配和消费中所处的位置反映了妇女的经济地位。根据南方活态史诗的内容，在农业、手工业和商业等经济生产领域，女性起到了非常显著的作用，并有权使用和参与管理、分配公共资源与劳动产品。

二、民主管理的男女首领

妇女被限制在家庭领域，不能同男性一样参与社会公共领域的活动，是其地位低下的一个主要根源。在家庭和公共领域没有截然分开的社会，男女的性别地位差距不大；家庭领域与公共领域的分离，会导致性别分层，因为公共活动较之于家庭劳动被赋予了更高的社会价值，能赢得更多的权力和声誉。[②] 从普遍的性别分工来看，社会公共领域主要由男性掌控，而妇女要生养小孩，一般负责料理家务，妇女在家庭领域的劳动难以得到社会的认可，久

① 吴才茂：《从契约文书看清代以来清水江下游苗、侗族妇女的权利地位》，载《西南大学学报》（社会科学版），2013（4）。

② 袁同凯编著：《文化人类学简论》，127页，天津，南开大学出版社，2017。

而久之，妇女逐渐脱离社会，被束缚于家庭的狭小空间，从属并依附于男性。

南方活态史诗中，不管是在母系社会还是进入父系社会以后，妇女不但跟男子一样可以参加社会集体活动，而且还可以担任族群首领、氏族长老或者部落酋长。

傣族创世史诗《巴塔麻嘎捧尚罗》第十四章“迁徙篇”主要讲述了两个傣族女王带领傣族先民由北向南长途迁徙，最后定居西双版纳的经过。这两个名扬天下的女首领分别叫雅罕冷和苏米答。史诗说两个女王是姐妹，她们管理的两个勐（“勐”：古代傣泰民族国家的行政区划单位）相邻，这两个勐隶属于“勐泐龙”。帕雅桑木底是勐泐龙的首领，勐泐龙是大勐，管着许多小勐。这里水草丰茂，有良田沃土。帕雅桑木底率领众人迁居此地安家后，“男女忙不休，各做各的活，开田的开田，饲养的饲养，种谷的种谷，打猎的打猎，一派繁忙，一派生机”[①]。当时人口众多，大地上有一百零一个勐。傣族先民当时已经使用牛耕，从事水稻农业。帕雅桑木底率领民众采集铜铁矿冶炼，制造刀、斧、锄、犁、耙、弓箭。在这段历史时期，傣族先民进入了一夫一妻制，生产力和生产关系有了明显的发展，社会组织结构从以血缘为纽带的家族、氏族演进为地域性的农村公社，制度文化开始形成。[②]由此可以认为，女王雅罕冷和苏米答所处的社会大环境已经实行父系制度了，男子占据了社会舞台的中心，但是女性的地位并不低，才能出众的女性也可以当选为王，正如史诗所讲，“在美丽的勐泐龙，在十万名首领当中，诞生了两个女王”[③]。

在基诺族的创世史诗《大鼓和葫芦》中，有很多女长老，而且史诗多次强调，男女需共同或者轮流担任寨中的长老。基诺族每个村寨都有两个氏族长老处理公共事务，即主持村寨的生产、祭祀、节庆、对外交流等活动，他们享有崇高的威望。要具备什么条件才能当选为长老呢？史诗说：“掌握节令

① 云南省少数民族古籍整理出版规划办公室编：《云南少数民族古典史诗全集》（上），865页，昆明，云南教育出版社，2009。

② 黄泽编著：《西南民族文化与民俗——民族文化学的新视野》，251页，海口，海南出版社，2008。

③ 云南省少数民族古籍整理出版规划办公室编：《云南少数民族古典史诗全集》（上），866页，昆明，云南教育出版社，2009。

有知识，心灵手巧知阴阳；白发超人中间有，男的女的里面选。”① 此句中的“白发超人”即接近神的能人，其角色类似于基诺族的创世大母神阿嫫腰白。根据《大鼓和葫芦》的讲述，基诺族的每个村寨有两位长老——“卓色”（寨母）和“卓巴”（寨父）。卓色由最年长的女性担任，史诗提到了下寨少妞、阿哈寨的少得等女长老。随着父权中心意识的增强，长老的选举不再是秉持男女平衡、年长的原则，长老逐渐一律由男性担任。史诗对此有相关的描述：“卓色应该女人当，选来选去选不出，杰的儿子当选上。”② 民族学调查发现，曼雅等古老的村寨中，卓色为首席长老，神圣的大鼓称为母鼓，放在卓色家，卓巴位列第二，比大鼓稍小的公鼓放在卓巴家，但是，在父权意识更加突出的曼卡、曼空等年轻的基诺村寨，卓巴上升为首席长老，大鼓改称为公鼓，放在卓巴家。③

基诺族的父系制保留了很多母系制的残余。直到 20 世纪 50 年代，基诺族还处在原始公社制后期发展阶段，从夫居、父系继嗣的父系制早已确立，父亲是家长，父系大家族的族长、氏族长、村社首领都是男性，父系家长制在社会政治生活中的统治地位已经确立。但是基诺族延续了尊重女性的悠久传统，女性并没有被置于受压迫的地位，女始祖阿嫫腰白创世的神话广为流传，“母亲是家长”的古谚常常响在耳边，只有母亲才可以为生病的子女招魂，女长老是上新房仪式的主祭人，而且男性长老的基诺语“左米尤卡”意为“村社的老祖母”。这些敬重女性长者的做法很明显是母系氏族公社时代女长老传统权力在父系社会的保留。④

布朗族《创世歌》的“迁徙之歌”一节里，女首领代袜娜和男首领代袜

① 云南省少数民族古籍整理出版规划办公室编：《云南少数民族古典史诗全集》（中），408 页，昆明，云南教育出版社，2009。

② 云南省少数民族古籍整理出版规划办公室编：《云南少数民族古典史诗全集》（中），417 页，昆明，云南教育出版社，2009。

③ 欧阳园香：《云南民族音乐学视野下的学术观察——彝族梅葛音乐》，124 页，昆明，云南大学出版社，2015。

④ 杜玉亭：《基诺族》，见严汝娴主编：《中国少数民族婚姻家庭》，412—413 页，北京，中国妇女出版社，1986。

么共同带领布朗先民劳动、战斗和迁徙。布朗族的祖先最初生活在物产丰富的“筐勒南三嘿”（澜沧江上游三江汇合处），“那时有人王，男女各一个，女叫代袜娜，男叫代袜么”①。代袜娜率领所有的妇女种稻、采集，代袜么率领男子打猎，打不到猎物也不会挨饿，因为妇女储存了食物，妇女的威望比男子高。当时处于母系社会，自然环境险恶，人们随时都必须紧密团结在一起。代袜娜和代袜么在管理氏族内外的事务中起着同样重要的作用，他们共同受到族群所有成员的信赖和敬重。布朗先民由于遭受外族入侵，数次顽强抵抗，伤亡惨重，代袜娜和代袜么召集各氏族来商议，最后决定迁徙。迁徙途中发现一个傣族村寨，寨中走出一个白发长者邀请他们入寨，代袜娜和代袜么应邀前往。迁徙人群在此住了三个月，两位布朗王虚心向热情的傣族讨教，学会了很多知识、技艺和礼仪。代袜娜和代袜么同心协力，率领布朗先民来到新居地，建寨安居，发展生产。

从布朗族传唱的史诗传说来看，代袜娜和代袜么生活在同一时代，两人互补协作，共同管理氏族内外事务。布朗人崇拜他们古老的氏族长代袜娜和代袜么。学者们普遍认为这两位首领分别代表母系社会和父系社会的氏族首领，父系社会取代了母系社会后，母系祖先和父系祖先被同时作为了崇拜的对象，后来氏族演变为村社，他们又转化为各村社共同崇拜的寨神。②也就是说，一些学者认为布朗族崇拜的女祖先代袜娜与男祖先代袜么在时间上是先后的关系。但是史诗告诉我们，他们是共存的关系，史诗没有交代他们是兄妹还是夫妻。如果在母系社会，他们可能是兄妹，到了父系社会，他们代表一对夫妻。巴霍芬、摩尔根、恩格斯关于原始社会由母系社会过渡到父系社会的线性发展规律与两性权力更替的学说对我国的少数民族研究产生了深远的影响。实际上，不少民族史诗告诉我们，性别二元对立的思想在原始社会是不存在的。

---

① 云南省少数民族古籍整理出版规划办公室编：《云南少数民族古典史诗全集》（中），341页，昆明，云南教育出版社，2009。

② 赵瑛：《布朗族文化史》，142页，昆明，云南民族出版社，2014。

上述少数民族史诗的内容表明，很多民族在原始社会不存在女/男性支配或者女/男性统治，原始社会的两性平等，造成两性不平等的关键不是由于母系还是父系，而是由于私有制和阶级的出现。这样的例子还有很多。拉祜族《牡帕密帕》的内容从世界和人类的起源开始，直到民族产生分化、农耕生产、年节祭祀、男娶女嫁的礼仪为止，全诗均以成双成对的男女为共同主角，包括对偶神厄雅、莎雅带领四对儿女创造天地万物，扎笛、娜笛兄妹成婚繁衍人类，乃帕、乃玛夫妻发展生产、生儿育女，以及大量对偶诗句中的男女成对词：儿、女，或男的、女的，或伙子、姑娘，通篇找不到一处反映母系社会的女性中心意识，或者父系社会的男性本位思想，更别提母权或父权统治了。拉祜族《盘古盘根》说，拉祜族曾住在苍山洱海之间，山上住着的哥哥氏族有“三十三家兄弟”，山下住着的妹妹氏族有“九十九家姐妹”，妹妹氏族误会哥哥氏族没有遵守平均分配猎物的原则，一气之下领着氏族成员离开了村寨，从洱海地区向临沧迁徙。[①]这些史诗描述的古代拉祜族处于一个共同生产、平均分配、民主管理、两性平等、父系和母系共存的社会。直到现代，拉祜族仍存在双系、母系、父系三种大家庭类型。[②]

还有《苗族迁徙史歌》里面也有大量歌句，记叙了父系社会里的夫妻首领出双入对、对等协作，在族群中享有同样高的地位和威望，为族群的生存发展做出了同样重要的作用。

> 尤娄（亚鲁）与博娄（尤娄之妻，意为“祖奶奶”）议了三天，博娄和尤娄谈了三夜。担心沙陡发现踪迹，害怕沙陡发现踪影。博娄率众沿清水源头，从猴子居的岗岭走，让沙陡看不到踪迹。尤娄率兵顺浑水上游，朝虎豹出没丛林行……那里猴子多又多，母猴龇牙呈凶相，猴女咧嘴施淫威。要抢男儿去成婚，欲夺少年做夫君。

① 云南省少数民族古籍整理出版规划办公室编：《云南少数民族古典史诗全集》（中），134—135页，昆明，云南教育出版社，2009。

② 郝文明主编，国家民委民族问题研究中心编：《中国民族》，370页，北京，中央民族大学出版社，2001。

博娄将火麻团塞入母猴嘴，博娄将苎麻塞进母猴口。张弓搭箭嗖嗖射，拔出亮剑刷刷砍……[①]

苗族先民为了避开敌人的追击，首领夫妇尤娄和博娄商议了三天三夜，最后决定分头带着族人迁徙，然后在河流的源头会合。女首领博娄率众沿着清水河从猴子成群的岗岭走，男首领尤娄率众顺着浑水河朝虎豹出没的丛林行。他们各自在前打头阵，带领族人跋山涉水、历尽艰险，克服了路上的重重障碍。在这种极度艰难的处境下，需要的是万众一心团结共进的力量，更需要有英勇无畏的领袖带领族人寻找生存栖息之地和生活的希望。男性首领在此起到了带领族人、保护族人的重要作用，同样女性首领也展现了领导族人战胜困难的智慧与勇气。男女两性彼此商量、携手共进、相互扶持才能维系族群的生存，找到安居之地。

氏族首领是原始社会重要的组织者和管理者。氏族是原始社会的基本社会组织，由全体成员共同协商制定传统习惯法和道德准则，民主推选德高望重、智勇双全的人来担任首领或者长老。氏族首领负责组织劳动生产、管理生活、处理氏族内外关系。氏族首领需要有勇有谋，这样才能够率领本族群过上更好的生活，能够带领本族群开辟更好的生存空间，在部落与部落相互争夺生存资源时，可以维护族群的利益，发挥一呼百应的重要作用。这样的人容易受到族群的认可和拥戴。南方史诗记录了很多这样的男女首领，他们成了各族群崇拜的民族祖先神。

不管是母系社会还是父系社会，南方史诗反映了妇女与男子同等参与了集体社会生活，都有当选氏族首领的权利，在领导和管理氏族方面都发挥了重要的作用。妇女在父系社会的政治生活中拥有一席之地。她们在劳动生产中的重要作用有利于整个社会对女性地位的维护。她们与男性共同参与竞争，都有当选氏族、部落首领的资格，在生产、节庆、战争、迁徙等重大决策和行动中，她们起着“半边天”的作用。在生产力极为低下的氏族社会，两性

① 杨亚东、杨华献编：《苗族迁徙史歌》，40—44 页，贵阳，贵州民族出版社，2009。

的关系趋于平等。不少民族还因为灾害、频繁战争和迁徙，社会发展缓慢，经济比较落后，私有制没有得到发展，从而形成了两性平等互补的社会性别关系。

三、并肩作战的男女英雄

南方少数民族史诗中的英雄有两类：文化英雄和战斗英雄。南方少数民族史诗中的文化英雄是各民族或族群中具有发明创造才能或做出重大贡献的人物，他们为人类的生存发展创造适宜的环境和条件，制作生产生活器具，发明医药、文字，教习生产和技艺，开创仪式习俗，制定规章制度，治理自然灾害等。文化英雄发挥聪明才智，历经困难和考验，为人类生存发展创造了重要功绩。他们因此成为一个民族共同敬仰和崇拜的神或者具有神性的民族祖先。南方各个民族都有自己的文化英雄，并通过丰富的神话、史诗、传说传颂这些文化英雄的事迹。南方少数民族活态史诗传颂的文化英雄在数量和功绩上两性基本均衡。本书第一章论述了创世造人和文化创造方面的性别分工总体呈对等平衡的态势。本部分对于文化英雄的角色分工就不再赘述，主要聚焦于战斗英雄。

分析史诗中战斗英雄的女性角色有助于理解女性在政治、军事领域的角色和地位。从世界范围来看，部落战争时代的女性地位一落千丈，“正如马克思所指出的，神话中的女神的地位给我们展示了一个更早的时期，那时妇女还享有比较自由和比较受尊敬的地位，但是到了英雄时代，我们就看到妇女已经由于男子的统治和女奴隶的竞争而被贬低了”[①]。她们或者被物化，成为战争的受难者、牺牲品、战利品，没有人格尊严；或者在战争中被工具化，成为男性的辅助者、救助者，缺乏主体意识。这种现象在南方少数民族史诗中也广泛存在，尤其是在彰显男权中心主义的英雄史诗中。尽管如此，南方少数民族史诗中也不乏能征善战、足智多谋的女英雄，她们与男性并肩作战，

① [德]恩格斯：《家庭、私有制和国家的起源》，中共中央马克思恩格斯列宁斯大林著作编译局编译，62页，北京，人民出版社，1999。

共同受到族群的尊崇，获得后世的称颂甚至崇拜。

《哈尼阿培聪坡坡》中的戚姒是哈尼族崇拜的女英雄。戚姒出身不凡，她是大头人的女儿，从小在父亲身边长大，学会了很多本领。史诗如此形容戚姒反应机敏、勇敢善射："一把嘎得（弩箭）神出鬼没，撵山的阿波也不抵她一半……阿爸说她年纪还小，刚刚学会开工搭箭；戚姒抿嘴笑笑，像朵才开的白莲，'嘘'地吹响鸟哨，一只血娜飞来，等到血娜飞远，戚姒射出竹箭，只听一声尖叫，血娜被射穿嗓管；从此在她面前，人人难夸弓箭。"[①]戚姒美丽大方，长大后嫁给了大头人纳索。他们在"谷哈密查"生活的时期，哈尼族与"蒲尼"族发生了大规模战争，由于纳索感情用事、顽钝固执，集勇敢、智慧、贤德、理性于一身的戚姒实际上居于领袖地位。在与"蒲尼"的较量和战争中，戚姒始终深谋远虑、独具慧眼。首先，她识破了"蒲尼"对纳索实施的"美人计"，劝阻纳索不要娶"蒲尼"头人罗扎之女，而纳索被美色迷惑，听不进戚姒的忠告，一意孤行娶马姒为妾。纳索的行为引起了哈尼民众的反感，从此哈尼民众更加尊重戚姒而不认可纳索。然后，当罗扎趁哈尼过祭寨神节之际，率兵包围纳索，开出掠夺财产、土地的条款逼迫哈尼民众答应，就在"白亮的大刀举起，要把纳索砍翻"的紧要关头，戚姒领着三千个哈尼包围了罗扎。原来她早有提防，调来了其父亲的兵马，把罗扎的人马赶下了神山。戚姒虽有将帅之才，但她热爱和平，珍惜族人的生命，所以她提议搬迁。被愤怒冲昏头脑的纳索再次否决她的提议，保卫战正式打响。战事的结果如戚姒所料，双方力量悬殊，哈尼族伤亡惨重。在此民族危亡之际，戚姒沉着冷静，机智地谋划了"火牛火羊阵"大败敌方。罗扎之女马姒一再背叛哈尼，给"蒲尼"通风报信，纳索决定杀死已有身孕的马姒，此时戚姒顾全大局，阻止了这场丈夫杀妻、父亲杀儿女的悲剧。她的仁爱之举维护了民族利益，马姒之子和戚姒之子发展为哈尼两大宗族，其子孙后代和睦友好，再无内部纷争。戚姒做出哈尼向滇南哀牢山迁徙的决策，在她的带领下，哈

① 云南省少数民族古籍整理出版规划办公室编：《云南少数民族古典史诗全集》（下），685页，昆明，云南教育出版社，2009。

尼民众渡过红河，居住在哀牢山区，这里成为哈尼族最集中的地区。戚姒去世后成为哈尼族敬奉的护寨神，每年二月举办盛大的祭典祭祀，请求她的英魂保佑寨人平安，这是哈尼族对自己民族英雄永恒的纪念。①

苗族史诗《亚鲁王》中有担任军事首领的女性，有上战场杀敌的女性，也有参与军事决策的女性。亚鲁的父亲缺席，由母亲养育和教导。亚鲁的母亲博布能荡赛姑是部落首领，她管理部落，开辟了十二个集市，经商做生意时领着亚鲁，训练兵将时教亚鲁，在亚鲁十二岁时把王位传给了他。史诗中的波尼桑、波丽莎和波丽露几位女性擅长骑马、射箭、使用梭镖和宝剑，在战场上有勇有谋，敢于冲锋陷阵。波尼桑领兵作战，在战略战术上与亚鲁王相比略胜一筹。亚鲁王与卢呙王的战争胶着，亚鲁王久攻不下，只好后撤扎营。几天后波尼桑领援兵赶到，她分析形势，提出用火攻，顺利攻入卢呙王城。波丽莎和波丽露在亚鲁王面对赛阳赛霸的攻击束手无策时，提出用龙心御敌，成功退敌，在龙心被调换以后，她们为了保护亚鲁王带领族人安全撤退，奋勇杀敌，血洒疆场。此外，赛阳赛霸在挑起与亚鲁王之间的龙心大战时，其妻子媬布嫩阳央和媬布宁静叭起到了推波助澜的作用。亚鲁王部落发现盐井后，不再与他们进行物资贸易，赛阳赛霸对此一筹莫展，其妻子出谋划策，派密探摸清了亚鲁王部落产盐的事实，导致盐井大战的爆发。总的来说，《亚鲁王》中的女性同男性一样享有军事领导权和决策权，但史诗的父系谱牒性质不会容纳太多女性，与男性相比，女性的总体数量小。

苗族其他史诗也有对女英雄的赞颂。《苗族迁徙史歌》中唱道："尤娄九儿守九方，尤娄八女镇八面，九儿率兵列阵前，八女统军布前方。"② 贵州清镇市四印苗传唱的苗族史诗《簪汪传》中，女英雄欧代瑁、欧代哟的飒爽英姿令人印象深刻。在《簪汪传》的"鏖战红、黄二龙"一节里，古代苗族部落首领簪汪派两个女儿欧代瑁、欧代哟前去指挥应战："欧代瑁，你把人马

① 史军超：《哈尼族文学史》，348 页，昆明，云南人民出版社，2015。

② 中国民间文艺家协会主编：《亚鲁王》，24 页，北京，中华书局，2011。

统率好，隐身埋伏确耀塘，只要黄龙露头角，就挥神鞭来鞭笞。”[①]二女欣然领命，带兵抵达确耀塘。欧代瑁心思缜密，负责查探军情，布局周全，统领各路神兵人马；欧代哟勇猛迅捷，力大无穷，为堵黄龙路，欧代哟“一鞭将坝抽成山”。二女相互配合，成功将黄龙擒获。湘西苗族传唱的《中国苗族古歌》中，“七个力大无穷的龙女”和“七个力大无比的雷子”决定整治忘恩负义的敌人，在“澧州”铸造了很多兵器，然后与敌人的千军万马一决高低。“敌人喊来三千把大刀，敌人喊来三百把短刀；敌人摊出很多捆人的绳索，敌人摆出很多铐人的铁铐。七个力大无穷没有一丝惊恐，七个力大无比毫不在意。”[②]龙女、雷子摆开阵势，擂响战鼓，呼风唤雨，与敌人大战数个回合，鼓声和雷声震倒了三千将士，他们踏倒了敌人的粮仓，搬动岩石塞满了敌人的城池和营地。敌人招架不住，狼狈不堪，连连求饶。敌人派人来求情。敌人问龙女、雷子：“你们七个女的，是何处的闺女？你们七个男的，是何方的后生？”[③]敌人经过多方打探，才知道他们是澧县的人，是仙妹阿娘果妮的后代。该苗族史诗详尽地描述了苗族青年男女与敌人征战的英雄业绩。苗族历史上战争频繁，各地苗族支系传唱的内容有所差异，但主题一致，塑造的人物角色相似，都体现了古代苗族男女青年并肩作战、英勇无畏的集体英雄主义精神。

流传于云南临沧、双江、耿马、澜沧一带的拉祜族史诗《盘古盘根》，讴歌了兄妹两部族首领扎笛、娜笛带领拉祜族先民不屈不挠的战斗精神。史诗塑造了以扎笛、娜笛这对兄妹为代表的拉祜族英雄形象。史诗唱述，拉祜族来到“勐缅密缅”，开荒打猎，安居乐业，与邻族和睦友好，后来邻族想霸占拉祜族的土地，拉祜族先民陷入战争。拉祜族最初夺回了自己的土地，但土司头人骗走了他们的弓弩零件，拉祜族在后来的战争中惨败，只能往南迁徙，一路上扎笛、娜笛率领族人与追兵展开了激烈的斗争，尽全力保存族群，

① 余未人主编：《簪汪传》，83页，重庆，重庆出版社，2021。
② 石宗仁收集翻译整理：《中国苗族古歌》，137页，天津，天津古籍出版社，1991。
③ 石宗仁收集翻译整理：《中国苗族古歌》，143页，天津，天津古籍出版社，1991。

寻找新的居住地重建家园。

> 前面到了鹰愁涧，悬崖绝壁难登攀。追兵后面赶，牛角嘟嘟心胆寒。娜笛赶做好了一个弩牙，要与追兵来决战。她要大伙前头走，自个儿与追兵再周旋。追兵来到眼前，娜笛大吼一声，举起巨石，追兵被她打得鼠窜。追兵看见仅有一个女人，回身又与娜笛大战。娜笛拉弓似满月，射倒追兵一片片。娜笛靠着巨石，顶得石头深深凹陷。至今巨石还有女人脊背印，如今还有弩弓的斑痕。扎笛娜笛又退走，追兵紧紧咬住不放。扎笛抽出芟刀，扎笛砍倒大片芭蕉。扎笛率领众人，踩出路一条。娜笛走出芭蕉路，斗志步步高。

《盘古盘根》塑造的娜笛形象不仅具有百折不挠、英勇无畏的英雄品质，而且她为了族群的集体利益不惜牺牲生命，面对险境时一马当先，全然不顾个人安危，凭一己之力阻挡敌人，为全体族人安全撤离争取了宝贵的时间。扎笛在前面率领族人，娜笛殿后，兄妹俩配合，把族人带到双江、澜沧一带定居。与扎笛相比，史诗对娜笛着墨更多，通过细致描述娜笛的英勇事迹，史诗塑造了一个鲜活立体的娜笛形象。娜笛代表了擅长狩猎的拉祜族女性，她在战争中表现出的勇猛和独当一面，鲜明地展现了拉祜族先民的坚韧性格与尚武精神。

普米族的英雄史诗《支萨·甲布》叙述了甲布降妖伏魔，为父报仇，救出生母的英雄事迹。甲布救母的故事中，甲布的孝心、智慧、勇毅为人们称颂。值得注意的是，他的母亲娜姆展现出的缜密、沉着和机智同样令人佩服，可以说，没有娜姆的指导，魔王就不会被铲除，甲布救母就不会成功。娜姆足智多谋，一步一步地指点儿子战胜魔王："甲布儿哟，魔王的威力大无比。救阿妈你要有勇有谋，除魔王你要胆大心细。斗魔王要击中要害，杀魔王要等待时机。”[①] 娜姆先让甲布砍倒魔王的替身——洞口的魔树，然后让甲布趁魔王熟睡之际射死魔王的心脏——护心镜中心的黄蜂。魔王非常警觉，神通广大，被砍出裂口的魔树又合拢了。娜姆急中生智，用破褶裙塞进砍口，魔树终于被甲布砍断。甲布的每一次行动都与母亲商量，每一次与魔王的战斗都有母亲协助。娜姆不是被动等待拯救的弱女子，而是与甲布商量对策、协同作战，共同完成为民除害的艰巨任务。

进入阶级社会以后，父权制得到进一步巩固和发展，妇女被排除在公共领域之外，妇女沦为女奴、女俘或女仆是极为常见的。然而，一些产生于奴隶社会、封建社会的南方英雄史诗依然塑造了女英雄角色，女性在涉及战事的社会公共领域仍有一席之地。

纳西族英雄史诗《黑白之战》产生于父系氏族社会向奴隶制社会转化的过渡阶段，讲述了黑、白（术、东）两个敌对部落之间，为了争夺与捍卫象征光明的日月而发生的战争。作品叙述的抢夺妇女、掠夺财富与领土等战争情节，再现了纳西族奴隶社会部落战争时期女性的生存处境。《黑白之战》中，妇女失去了自由，术主让女儿茨嫫用美人计诱惑东主的儿子阿璐，茨嫫爱上了阿璐，却不敢违抗其父的旨意。史诗说：“竹篾编篮子，凭着竹匠编；茨嫫像篾条，只好凭父编。家狗怕主人，不敢不听话；囡像妈的狗，只好听妈话。”[②] 尽管如此，女性并没有完全沦落为家庭私领域的奴仆、生育的工具或者战争中的棋子。茨嫫与阿璐生了一双儿女，阿璐被术主处死之时，她也殉情而死，他们的儿女跑到东主那里告知情况，东主的复仇之战取得了胜利。茨嫫有情有义，被纳西人民赞美为爱之女神。我们还能看到史诗中勇敢战斗的女英雄。比如，东部落的金嫫被术部落严刑逼供，她不畏强暴，勇敢坚韧，“黑绳捆金嫫，术主审金嫫：东主去哪里？珠宝藏哪里？指着白山问，一问九摇头，指着白海问，九问不点头。黑鞭像雨雪，纷纷落满头，翠竹不折腰，

① 云南省少数民族古籍整理出版规划办公室编：《云南少数民族古典史诗全集》（下），629页，昆明，云南教育出版社，2009。

② 云南省少数民族古籍整理出版规划办公室编：《云南少数民族古典史诗全集》（下），225页，昆明，云南教育出版社，2009。

金嫫不低头”①。后来，听说茨嫫和阿璐牺牲的消息后，金嫫从术部落逃了出来，为东部落的复仇之战贡献了力量。

在傣族英雄史诗《厘俸》中，勐景罕国王俸改抢走了勐景哈国王海罕的妻子婻崩，海罕为了夺回妻子，与俸改进行了长达七年的战争。婻崩与荷马史诗中的海伦相比，作为部落战争时代被抢夺的妇女，她们都处于弱者的地位，但婻崩这个角色还没有完全被物化为战利品，她在史诗中有其特殊的地位。首先，婻崩通巫术，且非常勇敢。当婻崩得知海罕的大将冈晓战死以后，冒着生命危险在俸改的王宫为他举行祭奠仪式，给他献上祭品，送他的灵魂升天，同时诅咒俸改。俸改听到婻崩的咒语后愤怒得要一刀杀死婻崩，婻崩利用迷魂药把俸改迷惑，保全了自己的生命。其次，婻崩很聪慧。当救她的海罕大军来到俸改的城外时，机智的婻崩在城中勇斗俸改，助阵海罕。她叫俸改去布置兵马赶快出战，趁机偷走俸改的宝物仙笛，并扰乱军心，破坏军阵。

> 婻崩趁俸改在转颂点兵将，偷偷把仙笛拿手上，转身把它丢下楼，顿时战象吼声起，你踏我踩仙笛烂。她又把酒糟往下撒，三百头公猪奔过来，你拱我挤把食抢，踩得仙笛破又碎，变成几百只花蝴蝶，围着俸改飞飞扬，战象战马也在厩中吼得慌。②

此外，婻崩颇有军队领袖的风范。海罕大军浩浩荡荡地开进勐景罕的时候，俸改的皇后、公主成群拥出，凭栏观战。史诗通过婻崩之口一一介绍了海罕大军的人马。婻崩声音洪亮，为娥并（俸改抢来的王妃）详细介绍军队，对这些将领非常熟悉，如数家珍，她的一言一行犹如排兵布阵的统帅一般气势豪迈，说明她对王国的军事非常熟悉。海罕的将士对她非常尊敬，她在众

① 云南省少数民族古籍整理出版规划办公室编：《云南少数民族古典史诗全集》（下），223页，昆明，云南教育出版社，2009。

② 云南省少数民族古籍整理出版规划办公室编：《云南少数民族古典史诗全集》（中），741页，昆明，云南教育出版社，2009。

人中享有很高的威望。战争胜利后，婻崩回到勐景哈王国，亲自赏赐为她效劳的将领们。

婻崩在傣族史诗《厘俸》中的角色反映了傣族父权社会的女性意识并未泯灭，上层妇女在战争等社会领域仍发挥着主动积极的作用，她们的英雄气概并没有消失殆尽。

第三节　两性权利及地位变迁

一、男女权利均衡，地位对等

根据前述内容，南方活态史诗记录的很多少数民族，在原始氏族社会中，两性之间的权利和地位相对平等，这可以归纳为以下几个方面。

原始氏族社会的男性和女性都享有平等的人格权，共同受到社会成员的尊重和对待，没有女尊男卑或者男尊女卑的价值观和道德要求。两性的关系必须是对等平衡、互补相依的，这是古代先民奉为天经地义的首要原则。因此，古人认为，天地公母成对、日月男女成双才是有秩序的世界，夫妻合一、儿女成双才是完满的人生。生命是两性结合繁衍的结果，因此诸如彝族、苗族、纳西族等很多民族先民最初认为，万物皆有生命，万物皆分男女，万命同尊，男女平等。他们都有自己的个人意愿和决策权，不会受到其他人的过分干预或剥夺。原始氏族社会的人们共同劳动、团结互助，尊奉的是以血缘关系为纽带的集体主义原则，集体成员人格平等。当然，那时的人格平等还不具有现代意义上个体人格的自主性和独立性，而是一种以集体为核心、自然朴素的人人平等意识。个人的行为和决策往往是为了整个部落或氏族的利益，而不是个人的利益，人们对集体有强烈的认同和依赖，也愿意为集体生活做出牺牲。

根据南方史诗的口头记录，原始社会的氏族、部落议事会基本没有性别区隔，女性在部落或氏族的政治决策中发挥了重要的作用。女性有当选为氏族或者部落首领的权利，所有女性成员都有参与氏族议事会的资格。她们积极参与讨论涉及族群生存发展的大事，发表意见，在决策中发挥影响力，对集体的利益做出贡献。这种政治参与的广泛性在不同民族中有一定的差异，比如，哈尼族男女在集体决策中的权利均衡对等。据《哈尼阿培聪坡坡》所述，哈尼族当时尽管处于父系社会，但是氏族组织管理的民主性是面向所有集体成员的，比如在商议有关迁徙、定居等族群共同需要解决的重大问题时，哈尼族的男男女女群策群力，“夜间坐拢一处，男人女人商量”。[①] 哈尼族决定在云南石屏县立足后共建了美好家园，后遭遇外族侵占土地，哈尼族战败，一路迁徙，来到今云南元阳县，于是“共扶一架犁耙的十个男人开口了，认定这是哈尼发家兴旺的宝地”，“共操一架纺车的十个女人说话了，认定这是哈尼子孙繁衍的地方”。[②] 由此可见，两性在社会和政治事务中享有较为平等的地位。

原始社会中，财产主要是集体财产，并且通常由整个氏族共同拥有和管理。这意味着男性和女性在财产权方面享有平等的权益。他们共同占有社区中的资源，无论是食物、土地、住所，还是劳动工具、劳动所得等都遵循共同享有、平均分配的原则。随着生产力的发展，有了一定的剩余产品，女子出嫁时，也能分得一部分家庭财产，比如牲畜、劳动工具、衣物、首饰甚至耕地。

在婚姻家庭权方面，原始氏族社会的婚姻更多是建立在共同利益和互助的基础上，而不是一个性别对另一个性别的占有和支配。妇女的婚姻家庭权取决于她们在社会经济、政治等方面的地位。在民主平等的氏族社会，妇女与男性平等地参与集体生产和公共活动，因此两性享有平等的权利和地位。青年男女恋爱自由、结婚自主、离婚自由。夫妻的权利和地位平等，都有独立的姓名权，都有自由参与生产、交易、议事会、宗教祭祀等社会活动的自由，共同承担家庭的责任和义务，都有教育抚养子女的义务，对家庭事务有平等的决策权，对共同财产有平等的处理权和占有权，对子女的婚姻有同等

① 云南省少数民族古籍整理出版规划办公室编：《云南少数民族古典史诗全集》（下），702 页，昆明，云南教育出版社，2009。

② 云南省少数民族古籍整理出版规划办公室编：《云南少数民族古典史诗全集》（下），708 页，昆明，云南教育出版社，2009。

的主婚权。恩格斯说：从对偶制家庭中产生的专偶制家庭是文明时代开始的标志之一，它是建立在丈夫的统治之上的，其明显的目的就是生育有确凿无疑的生父的子女……正是由于奴隶制与专偶制并存，使专偶制从一开始就具有其男权统治的性质，即只针对妇女而不限制男子的专偶制。[①] 然而，我国南方很多少数民族社会，并没有经历奴隶社会阶段，氏族部落社会存在的时间很长，有的甚至在20世纪上半叶还继承了氏族部落制度的很多内容。这也为古代民主平等的婚姻家庭文化在南方活态史诗中的留存提供了现实土壤。

需要注意的是，原始氏族社会的性别平等程度因不同民族、不同地域、经济水平、社会文化等方面的差异而有所不同。尽管在某些民族中两性的地位相对平等，但在其他民族中，存在更明显的男性优势和女性被剥夺权益的情况。

二、女性权利受限，地位下降

尽管两性平等是南方史诗歌唱出来的主旋律，但是南方少数民族史诗中也不乏歧视女性的内容，女性的地位具有双重性。这种双重性在创世史诗和英雄史诗中呈现不一样的特点。在创世史诗和迁徙史诗中，两性平等、男女同尊的叙事基调贯穿全诗，由于史诗流传的时间久远，在流传的过程中附加了后世男尊女卑的性别观念，因此其间可能掺杂了尊男抑女的少量内容。英雄史诗反映的是部落战争时代的主题，记载民族征战、迁徙、形成、发展等内容，塑造的主角基本是男性，女性逐渐从社会公共活动中隐退，女性所起的社会作用和影响力日益缩减，有的产生更为晚近的英雄史诗中女性失去了独立的人格，在战争中被物化。然而，人类社会早期尊崇女性的传统思想并没有随着部落战争时代的到来而消失殆尽，英雄史诗中也保留了部分两性平等的思想以及尊重女性的意识。同一部史诗中，存在女性地位既高又低的描述，这样的叙事往往塑造了矛盾的女性形象。上节论述了南方史诗中的古代

① [德]恩格斯：《家庭、私有制和国家的起源》，中共中央马克思恩格斯列宁斯大林著作编译局编译，61—63页，北京，人民出版社，1999。

社会两性拥有平等的权利和地位，本节考查部分史诗如何反映了女性的权利被剥夺、女性的地位下降。

女神的神格下降是女性地位降低的社会现实在神话中的反映。南方少数民族史诗主要以活态形式传承于民众的口头，一个民族中流传的同一部史诗拥有丰富的异文，综合审视这些异文就能大致勾勒出女性地位嬗变的轨迹。壮族的姆六甲大母神经历了一条女神独尊—男女对偶神并尊—女神神格低于男神的发展轨迹。①《中国民间创世史诗集成·广西卷》中收录了很多传颂姆六甲和布洛陀的神话，在不同地区的神话异文中，姆六甲的功绩和地位存在很大差异。采集于广西东兰县长江乡中和村的《乜六甲》讲，乜六甲（即姆六甲）独立创造了天地、日月星辰、田地、集市、州城等世间万物和人类，“天地由她来掌管”“母王做主管天下”②，布洛陀在此神话中的角色只是作为她找来的配偶而存在。流传于广西田阳县的《布洛陀与敢壮山·祭祀歌》中，姆六甲与布洛陀神绩相同、神格一致，“样样都是祖公制造，样样都是祖婆发明，祖公祖婆造出千千万万，感谢祖公祖婆造天下”③。然而，《布洛陀经诗译注》记载的布洛陀的神绩非常全面，他已成为一个全能神和至上神，他创造和管辖的内容包括人类精神创造和物质生活的方方面面，而此时的姆六甲神格下降，被边缘化为仅仅主管生育的花婆神，只是作为布洛陀的配偶、陪神，只有从不断重复的程式诗行“去问布洛陀 / 去问么渌甲 / 布洛陀就讲 / 么渌甲就说”④中还能看到姆六甲曾经的重要影响和地位。反映女神地位下降的史诗内容并不少见。拉祜族的创世史诗《牡帕密帕》中，共同创世的男女对偶神厄雅、莎雅转变为独自创世的男性至上神厄莎。阿昌族的《遮帕麻与遮米麻》中，天公遮帕麻造天、地母遮米麻造地，他们结合生育子女，然后又一起补

① 过伟：《壮族文化探究》，41—42 页，南宁，广西人民出版社，2008。

② 广西壮族自治区民间文艺家协会编：《中国民间创世史诗集成·广西卷》，47 页，南宁，广西人民出版社，2011。

③ 广西壮族自治区民间文艺家协会编：《中国民间创世史诗集成·广西卷》，34 页，南宁，广西人民出版社，2011。

④ 广西壮族自治区民间文艺家协会编：《中国民间创世史诗集成·广西卷》，22 页，南宁，广西人民出版社，2011。

天、治理洪水。遮米麻创世的时候是一个力大无穷、英勇智慧的女神形象，但是后来妖魔乱世时，她却只能在家织布，毫无对抗妖魔之力，只能日夜盼望外出的遮帕麻回家。女神独自创世，到女神与男神合力创世，再到男神独自创世或救世，女神创世的角色逐渐被男神取代，女神被限制在主管家庭的领域，只剩下与妇女生理特征密切联系的生育神或纺织女神角色。这些神话表明，一个民族的人文始祖由女性角色逐渐转变为男性角色，女性的整体地位有了明显的下降。

女性在社会活动中的参与度降低，逐渐退出公共领域的舞台。父系社会发展到更高阶段，氏族首领的位置全部由男性占据。基诺族史诗《大鼓和葫芦》讲述了氏族首领由一男一女分担到全部由男性担任的过程。基诺族的每个村寨有两位长老——“卓色”（寨母）和“卓巴”（寨父），卓色由最年长的女性担任。史诗第四章“劫后新发展”讲在女人中选不出卓色，于是杰的儿子当选上卓色，男女共担长老的制度被废除，女性退出了氏族领导岗位。20世纪的民族学调查发现，基诺族的长老基本上是男性，即使个别女性因其卓越的才能在军事、政治领域大展身手，但是她仍然要服从男性主导的社会象征秩序。这在《哈尼阿培聪坡坡》塑造的戚姒形象上表现得尤为突出。该史诗赞美实质上担任族群领袖的女英雄戚姒，名义上却维护男人的象征权力。戚姒的丈夫见哈尼民众对戚姒佩服得五体投地，怒气冲冲地说道：“哪个听见公鸡尾着母鸡叫？哪个见过女人把男人鼻子牵？戚姒本事再高再大，也只是我纳索的女人！”[①] 戚姒听见纳索的话并不生气，反而悉心维护纳索的声望，对其他男性头人说“高能的扎纳去世了，他的魂扛在纳索双肩，我们要和纳索商商量量，他还是哈尼的大头人”[②]。此时，戚姒在族群中的威望已达到顶峰，在族群面临生死存亡之际，她终于强硬了一次，让八个男子把反对迁徙的纳索扛走，领着族人上路。而在此之前，戚姒对纳索只有劝说、救助、服从的

① 云南省少数民族古籍整理出版规划办公室编：《云南少数民族古典史诗全集》（下），700页，昆明，云南教育出版社，2009。

② 云南省少数民族古籍整理出版规划办公室编：《云南少数民族古典史诗全集》（下），700页，昆明，云南教育出版社，2009。

义务（或者说这是作为父权中心意识下理想妻子的高尚道德），却没有反对他娶马姒的权力，更没有制止他一意孤行、一错再错的权力。

妇女失去了人身自由，成为了父权统治下男人之间交换、流通的物品。有些民族中，父权社会的婚姻制度剥夺了女性自主选择结婚、离婚的权利，婚姻往往是由家长或男性亲属安排，婚姻的缔结或解除不再以自主自愿为原则。比如，纳西族《黑白之战》中术部落的首领把女儿当作谋取利益的手段，使她成为男人权力斗争的工具和牺牲品。[①]傣族的《厘俸》是一部较成熟的英雄史诗，其争夺妻子、财产、领土的战争内容和主题与荷马史诗《伊利亚特》非常相似，女性是战争的导火索，她们成为天上和人间战争的争夺对象，沦为丧失人格尊严的战利品，被当作显耀男性英雄武艺和勇气的荣誉品，也是英雄作战的奖赏。在部落战争时代，女性作为男性的他者而存在，处于从属的地位。

女性在婚姻家庭中逐渐处于弱势。首先，南方少数民族史诗总体上呈现了一个男女平等的古老传统，但女性的家庭地位下降的趋势在一些史诗中也是显而易见的。彝族社会早期都有一段尊崇女性的历史，由于各地彝族社会发展的不平衡，以及史诗产生的年代差异，有的彝族地区流传的史诗依然传递了敬重女性的集体记忆，而有的彝族史诗出现了歧视女性的内容。彝族史诗《阿黑西尼摩》流传于云南省哀牢山区元阳县一带，歌颂始祖母西尼摩的伟大创世功绩，记载了女性曾经辉煌的历史，但西尼摩之后便成为男性主宰的天下。《阿细的先基》流传于云南弥勒，通篇展现了婚姻家庭中两性对等和谐的性别关系。《支格阿鲁》史诗中支格阿鲁是新兴父权意识的代表，他的丰功伟绩是父权崛起的丰碑。阿鲁的婚姻属于对偶婚形式，他因其妻猜忌剪断他骑乘的飞马的翅膀坠湖而死，他的死亡象征女性地位的转折，从此妇女被贴上了负面的标签。流传于凉山彝族的《勒俄特依》中，石尔俄特寻父娶妻生子的神话表明，自从男娶女嫁的从夫居制度开始以来，娶妻就必须向女方

① 云南省少数民族古籍整理出版规划办公室编：《云南少数民族古典史诗全集》（下），225 页，昆明，云南教育出版社，2009。

家族支付女子的身价钱。[1]身价钱使妇女沦为私有财产，妇女失去了昔日的人身自由，处于附属的地位。其次，根据南方史诗记载，妇女在生产劳动中起着非常重要的作用，男女共耕是常见的生产分工模式，妇女在家庭中的经济地位较高，但是随着外来文化的影响和父权制度的加强，妇女逐渐被视为经济上的依附者，没有独立的经济权益，被剥夺了财产继承权。比如，哈尼族《窝果策尼果》对此有详细的记载，哥哥杰罗把妹妹杰姒嫁出去，妹妹要求哥哥分一半家产给她，哥哥找各种借口，最后只给她一条狗，因为“祖宗传下的大田，只能留给守家守业的儿子；爹妈留下的房子，只能留给继承香火的男人”[2]。最后，家庭妇女的社会参与和政治权力受到限制，两性社会角色分化，女性被束缚在家庭领域负责生儿育女、照料和纺织。阿昌族的《遮帕麻与遮米麻》中，地母遮米麻神通广大、威力无边，但是婚后的她却成了一个柔弱的普通妇女，一切由遮帕麻主导，遮米麻前后的形象形成了巨大反差，强大的女性形象越来越模糊。

在民间信仰领域，女性的地位下降表现尤为突出。古代社会，宗教是重要的社会控制力量，两性权力的不平等尤其体现在宗教权力的掌控上。彝族《天地祖先歌》关于“女权”“农耕”“医药”的根源的几个小节记载了以女性为中心、女性拥有权威的历史时期，那时“一切是母大，母是一切根。一切的事务，全由女子管。女人当君长，女人当臣子。做成弓和箭，分箭打野兽，猎物女人分，女人分得清，她就是君长，人人都平等”[3]。随着社会的发展，据《天地祖先歌》唱述，“笃慕支系”“冶炼”“君制”“管天地”“君臣分工”等小节的内容表明，位于掌握权力和资源级别的君、臣、师（毕摩），哎哺时代早期是天君父、地母臣的结构，随着父系社会建立并巩固，君、臣、师的位置由男性独占。根据这部史诗，早期彝族社会女性也许当过君、臣，但是女性一开始就几乎被排除在宗教领域之外。彝族的宗教祭司为毕摩，由男性

① 《勒俄特依》，冯元蔚译，62页，北京，中国国际广播出版社，2016。

② 云南省少数民族古籍整理出版规划办公室编：《云南少数民族古典史诗全集》（上），437页，昆明，云南教育出版社，2009。

③ 王子尧等：《天地祖先歌》，载《贵州民族研究》，1983（3）。

担任，毕摩的社会地位仅在部落头人之下，享有社会特权；而女巫不识彝文，不懂彝经，限于从事卜卦、跳神、送鬼等活动，社会地位卑微。[①] 苗族也不例外。苗族历来尚巫信鬼，巫术的起源和发展在《亚鲁王》中有清晰的脉络，其中，含有善恶之别、高下之分的白巫术和黑巫术与性别秩序相对应。这种对巫术掌控的性别分层在族群迁徙的过程中逐渐确定，表现为亚鲁王负责占卜选择定居的地方，他的王妃负责诅咒攻击敌人。景颇族《目瑙斋瓦》里对“枇杷鬼”（貌美女鬼，附在人身，被附身的人就成为“枇杷鬼”）起源的追溯，记录了男性在宗教信仰领域对女性的驱逐和歧视。[②] 宗教领域存在严重的性别失衡，这在世界范围内是一种普遍现象。女巫被认为是危险的、邪恶的，男人把与女巫进行斗争当作重要的任务，并在此过程中加强对妇女的统治，在民间宗教中性别对抗非常突出。[③]

三、女性地位的民族、地域差异

南方活态史诗总体上呈现了人类社会早期尊崇女性的传统性别文化。从一个具有共同性的性别文化源头出发，南方各民族及其支系的性别关系却走出了不尽相同的发展道路。就南方史诗记录的口传历史而言，纵向来看，女性大体上走了一条地位逐渐下降的道路；横向来看，各民族及其支系的女性地位下降程度又有很大的差异，有的民族史诗中女性角色闪耀登场后迅速被男性角色替代，有的基本上保留了两性平等的优秀传统文化，女性角色始终活跃于社会大舞台。学术界普遍将我国女性的地位角色变化概括为从女神到女奴再到现今的女人，即从女尊男卑到男尊女卑再趋于两性平等。也有学者从性别角度审视我国古代神话的嬗变过程，认为其反映了“女神的失落”。[④] 然而，我国南方各民族的社会发展不平衡，社会文化具有多样性，记载各民

① 朱元富：《“毕摩” ≠ “巫师”》，载《楚雄师范学院学报》，2004（1）。

② 云南省少数民族古籍整理出版规划办公室编：《云南少数民族古典史诗全集》（中），269—270 页，昆明，云南教育出版社，2009。

③ [美]杰弗里·帕林德：《非洲传统宗教》，张治强译，142 页，北京，商务印书馆，1999。

④ 龚维英：《女神的失落》，开封，河南大学出版社，1993。

族口传历史的史诗类型丰富、题材广泛、内容包罗万象、蕴藏极其丰沛。研究其中反映的两性权力关系嬗变趋势，不能拘囿于二元对立结构模式，将性别权力关系简化为诸如尊卑、主从、高下、强弱等性别对立的思维结构与话语表述。女性不是铁板一块，女性群体不是一个均质的群体，她们的地位既有时代的差异，也有地区、阶层、民族等差异。

要确定口传史诗产生的年代是困难的事情，史诗记叙的历史事件发生的时期因而也是难以确定的。以往学术界对女性地位的描述以母系社会、父系（父权）社会为历史时段分界线。这种概括尽管便利却相当笼统，而且忽略了各地民族的性别文化多样性。前文已述，有的民族较早进入阶级社会，而有的民族在父系社会很长时期内保持原始社会的民主平等制度，有的民族父权文化发达，而有的民族存在双系制甚至母系制。那么，比较各民族历史上的性别关系可以从史诗的体裁和描述的主题着手。创世史诗产生的年代比迁徙史诗、英雄史诗要早，但由于有的南方史诗具有混融性的特点，比如苗族史诗《亚鲁王》集创世史诗、迁徙史诗、英雄史诗的特征于一体，[①] 因此从叙事的主题内容即创世、征战、迁徙来平行比较不同民族会合理一些。

南方不同民族史诗中女神的地位存在差异。彝族、瑶族、侗族、基诺族等都有大母神创世的史诗篇章。这些大母神分别为彝族《阿黑西尼摩》中的西尼摩、瑶族《密洛陀》中的密洛陀、《侗族远祖歌》中的萨天巴、基诺族《大鼓和葫芦》中的阿嫫肖贝。西尼摩是天地之母、万物之娘、人类祖先，她的创造功绩是通过其无与伦比的生殖力来展现的，她生育了一切之后便隐退了，她的儿子们迅速占据了神界和人间的统治地位。西尼摩生下了所有的天地神灵，比如天神彻埂兹、统管天地间众神灵的主神奢俄木，西尼摩也生下了奢俄木的妻子，但史诗都没有提一下这位无足轻重的女子的名字。[②] 彝族的天神、地神和人神三个体系均以男性神为主，有影响力的女性神只有地神，

① 朝戈金：《〈亚鲁王〉："复合型史诗"的鲜活案例》，载《中国社会科学报》，2012-03-23。

② 云南省少数民族古籍整理出版规划办公室编：《云南少数民族古典史诗全集》（上），48 页，昆明，云南教育出版社，2009。

但她的神位很快被男性地神黑得坊取代。[①] 侗族的神灵体系在性别比例和神格方面与彝族形成了鲜明的对比。《侗族远祖歌》记叙了萨天巴生天地、育万物的伟大功绩，她的神子神女和神孙们创造了丰富的远古文化。史诗通篇可见活跃的女神身影，其中重要的女神有十三位，构成了侗族“十三萨”女神神系，不管是创世活动还是部落征战，女神或者拥有神性的女祖先都与男神（男祖先）并肩合作，并占神话世界的重要地位。瑶族崇拜的密洛陀是他们的始祖母神，这位创世大神带领她的十二个儿子和十二个女儿征服自然、发展生产、创造发明、征战迁徙、开辟新家园。密洛陀在整部史诗中拥有至尊地位，在她的领导下，男女神分工合作，各自发挥了自身的优势，都付出了艰苦卓绝的努力，在神界拥有平等的地位。基诺族的创世女神阿嫫腰白造天地万物，为了定秩序、惩恶扬善，她又用洪水毁灭了地上万物，只留下一对双胞兄妹玛黑、玛妞。阿嫫腰白再次创世，帮助这对兄妹躲过洪水，让他们成亲繁衍基诺族，教他们所有关于生产生活的知识与技能，为基诺族创制礼仪文化，“人们怎样过日子，衣食住行样样教，世上知识全教完，阿妣厄厄离人间”[②]。基诺族信仰的其他重要神灵有很多是女神，如白腊泡巫师女神、铁匠女神、冒丕祭司女神等。由此可见，彝族史诗的神灵谱系结构完善，神灵众多，但女神占比极小，女神的权力和影响力较之男神非常有限；而瑶族、侗族、基诺族的女神地位较高，女神谱系发达。

妇女的婚姻家庭权利是反映妇女地位的重要指标。据南方史诗记载，这一点在不同民族中也存在较大差异。例如，相对于苗族，彝族妇女的婚姻较多受到统治者、家长的干预，买卖婚姻的问题较为严重。

“苗族婚姻的主要特点是男女平等、恋爱自由、婚姻自主，有礼有节。”[③] 苗族家庭成员的地位较为平等，尤其是在“生苗”地区，有的是男子当家，有的是以妇女为主，家中大事共同商量决定。苗族家庭财产的继承问题上，

① 戈隆阿弘：《彝族历史文化论丛》，122 页，北京，中央文献出版社，2000。

② 云南省少数民族古籍整理出版规划办公室编：《云南少数民族古典史诗全集》（中），405 页，昆明，云南教育出版社，2009。

③ 吴荣臻总主编：《苗族通史 2》，358 页，北京，民族出版社，2007。

儿子优先，但女儿出嫁会得到丰厚的嫁妆，其中包括贵重的银饰服饰，较富裕的人家，女儿可以分得一份"私房田"，也叫"陪嫁田"或"姑娘田"。[①]苗族青年恋爱很自由，结婚较自主，离婚可协商，苗族史诗对此有相应的记录。蝴蝶妈妈与水泡恋爱结合生下人祖姜央兄妹，姜央有九个女儿。其中，六姐阿革"面庞白净生得美，好亲好戚她不愿，嫁跟勇通爬高坡，她倒欢欢喜喜"。勇通夜夜来找阿革玩，阿革跟他私奔了。过去苗族并不反对私奔，私奔之后男方要通知女方，然后双方举办婚礼，因此，"勇通"成为鼓社祭时的职司名，负责传达信息。"八姐叫阿苟，嫁的丈夫不如意，死也不愿去，又是告状又吵嘴，水田卖了几大丘，后来嫁作汉人妻，她倒安心了。"[②]九姐阿纠的婚姻与八姐的情况相似。从这些内容来看，苗族妇女婚姻完全自主，即便是妇女主张离婚，父母赔偿财产田地的情况也相当普遍。除了上述例子，还有《亚鲁王》中的苗族先祖伍俊也因为女儿悔婚赔偿了女婿大量田产。可见，苗族女性的家庭地位较高，苗族婚姻男女较平等。

然而，彝族史诗中，洪水滔天人类再生以来，女性就失去了婚姻自由和财产继承权。《阿黑西尼摩》讲述，洪水灭绝人世后，世上仅存一男子阿普都阿木，他要娶妻繁衍后代，并把此事上报给了来人间视察的天神。天神做出了安排："人烟不能绝，人类要繁衍，奢俄木吩咐，你家的小囡，要嫁都阿木，不嫁可不行，一定得允许。"[③]天神一共给都阿木配了 5 个妻子，每一个女子都没有自己做主的权利，5 女共侍一夫。史诗在此交代了一夫多妻制是天经地义的，是在人类再生之时就已存在的婚姻制度，将男性对女性的支配和统治纳入世界起源、人类诞生的神圣叙事，女性天生注定处于低下的地位。"婚嫁的起源和演变"一节讲，姑娘到 15 岁就得定亲，20 岁前必须出嫁，成年不嫁娶，无人看得起，个个来嘲笑。一个名叫斯依的姑娘才 15 岁，父母就要逼她出嫁，姑娘哭诉道：

① 吴荣臻总主编：《苗族通史 2》，359 页，北京，民族出版社，2007。

② 马学良、今旦译注：《苗族史诗》，222 页，北京，中国民间文艺出版社，1983。

③ 云南省少数民族古籍整理出版规划办公室编：《云南少数民族古典史诗全集》（上），75—76 页，昆明，云南教育出版社，2009。

阿爸呀阿妈，儿女幼小时，父母来养育，如同青松毛，平等来对待，不偏也不倚。儿女长大后，父母待女儿，为何有偏心？男儿当金藏，把囡当银使。阿爸呀阿妈，你们养儿女，为何不平等？簸箕簸白米，白米留簸中，碎米簸出外，父母待儿女，男当白米留，囡当碎米丢。阿爸呀阿妈，你们待儿女，为何不平等？阿爸见酒肉，不顾囡死活，把囡换酒喝，把囡换肉吃；阿妈见彩礼，眼被彩礼迷，把囡换彩礼。①

斯依迫于社会习俗的压力，不得不出嫁。“斯依好闺女”边哭边细数家中的财富：金银满罐、粮食满仓、绸缎满柜、牛羊满厩、良田满坡，并表示“家中的财产，一样我不要”。②《阿黑西尼摩》尽管歌颂生育万物和人类的始祖母西尼摩，却将女性置于如此卑下的处境，通过斯依之口，规训女性要做像斯依一样的“好闺女”，遵守顺从、卑微的女德。

原始社会发展到了部落社会阶段，各部落因掠夺土地、财产的冲突不断，部落战争频繁。南方史诗的英雄叙事和迁徙叙事反映了这个时期的两性关系。不同民族的英雄叙事、迁徙叙事在女性地位的问题上表现出较大差异。

拉祜族史诗《盘古盘根》，讴歌了兄妹两部族首领扎笛、娜笛，他俩带领拉祜族先民不屈不挠与外敌作战，历尽艰难寻找到新家园定居。布朗族《创世歌》的“迁徙之歌”一节里，女首领代袜娜和男首领代袜么共同带领布朗先民顽强抵抗外敌，战败后率族迁徙。他们在管理氏族内外的事务中起着同样重要的作用，共同受到全体族人的敬仰和信赖。《侗族远祖歌》说面临外敌入侵时部族所有的人都要积极应战，“救援王城要勇蹈疆场，到时一律论功行赏，不分男女老少士卒战将”③。战后重建家园，四位族老寻找管理四方的能

① 云南省少数民族古籍整理出版规划办公室编：《云南少数民族古典史诗全集》（上），86页，昆明，云南教育出版社，2009。

② 杨保愿翻译整理：《嘎茫莽道时嘉　侗族远祖歌》，195页，北京，中国民间文艺出版社，1986。

③ 杨保愿翻译整理：《嘎茫莽道时嘉　侗族远祖歌》，313—315页，北京，中国民间文艺出版社，1986。

人，圣祖母萨天巴派一对男女——冠共和萨央——来管理各部落，还派来四位摩萨（女巫）祭天祀地问阴阳。[①] 苗族史诗《亚鲁王》中有担任军事首领的女性，有上战场杀敌的女性，也有参与军事决策的女性。苗族历史上战争频繁，各地苗族支系传唱的史诗内容有所差异，但主题一致，塑造的人物角色相似，都体现了古代苗族男女青年并肩作战、英勇无畏的集体英雄主义精神。还有哈尼族《哈尼阿培聪坡坡》中，戚姒英勇善战，拥有领导实权，在迁徙和选择新居地时，女性群体拥有发言、商议、决策的权利。

相比之下，傣族的《厘俸》《兰嘎西贺》，以及纳西族的《黑白之战》塑造的是男性英雄，父权中心意识浓厚，女性整体地位低下。男人抢夺女人，挑起战争，在战场上烧杀抢掠，通过战争建功立业；而女人成为被抢夺的对象，充当了替罪羊，被贴上"祸水"的标签，被俘后成为敌方的奴隶、战利品。《厘俸》中俸改节节败退，王国眼看就要灭亡，满屋的妻妾恐惧凄凉，边哭边对俸改说："亲爱的召法勐俸罕啊，请你拔出宝刀来，先把我们都杀光""请你把毒药给我们，别把我们留在世，做人家的奴隶命太惨"。[②] 正如恩格斯指出："妇女的这种被贬低了的地位，在英雄时代，尤其是古典时代的希腊人中间，表现得特别露骨。"[③] 在自由人和奴隶组成的大家庭中，父权支配着妻子、子女和奴隶，男子独裁就这样确立了。在傣族英雄史诗《兰嘎西贺》里，女主人公婻西拉对丈夫召郎玛体贴入微、忠贞不渝、逆来顺受，而召郎玛屡次怀疑婻西拉的贞节，甚至下令杀害她，妻子的人格尊严乃至生命被无情践踏。专制的丈夫要求妻子必须严守贞操，控制妻子的身体和性，"妻子便落在丈夫的绝对权力之下了，即使打死了她，那也不过是行使他的权利

① 云南省少数民族古籍整理出版规划办公室编：《云南少数民族古典史诗全集》（中），745页，昆明，云南教育出版社，2009。

② 云南省少数民族古籍整理出版规划办公室编：《云南少数民族古典史诗全集 中》，745页，昆明，云南教育出版社，2009。

③ ［德］恩格斯著：《家庭、私有制和国家的起源》，中共中央马克思恩格斯列宁斯大林著作编译局编译，58页，北京，人民出版社，1999。

罢了”[1]。

南方史诗呈现的两性关系不仅在各民族之间存在差异，在民族内部各支系间也有很大的不同。云南弥勒市西山一带流传的彝族史诗《阿细的先基》里，所有造天地、育人类、创文化的都是两两配对、二元一体的男女神或男女祖先，被创造的人几乎是男女成双、雌雄成对，进行农耕生产、起房造屋、生火做饭甚至种麻制衣等生产生活劳动的都是形影不离的男女伙伴（兄妹或者夫妻）。青年男女恋爱自由、婚姻自主，连媒人提亲的环节都可以省略，男方尽管家境贫寒，但公公婆婆对新媳妇真诚相待、视如己出。《阿细的先基》描述了男女对等均衡、同体共生的伙伴关系，两性之间只有相互依赖而没有彼此对立，更不存在父权压迫与统治。流传于云南楚雄双柏县的彝族史诗《查姆》里，创造天地的神灵男女比例相当，女神起着更重要的作用，比如，龙王罗阿玛是农业女神，水王罗塔纪管水中万物、地上万物，定时序，分四季。但是，在彝族史诗《尼苏夺吉》（流传于云南省红河哈尼族彝族自治州）、《阿黑西尼摩》（流传于云南省元阳县）中，男神在天、地、人几个领域占据绝对主导的地位，他们是世界的主宰。至于婚恋方面，流传在楚雄彝族自治州大姚、姚安、永仁等县的《梅葛》追溯了婚恋的起源，小伙吹笛，姑娘吹树叶，小伙在高山唱，姑娘在箐底和，两情相悦，恋爱自由。[2]但是从《梅葛》中“安家”一节来看，彝族婚姻不自主的问题就已非常严重，“小哥要领妹，小妹啊！你能不能自己做主？”“小哥啊！我爹把我嫁了，我妈把我嫁了，我两个都不晓得”，青梅竹马的一对恋人被女方家长残酷地拆散，姑娘想反抗，就被关起来，剥夺其人身自由。[3]以上例子足以说明彝族各地各支系流传的史诗反映了殊异的性别观念，展现了古代彝族社会各支系多元化的性别关系。

南方活态史诗中女性地位的民族和地域差异与其所处社会的政治、经济、

① 云南省少数民族古籍整理出版规划办公室编：《云南少数民族古典史诗全集》（上），88页，昆明，云南教育出版社，2009。

② 云南省少数民族古籍整理出版规划办公室编：《云南少数民族古典史诗全集》（上），160页，昆明，云南教育出版社，2009。

③ 云南省少数民族古籍整理出版规划办公室编：《云南少数民族古典史诗全集》（上），162—163页，昆明，云南教育出版社，2009。

文化相关。以苗族和彝族为例，苗族历史上饱受战争迁徙之苦，生产力落后，长期奉行原始社会氏族公社的民主平等制度，性别关系较为平等。彝族较早进入阶级社会，等级森严，拥有一套严密的统治管理体系，社会较稳定，生产力较发达，女性的整体地位较低。就不同地区的彝族支系而言，与其他支系相比，阿细人由于经济落后而产生的平均主义思想长期占主导。“红万村阿细人的婚姻，男女平等，自由恋爱，自愿结婚。结婚不请客送礼，也不办宴会，实行的是一夫一妻制，结婚年龄按法定年龄。婚后家庭经济共同管理，有的丈夫管理，一般家庭由父亲掌管，家长有支配全家经济和决定一家大小事务的权力。妇女的地位稍低于男子，一般不当家，却是主要的劳动力。所以在阿细地区，妇女受到家庭的尊敬。”[①] 彝族妇女的身价钱使其成为婚姻中被交换的私人财产，妇女处于附属的地位，而彝族阿细人“以劳动形式结婚，不请客，男方向女方挑上三挑水，男女共同劳动，就算婚礼完毕”[②]。这说明《阿细的先基》记录的朴素平等的婚姻缔结形式得到了很好的传承。活态史诗传唱于民众的口头，运用于民众的生活，是一个民族文化习俗、道德规范和仪式信仰的综合载体，尽管其中有想象的、艺术的创造，但现实中两性和合对等的性别实践为史诗中平等和谐的性别文化传承提供了丰沃的土壤，如果现实社会性别关系严重失衡，史诗中原初的性别平等思想就会逐渐萎缩、被改写或者遗失。

① 中共红河州委宣传部、红河州文化局编：《红河州民族民间传统文化保护名录》（上），77 页，昆明，云南人民出版社，2007。

② 赵俊臣主编：《云南农村妇女地位研究》，253 页，昆明，云南人民出版社，1992。

第四章　同体共生：南方活态史诗中的性别象征关系

性别关系的象征维度主要涉及性别意识形态，性别的文化再现，性别的话语构建，性别化的态度、价值体系等相关问题。南方活态史诗中蕴含着和合共生、双性同体的性别理念。这种两性和合的理念与中华文化中源远流长的阴阳和合思想一脉相承，但是不同于阳刚阴柔、扶阳抑阴、对立统一的阴阳和合思想，南方活态史诗中的两性和合以男女二元合一、对称平衡、同体共生为主要内涵。南方活态史诗作为民众的不自觉的集体口头创作，被视为一个民族的“根谱”和民众生活的“百科全书”，在民间活态传承和运用，有的民族史诗中蕴含的双性同体理念贯穿古今、通达圣俗。这种双性同体理念是尊重两性差异的同一，在推崇两性的自然差异时，又以合二为一为最终理想。

第一节　两性和合

一、语言结构中的两性和合

两性和合，指男女两性相互依存、和谐共生，二者的结合、合作、融合遵循协调统一、对等平衡的原则。“和合”一词最早见于《国语·郑语》：“商契能和合五教，以保于百姓者也。”意思是说，商契能和合父义、母慈、兄友、弟恭、子孝五种礼仪教化，使百姓和谐相处、生活安定。《亚鲁王》中的两性和合，与道文化主流思想中的“阴阳和合”有相通之处。阴阳和合思想肯定男女之间的差异，追求二者的动态平衡和协调统一，强调男女相辅相成，和谐共生，缺一不可。《道德经》第四十二章云："道生一，一生二，二生三，三生万物。万物负阴而抱阳，冲气以为和。""阴阳和合"是宇宙万物产生的普遍规律。这种宇宙观中的"阴""阳"都是中性观念，表示一切对立统一又相互转化的力量，并无高下强弱之分。早期道教经典《太平经》推崇阴阳和合的价值，例如，"和合夫妇之道，阴阳俱得其所，天地为安"[①]。"天地之道，乃一阴一阳，各出半力，合为一，乃后共成一。"[②] 男女两性只有达到和谐一体与平衡互动的状态，人类才能生生不息。但是，道文化在提倡两性平等、阴阳并重的同时，又兼具男尊女卑的性别观，例如，《庄子·天道》中的"男先而女从，夫先而妇从"，《太平经》中的"阳尊阴卑决"。而南方活态史诗中的两性和合观念蕴含男女对称、和谐平衡的思想，极少含有尊男抑女的成分。

一个民族史诗的语言结构承载了该民族的文化语法，这一点在南方活态史诗中尤其典型地体现在诗句的工整对仗与性别的对称平衡结构一一对应。在苗族史诗《亚鲁王》《中国苗族古歌》、拉祜族史诗《牡帕密帕》、景颇族史诗《目瑙斋瓦》等南方少数民族史诗大量的对仗结构中，雌雄相伴，男女并举，珠联璧合。

《亚鲁王》的每个诗章的句式音节有长有短，但在格律上相邻的上句与下句音节一致，音节数目两两对应，韵律重叠谐声，这种格律在史诗中相当普遍，以词的音位变体、同义词、近义词或反义词的重叠对称为主要方式。[③] 比如：

哪位女祖宗寻找糯谷种？ Kongs tongl seid box lwf koah nengb nbluf?

哪位男祖宗找寻红稗种？ Kongs tongl seid yws lwf koas nengb wongb?

① 王明编：《太平经合校》，17 页，北京，中华书局，1960。

② 王明编：《太平经合校》，715—716 页，北京，中华书局，1960。

③ 吴正彪、张新罗：《〈亚鲁王〉史诗格律的地域性与民族性探讨》，载《民族文学研究》，2020（1）。

女祖宗蝴蝶寻来糯谷种，Kongs tongl nbeid nbub box lwf koas nengb nbluf,

男祖宗蝴蝶找来红稗种。Kongs tongl nbeid nbux yws lwf koas nengb wongb。①

“女祖宗”和“男祖宗”的苗语是“ box lwf”“ yws lwf”，连在一起说就是“ box yws”，也可与定语构成对偶重叠形式，如史诗中“糯谷祖宗”为“ nbluf box nbluf yws”。尽管史诗有不少古苗文在现今生活中不再使用，但上述这些基本用词至今没变，box 和 yws 分别表示已婚“女性”与“男性”，可以放在成年人名字前面。每一组对偶句中，“女祖宗”总是在“男祖宗”前面，说明在语言层面史诗保留了两性相合、平等互补、尊崇女性的性别观念。《亚鲁王》国家级传承人陈兴华记录于 1993 年的《亚鲁王》手稿在这一点体现得更为突出，以下按原文摘录一部分（原文没有标点符号）。

（董冬穹娶妻生子数人，他们各自去分管各处）
各有各的祖奶奶
各有各的祖爷爷
郎习辉去雷上奶
郎卜道去龙下爷
独引去到洞奶
都引去到岩爷
佑井去到水奶
佑斤去到火爷
佑阿去到雾奶
佑受去到雨爷②

① 中国民间文艺家协会主编：《亚鲁王》，51 页、329 页，北京，中华书局，2011。
② 笔者于 2021 年 7 月 10 日在陈兴华家拍摄了他的手稿。

很明显，以上诗句中，两句为一组构成一个对子，每一个对子的人名相似，每对由“奶”和“爷”连成一体。这个诗章由众多这类对子组成。其实，据陈兴华讲：“每对中的一个词就足以表达短语的意义，每组中的单句就可以表达这组句子的语义，但是如果只说一半的话会显得不完整，让人认为这样是不会讲苗话的表现，但是有些对子翻译成汉语就很困难。”[①]《亚鲁王》把两个完全相同的词、音位变体或只有细微差别的同义词组合成对仗结构，在语言结构上呈现男女对偶成双、雌雄相配合一的规律。

这种格律在东部方言的苗语诗歌中也很普遍，正如李炳泽指出：“苗语各方言的诗歌都有对仗这一格律，说明它们的原初形式便有这一因素。”[②]苗语东部方言古歌是长短句的自由诗体，全诗连用对仗句式，一贯到底，整齐优美。诗歌体现了男女成双，对称平衡的原则，每一组对子由男女相配成偶，两性比例相当。

过了很多的世纪；
大地上啊，
开始出现龙身人首的乌基，
出现了人首龙身的代基；
后来才生洛保造啊，（男）
后来才生闷造冷；（女）
才开始生养阿剖抖炭，（男）
才来生养阿娘抖滩；（女）
阿剖抖炭才生男国王，（男）
阿娘抖滩才生女国王；（女）
男国王生养豆奈，（男）

① 访谈对象：陈兴华，东郎，《亚鲁王》国家级传承人；访谈时间：2021 年 7 月 10 日；访谈地点：紫云县猴场镇打哈村打望寨陈兴华家。

② 李炳泽：《苗语诗歌格律发展初探》，载《民族文学研究》，1992（3）。

女国王生养旺几；（女）[1]
豆奈生养奶归（女），
旺几生养玛光（男）；
……
豆奈派出成千的人众，
旺几派出几百的兵将；
……
豆奈下了横心，
旺几下达命令。[2]

由上可见，东部和西部方言古歌两句一组的成对结构中，男女总是成双成对地出现，对其创世功绩和举止行为的表述保持匀称均衡的规律。苗语两大方言都大量采用同义词和近义词组成上下句对子，创世的祖先神成对成双，神的谱系呈现父母双系的特征。

拉祜族的《牡帕密帕》也非常直观地呈现了语言结构和性别组合之间的对应关系。拉祜族的天神厄莎象征原初二元合一的世界秩序，在民间普遍被看成一对孪生的至上神，在史诗中被称为厄雅、莎雅，厄雅为男，莎雅为女。[3] 他俩共同创造了四对儿女：扎玉、娜玉，扎罗、娜罗，扎莫、娜莫，扎卓、娜卓，这四对儿女成为了厄雅、莎雅创造天地万物的得力助手。《牡帕密帕》中，上下两行对仗最常见，也存在隔行对仗，凡是涉及神灵、人物的描

① 括号里的内容为笔者根据原文注解做的标记，其中，只有豆奈、旺几两位创世神的性别原文没做注解，笔者根据《民国时期湘西苗族调查实录 1—8 卷祭祀神辞汉译卷》第 310 页“如此才生阿公斗内，阿婆王基。才生阿公某晚，才生阿婆某交，才生神母犬父”，判断豆奈、旺几与斗内、王基所指相同，那么豆奈为男，旺几为女。原因有三：一是读音相同，只是汉语音译的写法有异，除此以外，该调查实录中也写作“斗内王季”，《苗族创世纪神话》中写作“德能、王纪”；二是不同文献都说他们生了神母犬父，即奶归玛光；三是他们的神格和事迹相同，都是与雷神斗法的创世神。

② 石宗仁：《中国苗族古歌》，15—16 页、31—32 页，天津，天津古籍出版社，1991。

③ 杜杉杉：《社会性别的平等模式：“筷子成双”与拉祜族的两性合一》，赵效牛、刘永青译，40 页，昆明，云南大学出版社，2009。

述，基本上是男女对应、相依相随，两性构成了一个相互联系、相互依存的和谐统一体。

扎罗汉子造天，
娜罗姑娘造地。
造天造完了，
造地造好了。
造天不知天多高，
造地不知地多厚。
去问扎罗不知道，
去问娜罗不晓得。
……
扎玉派去察看天，
娜玉派去察看地。
扎玉天上转三转，
娜玉地上转三转。
扎玉告诉厄雅说
扎罗造天造小了。
娜玉告诉莎雅说，
娜罗造地造大了。
……
只有厄雅不发愁，
只有莎雅有办法。
拿上四颗金钉子，
拿上四颗银钉子。
四颗金钉钉天边，
四颗银钉钉地角。
厄雅把天撑大了，

莎雅把地缩小了。

……

厄雅住在坝子里，

去炼天上的太阳；

莎雅住在坝子里，

去炼天上的月亮。

……

娜罗炼太阳，

扎罗炼月亮。

太阳炼好了，

月亮炼成了。

上述诗句对仗工整，上下句一一对应，其中，配对的男女展现出了同样的智慧、才能，取得了一致的创世功绩。他们性情相似，行动一致，保持对等合作的精神，创造了天地日月。他们创造的天地日月与其性别对应，即天公、地母，日女、月男。

景颇族的《目瑙斋瓦》强调了男女交融互补与共生和合的紧密关系，其记叙的众神谱系以及创世过程遵循阴阳和合的原则。众神的名字末尾都带有表示性别的字，“拉”指男性、阳性，“木占”指女性、阴性，宇宙万物的产生、存在和发展均需男女相配、阴阳相合。天地形成之初存在的神灵均是对偶成双：一对阴阳神皮能帕拉、迷能玛木占；一对自生神木托拉、顶山木占；一对植物神木章拉、普兰木占；一对动物神鸟诗拉、鸟诗木占；一对智慧神涛智拉、涛浪木占，一对创造神能万拉、能斑木占。神最初繁衍的后代、创造的万物多为阴阳相合、雌雄相配，不仅动植物的祖先雌雄成对，鬼神也是男女成双。

远古，

瓦襄能退拉的创造，

能星能锐木占的繁衍，
生下了光出现的方向，
有了光消失的方向。
……
光出现的方向是东方，
那里住着东方寞若神；
光消失的方向是西方，
那里住着西方寞若神。
东方寞若神是男的，
西方寞若神是女的。
……
远古，
瓦襄能退拉的创造，
能星能锐木占的繁衍，
生下了一对伙伴，
有了一对朋友。
他们是谁呀？
潘瓦能桑遮瓦能章，
给他们取了名：
“雄的叫勒农拉，
他是百鸟的父神；
雌的叫勒弄木占，
她是百鸟的母神。”①

《目瑙斋瓦》用古老的祭祀歌体“斋瓦调”演唱，“歌词多使用古语，这

① 云南省少数民族古籍整理出版规划办公室编：《云南少数民族古典史诗全集》（中），218—219页，昆明，云南教育出版社，2009。

些古词，在日常生活中用得不多，字词对仗工整……句尾押韵”，如《目瑙斋瓦》开篇讲“Hto de ningwam la ngu ai mi nga，Le de ningpan majan ngu ai mi pra”（“上有个男的能万拉，下有个女的能斑木占”）①。这两句诗歌字数相等，意义对称，上对下，男对女。在《目瑙斋瓦》史诗中，天、太阳、白天、东方神是男，属阳；地、月亮、黑夜、西方神为女，属阴。天地合一，阴阳合德，万物生生不息，景颇族自古就有两性和谐统一的观念。在景颇族的创世史诗里，自古女性就与男性享有同样的地位，发挥同等的作用，世界的形成、万物的产生、生命的起源都是创世父母神共同创造繁衍的结果，创世父母神构成了一个二元合一的整体，二者相辅相成，缺一不可。

语言的结构反映了人类的思维结构。邓启耀在分析神话语言与文化语法和思维方式的关系时指出：“神话的集体表象和类化意象是渗透了一定族群的集体规范和因袭规范的因素，神话的思维符号系统必然也受制于一定的民族个性和文化系统，而约定俗成出特定的语音、语境、字词构成方式、语法规范等等。”②南方史诗中成双结对的理念最突出地体现在男女两性的配对上，不管是神、人类、动植物，还是自然界无生命体都以男女配对的形式追溯万事万物的起源和发展过程。

在西方文化传统中，man 与 woman 蕴含的不平等的性别秩序可以追溯到《圣经》里的亚当和夏娃，英语的 woman 由 man 派生而来与创世纪神话里的夏娃源自亚当的一根肋骨具有一致性和同构性。神话和语言在此为男权制社会男性支配、女性附属的地位设置提供了先在的合理合法性。萨丕尔—沃尔夫语言相关性理论指出：“语言并不只是把我们的观念和需求转化为声音的编码过程。确切地说，它是一种塑造力量。语言通过提供常用的表达惯例，预先安排人们以某种方式看世界，因而引导他们的思想和行为。”③一个民族的史诗承载着先民们早期对于世界、人类、性别等问题的解释和看法，在世代

① 刘刚、石锐、王皎：《景颇族文化史》，269 页，昆明，云南民族出版社，2014。

② 邓启耀：《中国神话的思维结构》（第 2 版），183 页，重庆，重庆出版社，2004。

③ ［美］威廉 · A. 哈维兰：《文化人类学》（第 10 版），瞿铁鹏、张钰译，115 页，上海，上海社会科学院出版社，2006。

传唱的过程中，一个民族的史诗又不断影响着后人对于这个世界的认识和对于价值的判断。

苗族、景颇族、拉祜族等南方少数民族口传史诗中男女平衡对称的语言结构显著地体现了两性和合对等的观念。实际上，尽管史诗演唱的民族语言多是非常古老的韵文体，在现今的日常生活中很少使用，但口头传统是一个民族文化的重要组成部分，反映了一个民族民众的思维习惯和价值观念，男女并重、成双成对的语言规则和思维模式在一些南方民族中根深蒂固，构成了其和谐性别文化的底色。比如，在《亚鲁王》中，两性并列时，排序一律是女前男后，如母父、妻夫、奶爷、婆公等，这些亲属称谓将尊敬女性的观念作为文化规范固定下来并代代相传。西部方言麻山次方言苗族的民俗生活也渗透了两性合一、平衡对等的文化观念。笔者在《亚鲁王》流传地区紫云苗族布依族自治县大营镇了解到，苗族的山神或寨神是公母成对的，苗语为 bid（公）hluod 和 mif（母）hluod，在演唱《亚鲁王》的葬礼上，仪式过程的诸多环节也体现了两性相合、互补相生的性别观念。

二、文化观念中的两性和合

南方活态史诗中蕴含的两性和合性别理念与华夏原初朴素的阴阳和合思想高度契合，均源自远古共同的思维模式和宇宙观念。原始朴素的自然宇宙生成哲学和天人合一的世界观被统治者改造成符合父权制社会的统治哲学，建立起一整套宗法等级制度，将性别关系作为最基础的伦理关系纳入这一系统，形成了阳刚阴柔、男尊女卑的性别秩序，在性别层面的所谓阴阳和合是建立在阳主阴和、男主女从、男强女弱、尊卑有序的基本原则上的男女互补和夫妻一体。[①] 而南方活态史诗中两性和合的宇宙观和性别理念强调男女对等、对称平衡、缺一不可的“一亦二、二合一”思想。这种思想实际上是对于两性结合繁衍生殖的高度推崇，其两性对等平衡的观念与南方民族万物有灵、万类有命、万命同尊的朴素的自然生态观密不可分，小到地上的一草一

① 杜芳琴：《阴阳乾坤说与中国传统两性文化》，载《山西师大学报》（社会科学版），1995（4）。

木、一虫一鸟，大到天上的日月星辰、风雨雷电，都与人类平等相处，都是阴阳（雌雄、男女）元素合力创造形成的，都有男、女祖先。壮族的“佰乜”观、拉祜族的“玛巴”观、彝族的万物雌雄观都蕴含了浓厚的两性和合思想。

壮族的“佰乜”观强调世界的产生和有序发展必须依靠两性的平衡互动与和谐统一。壮语“佰乜”（Bohmeh，意为“父母”或“公母”）指布洛陀和姆（乜）六甲，他们是宇宙万物的创造者，即万物之“佰乜”，世界万物的起源、存在和发展是通过“佰乜”创造、规范和推动来达成的。①

从人格神的形象来说，布洛陀与姆六甲是一对形影不离的夫妻，二人共同创世，恩爱似“藤缠树”，如此才有后来人。②两人鸾凤和鸣，相伴相随，对等协作。天地形成之前，世界处于混沌之中，不分白天黑夜，没有东西南北，不辨高低曲直，没有日月星辰，不见山川河流。布洛陀和姆六甲共同创造了一切：布洛陀把天举高，姆六甲把地压低；布洛陀造太阳，姆六甲造月亮；布洛陀造森林，姆六甲造田地；布洛陀种粳谷，姆六甲种糯谷；布洛陀造凳子，姆六甲造桌子……③两位创世神完美配合，并肩完成创世的艰巨任务。尽管有不少壮族史诗异文讲，世界最初是由姆六甲单独创造的，而现今广为流传的版本又说布洛陀才是壮族的创世大神。根据学术界的解释，这两种神话版本对应了母系社会和父系社会两个发展阶段。如果说姆六甲与布洛陀各自单独创世的神话确实先后产生于女性主导的母系社会和男性主导的父系社会，那么我们最不能忽略的就是二者作为对偶神创世的神话，其代表了民众对两性关系的调和，代表了壮族民众心目中何为理想的两性关系，结合二者创世的功绩，再从布洛陀经诗中处处皆提“去问布洛陀，去问么渌甲，布洛陀就讲，么渌甲就说”④可以发现，二者不是一主一辅、尊卑有别的关系，

① 罗志发：《壮族的性别平等》，230页，哈尔滨，黑龙江人民出版社，2007。

② 广西壮族自治区民间文艺家协会编：《中国民间创世史诗集成 · 广西卷》，54页，南宁，广西人民出版社，2011。

③ 广西壮族自治区民间文艺家协会编：《中国民间创世史诗集成 · 广西卷》，54页，南宁，广西人民出版社，2011。

④ 广西壮族自治区少数民族古籍整理出版规划领导小组办公室整理：《布洛陀经诗：壮族创世史诗》，北京，中国国际广播出版社，2016。

二者是并尊并列、相存相依的关系。

从宇宙的生成演化来看，正是因为布洛陀和姆六甲共同创造了世界，并且布洛陀称万物的重量区分出公母，母的重，处于下方，公的轻，在上面，壮族认为“伯乜”（公母）是一对认识世界、描述世界的基本范畴。“伯乜”为各种事物的两种不同属性的普遍概念，“伯乜”和合乃自然生成、存在和演化的基本法则，“伯乜”观构成了壮族宇宙观的基础，成为壮族宇宙观独具民族特色的部分。壮族的“伯乜”观体现在很多方面：铜鼓有公鼓和母鼓之分，木结构的房屋有公母柱之分，神树分为公树与母树，药物也分公母，等等。

从社会秩序和文化规范来说，布洛陀和姆六甲是一对德高望重的祖公祖婆，他们知晓世间万事，规范人间伦理道德，协调社会运行发展，启迪人们追求幸福生活。壮族创世史诗讲述了布洛陀和姆六甲如何教导人们创造文化，定社会秩序，培养人类的道德品质。不仅如此，壮族创世史诗还描述了一个矛盾普遍存在的世界：人类内部的矛盾诸如家庭纠纷，人类与大自然尤其是与动物的矛盾，人类与鬼神世界的复杂纠葛。布洛陀和姆六甲的重要使命就是帮助人们解决矛盾，为人们指点迷津，协调社会关系。壮族民众每当遇到疑惑不解时，或者想要祈福禳灾时，或者想要求知时，就要“去问布洛陀，去问姆六甲”。虽然他们是以直观的始祖神的形象存在，实质上这对祖公祖婆代表所有壮族先民，代表了所有男男女女，他们制定了世界的法则。“伯乜”观中成双成对二元统一所蕴含的思想与儒道文化中的“阴阳和合”有相通之处，都强调一种辩证统一的思维方式，矛盾双方更多的不是对立冲突而是相互补充、转化与融合，万物负阴而抱阳，冲气以为和，阴阳和合，是万物恒生之法则，是万事有序和谐之道。

在经诗中，布洛陀与姆六甲的关系既代表世间男女和合而生命繁衍，两性互补平衡而社会稳定有序，又象征宇宙阴阳合德而万物化生，公母两种元素对立统一、交融相济而自然界和谐共生。

拉祜族认为“玛巴”是构成世界的两种基本元素，“玛巴”是解释世界万物的一对基本范畴，是对自然界相互关联的事物或现象二元合一属性的基本概括，也是世界万物赖以存在和发展的基础。“玛”“巴”在拉祜语中频繁出现，是拉祜语的基本词根。“玛”意为雌性、母、女、阴性；“巴”意为雄性、公、男、阳性。[①]根据拉祜族的思维模式，山石、河川、动植物、男女、风雨雷电、生产工具、生活用品等均由“玛巴”二元组成，因此，自然界存在的事物、所有的生命、人类社会的文化现象（如拉祜年、火把节）往往成双成对。杜杉杉称之为“筷子成双”式的世界观，即以“世间万物成双成对”为基本特征的“二元合一”的世界观。[②]二元合一的“玛巴”观注重“双”的整体性、相似性与和谐性，男女两性构成一个对称合一的统一体，“作为由两个部分构成的一个实体，二元合一的‘双’既可被视为“一”，也可被视为‘二’，取舍依语境而定”[③]。

“玛巴”观在意思上相当于公母观、雌雄观。拉祜族的观念中，“公”和“母”相伴相生，相辅相成，相合相济。没有单独存在的“公”，也没有单独存在的“母”。拉祜族的“玛巴”观虽然是用“近取诸身，远取诸物”的方式将男女结合与雌雄相配的具体现象推及世界万物，还没有上升为抽象的哲学概念，但是“玛巴”观相当充分地表达了事物对立统一、相互联系、相互促进的思想。“‘公’和‘母’的相反相成是事物发生、发展、变化的规律和根源的萌芽……没有‘公’就无所谓‘母’，没有‘母’也就无所谓‘公’，‘公’和‘母’是世间万物生成的根源。”[④]

“玛巴”观在拉祜族的史诗和神话传说中得到了很好的记载。创世史诗《牡帕密帕》《学典噜典》道出了拉祜族信奉的宇宙生成和发展规律以及世界存在的秩序是“玛巴”和合的。创世神厄雅、莎雅为一对在能力、举止、品行和功绩等方面都极为相似的男女对偶神。他们往往被描述为二合一的整体，合称为“厄莎”。他们创造的儿女兼助手同样是成双成对的，创造出来的天

① 苏翠薇：《拉祜族玛巴观与社会性别刍议》，见张晓等：《社会性别民族社区发展研究文集》，330页，贵阳，贵州人民出版社，2003。

② 杜杉杉：《社会性别的平等模式：“筷子成双”与拉祜族的两性合一》，赵效牛、刘永青译，29页，昆明，云南大学出版社，2009年。

③ 杜杉杉：《社会性别的平等模式：“筷子成双”与拉祜族的两性合一》，赵效牛、刘永青译，32页，昆明，云南大学出版社，2009。

④ 王扎体：《拉祜族哲学思想简史》，118页，北京，民族出版社，2014。

地、日月“玛巴”（公母）成对，从葫芦诞生的人类祖先扎笛、娜笛兄妹，还有氏族部落也分为哥哥部落和妹妹部落，如此等等，无一不是蕴含了“玛巴”的理念。

拉祜族《牡帕密帕》所反映和体现的性别二元和合理念在其社会生活中具有深厚的基础和广泛的影响。拉祜族的生育观较少有性别偏好，既不重男轻女，也不重女轻男，没有溺婴现象。① “玛巴”观所蕴含的两性二元和合思想突出男女之间在具有人的共同性、相似性的前提下互补协作，并不隐含男（“巴”）尊女（“玛”）卑、男主女从的观念。相反，拉祜族尊重女性，“玛”处于重要的地位。拉祜族认为太阳是姑娘，是推动一切生命力产生的能动的力量，并把充满生机的大地、雄伟的山峰、茁壮的大树、锋利的刀刃等称为“俄玛”，这是一种“以母性（女性）为大、为强、为盛、为繁荣之源的思想”②。此外，祭祀用的祭品如蜂蜡、糯米粑粑、甘蔗、水碗均是成双成对的。在劳动生产中，拉祜族追求相伴互助的伙伴关系，比如，打猎时女撵男阻，田间劳作时男修埂女薅草，建房时男砍粱女割草，收稻谷时女割谷子男打谷子，给谷物脱壳时男舂谷子女簸谷子。拉祜族的两性二元和合观念不管是对于人们的精神世界，还是对于人们的物质生活都产生了深刻的影响。

彝族的“万物雌雄观”构成了彝族传统文化的主要内核。在彝族传统文化中，宇宙万物都分为对立统一的两个方面，即雌雄或公母、阴阳。这两个相互联系、相互对立的方面互相结合又产生新的变化。这种观念构成了彝族历代先民关于宇宙万物发生、存在和发展的朴素的辩证法。

彝族万物雌雄观认为万事万物都分雌雄，都是由雌雄两个相互对立相互联系的方面构成的一个统一体。每种事物无论是具体的还是抽象的，诸如天地日月、山石草木、江河湖海、劳动工具、生活用品、书籍、数字、颜色、方位等，均有雌雄之分。《阿细的先基》唱道：“尖山是雄山，团山是雌山；山腰上的麻栎树是雄树，山脚下的兰树是雌树；路上的尖石头是雄石，路下

① 王正华、和少英：《拉祜族文化史》，214 页，昆明，云南民族出版社，2014。
② 王正华、和少英：《拉祜族文化史》，215 页，昆明，云南民族出版社，2014。

的扁石头是雌石；山顶上的红草是雄草，山腰上的黄草是雌草。”[①] 一切事物都要一分为二，无穷无尽。占有空间的物体，一般大者为雌，小者为雄；数字上双数为雌，单数为雄；彝语中，高音为雌低音为雄，韵母为雌声母为雄，谓语为雌主语为雄；方位上，主方位为雌次方位为雄，上为雌下为雄，右为雌左为雄。万物雌雄的二元思维是彝族先民思考世界、认识世界和解释世界的基本方式，雌雄二元对立统一的观点成为彝族先民哲学的基本观点，这种思想在彝族的各部史诗中随处可见。

彝族的万物雌雄观蕴含了雌雄和合的哲理。万物源于雌雄的结合，雌雄的对立统一与运动变化生成了万物，世界万物的和谐共存是由于雌雄的平衡。彝族先民认为，世界是由物质构成的，物质是运动、发展和变化的。《天地祖先歌》记叙了宇宙由物质演化生成：“很古的时候，没有天和地、混混沌沌中，产生清浊气。……清气往上升，浊气往下沉。清气变为天，浊气形成地。清浊是阴阳，阴阳会相交。阴阳相交后，产生青、红、黄。”万物产生和人类的产生也是由清浊气交合演变的：“清浊又相交，变成红和绿。……红绿又相交，大雨又滂沱，变成男和女。……生儿又育女，天下有人迹。”[②] 该史诗中由清浊二气交合产生的物质元素，彝语为“哎哺”，《西南彝志》的序言指出：“由清浊二气发展变化产生哎哺，哎哺产生万物的观点，是彝族先民哲学的基本观点，也是全书的核心理论。”[③] “哎哺”意为影形，同时具有雌雄、阴阳、男女、乾坤等义项。在彝族的创世叙事中，“雌雄交合繁衍”的泛生殖观念是宇宙万物生成演化的核心规律。世界在混沌中分化出“哎哺”两种基本元素，“哎哺”交合孕育分化出天（父）地（母）、雌雄万物和人类（“哎”人和“哺”人），继而自然万物又在不断结合与分化中发展演进，同时“哎哺”（哎父哺母）两个最初的部族也不断婚配繁衍出新的氏

① 云南省少数民族古籍整理出版规划办公室编：《云南少数民族古典史诗全集》（上），192 页，昆明，云南教育出版社，2009。

② 王子尧等：《天地祖先歌》，载《贵州民族研究》，1983（3）。

③ 王继超、瞿瑟主编：《西南彝志》（第 1 辑），1 页，贵阳，贵州民族出版社，2019。

族——哎哺氏族，“哎父珠姆费，哺母卧娄斗，抚育哎哺人，像白鹤一样”[①]，哎哺氏族发展壮大，然后分化为且舍、尼能等很多氏族部落。哎与哺是对立统一的二元，“二元合一、一分为二”是宇宙万物和生命运动发展的规律，即“哎哺”从混沌中分化—结合（新）—再分化—再结合（更新）……如此循序渐进、相生相合、生生不息，每一次分化与结合都向前发展一步，如同原始先民传宗接代、繁衍绵延成各族群的人类一样，世界万物也都按照这个规律不断进化。随着这种运动演化的“万物雌雄观”逐渐发展，“哎哺”二元被抽象概念化，形成彝族哲学思想的重要内容，表现为以“哎哺”雌雄两性的原则划分方位、大小、数量、明暗、色彩、声音、形象、性情等诸多方面。[②]彝族的雌雄观强调雌雄二元和合所达成的互补、完整、和谐与发展，不强调二者的本质差异，认为雌雄二元不是对抗的关系，而是互助合作、共生共荣、和谐一体的关系。

综上所述，壮族的“伯乜”（公母）观、拉祜族的“玛巴”（公母）观、彝族的万物雌雄观都表达了万物成双对、交合以繁衍的两性和合观念。这种雌雄二元和合的宇宙生成规律是先民用“以己度物、物我混一”的神话思维，将男女两性结合生育后代的生殖规律类推到宇宙万物的分类和生成变化上面。世间万物不管是否有生命，都是雌雄配对，与人类的男女配对一样，只有两两交合才能繁衍发展，归根结底，万物雌雄观念反映的是初民社会中世界性的共同主题——生殖崇拜。人们把两性的交合推及世界天地的广阔领域，并把对人类生殖的领悟与赞颂推衍至对自然、社会发展规律的把握与主张。生活于中华大地上的各民族在长期的交往交流交融过程中，共创共享了阴阳和合这一文化体系，并用各自的民族语言将其记载于书面文献和口头传统中。

① 王继超、瞿瑟主编：《西南彝志》（第 2 辑），520 页，贵阳，贵州民族出版社，2019。

② 巴莫曲布嫫：《鹰灵与诗魂——彝族古代经籍诗学研究》，483 页，北京，社会科学文献出版社，2000。

第二节　双性同体

我国南方活态史诗中两性合一、对称平衡的性别观念源远流长，其与西方性别观中的“双性同体”性别观具有异曲同工之妙。我国南方少数民族先民对两性关系的认识，与柏拉图关于人类美好爱情的阐释不谋而合，柏拉图从神话思维的层面指出，人类最初是双性同体的。当代西方女性主义者从柏拉图和古老的神话中获得启发，把双性同体这一概念引入女性主义批评，来寻求两性平等合作的理想道路以及理论资源。不过，南方活态史诗传达的双性同体观与西方性别观中的双性同体观又有所区别。女性主义关于双性同体的理论构想虽诱人却也有些神秘性、流动性和宽泛性，对于在社会实践层面追求性别平等尤其如此，因此双性同体理念主要用于指导女性主义文学创作和批评。女性主义作家的创作是一种自觉的用理论指导的双性同体实践，相比之下，从我国民间文化传统的深厚土壤里孕育而出的双性同体观念具有集体性和普遍性，从而凸显其在性别观念和实践中的重要意义。

一、南方史诗中的双性同体观

androgyny（双性同体）一词由希腊语的 andros（男人）和 gyny（女人）合成，指称一种男性 / 雄性（特质）与女性 / 雌性（特质）相结合的状态，它既可指生物学、生理学和医学意义上的雌雄兼体，在心理学中表示兼具男女两性的人格特征，作为一种文化概念也广泛运用于文化学和社会学等领域。

双性同体作为一种文化现象源远流长，普遍地存在于世界各民族各地区的神话故事、民间传说和宗教信仰中，蕴藏了人类对世界起源的原始意象。很多神话中，世界起源于一个原始的混沌状态，这种本源或万物始基往往是集雌雄双性于一体，在外力或自身的能量作用下一分为二，性别分化为男女。中国传统哲学里的“太一”观就体现了双性同体思想。云南永宁摩梭人的传说讲，太初时天地是一团稀糊般的混沌，后来逐渐分裂出天 / 雄性、地 / 雌性，天地交合化育万物。珞巴族神话说，最初天地不分，混沌一团，渐渐地天从中间鼓了起来，与地分开了，然后天和地就结婚生了九个太阳。古罗马宗教认为，天和地（乌拉努斯和盖亚）最初是以一种无限的性拥抱，或者说是作为一个雌雄同体神而永恒地结合在一起的。

混沌初开之前的双性同体存在更多含有隐喻和想象的成分，很多代表宇宙和人类生殖之神的双性同体形象是由男女两性的性征来直观体现的。世界很多地方考古发现的雌雄同体神像兼具男女两性性器官，如印度孟买石窟中的湿婆与雪山神女雌雄同体造像、我国河南安阳殷墟出土的男女合体玉雕、青海乐都柳湾出土的两性人陶壶。埃及神话中的诸神之母、大地母神库柏勒（Cybele）拥有男女两性特征，后来切断男根成为女神。我国的伏羲、女娲连体交尾图是双性同体思维的直观体现。云南阿昌族的创世神话里遮帕麻把两个乳房变成了大山，从此男人就没有乳房，遮米麻用喉头做梭子、脸毛织大地，后来女人就没有喉结和胡须，说明起初两位大神都是双性同体神。双性同体意象作为一种普遍存在于人类思维结构中的原型形象，是对性别结合可以产生非凡神力的终极推崇。

在《亚鲁王》史诗的神话叙事中，双性同体观念占据着神话世界观的核心位置。苗族先民用一种“以己度物”“物我不分”的直觉类比方法，通过祖先男女合一、天地公母相合、万物雌雄配对（合一）的双性同体理念，把宇宙、自然和人类想象和建构成一个秩序井然的世界。

史诗讲述创世的一代代祖先神时，前八代女性祖先神①以后的所谓“父子连名”，只是人们惯用父权社会固化的思维方式来理解的神的谱系。实际上，创世史诗部分还没有呈现界限分明的父系谱系特征，很大程度上体现为双性合一的思维模式，此“一亦二、二合一”的结构隐藏在苗语特有的叠词对偶语言结构中。不过，父权意识主导下的史诗阐释和语言翻译观完全掩盖了苗

① 从对《亚鲁王》译者杨正江的访谈（访谈时间：2021年1月30日；访谈地点：亚鲁王文化研究中心）了解到，其根据社会形态的更替和苗族对祖宗的称呼——box yws是女前男后的规则，从而判断前面八代祖先为母系社会的女性，后面的多数是进入父系社会的男性。笔者认为，对于前面八代以及之后某些创世祖先神，没有足够的证据说明他们的性别。

族先民在践行性别平等时的智慧。加之“《亚鲁王》英雄史诗”的文类设定对男性英雄的凸显加剧了对女性的遮蔽，使得具有苗族独特性和地域性的双性同体神话思维在汉语译文文本中几乎丧失殆尽。要揭开父权话语织就的层层面纱，必须得抛开现代理性思维的逻辑和父权意识形态塑造的思维惯性，回到每一诗行的苗语的本意，回到麻山苗人的生活语境，回到既包含主体对世界的认识因素，又具有混融性、象征性和投射—幻化特征的神话本身。

我们选取一段程式化段落来说明史诗中的双性同体观，祖先神谱系的亲子代际关系往往用以下程式表达：

汉语直译	汉语意译
瓤耶来得梭耶，	瓤耶生梭耶，
来得梭耶一个（eib neinb）[①]，	生梭耶一个儿，
来得梭耶一头（eib tongm）。	生梭耶一个子。
梭耶是瓤耶儿女枝兄（dongb qiel dix），	梭耶是瓤耶的独子，
梭耶是瓤耶儿女枝嫂（dongb qiel aed）。	梭耶是瓤耶的独儿。
……	……
梭耶来得波彤，	梭耶生了波彤，
来得波彤一个，	生波彤一个子，
来得波彤一头。	生波彤一个儿。
波彤是梭耶儿女枝兄（dongb qiel dix），	波彤是梭耶的独子，
波彤是梭耶儿女枝嫂（dongb qiel aed）。	波彤为梭耶的独儿。[②]

根据史诗译注，“瓤耶”（Rangx Ywh）是男性人名，指龙；“梭耶”（Soh Ywh）是男性人名，指雷。实际上，瓤耶和梭耶的性别在史诗叙述中没有明

① 为了行文简洁，此处摘录汉语直译和意译，苗文部分只摘录论文分析涉及的关键词语，并以下划线和括号表示汉语、苗语的对应关系。

② 中国民间文艺家协会主编：《亚鲁王》，32—33 页、299—300 页，北京，中华书局，2011。

确指出，他们所做的事情与他们的女祖先火布冷一样，是管理维护他们的生存空间“仲寞、达寞”。表示父母辈和子女辈的世系关系用的程式是“某某生某某，来得某某一个，来得某某一头”。在此，“一个”“一头”并没有标明是一个女儿还是一个儿子，然而意译将此默认为是一个儿子，通篇如此效法。很明显，这样的处理遵循的是父权理念先行的原则，在译文的处理上，可能认为英雄史诗是父系社会的产物，于是本着这已经是父系社会的父子连名制度，祖先神的谱系当然也是按父方来书写的。

然而，带有主观倾向性的父权思维逻辑在“波彤”这里发生了矛盾，在麻山次方言中，“波”用在名字前面指女性，译注也指出“波彤”是女性人名，但是译文还是用“儿”“子”来表示。是否“子”在此取古意表“儿女”呢？答案是否定的，史诗译文一律采用现代汉语，而且文中凡是意为“儿女”的苗语词“dongb”均译为“儿女”，没有译成“子”的情况。此外，在史诗格律上，“子”与“儿”、“独子”与“独儿”是同义反复形成的对偶句。为了保持史诗程式化诗行的整齐划一，汉语意译采取了误译，这是出于审美需要；还有一种误译以及省译是出于文化缺省以及不同民族思维方式的差异而主动有意为之。[①] 此类省译和误译最鲜明的一个例子是在翻译 dix 和 aed 构成的对子时省去了 aed，从而也就抹去了《亚鲁王》中的双性同体神话形象。

“dongb qiel dix”（儿女枝兄）和“dongb qiel aed”（儿女枝嫂）被分别译为“独子”“独儿”，事实上，这组词应该译为“独子”“独女”。dix 意为“兄”或“姐夫”，aed 为“嫂”或“姐”。那么，“dongb qiel dix”意为“独子”或“长子”，“dongb qiel aed”意为“独女”或“长女”。直译取 aed 的“嫂”意与“兄”相对，省去了 aed 为“姐”的意义，意译中又省去了 aed，用 dix 取而代之，本是“独儿、独女”的表达，译成了同义反复的“独子、独儿”。

① 针对这部分翻译，笔者与译者杨正江交流过。他给出的理由是：如果把苗语表达的全部内涵——既是独儿又是独女——翻译出来，汉语读者会摸不着头脑，因此仅保留“独儿”的含义。笔者与协助翻译的陈兴华交流过这个问题，他当时认为这类对句中的人名可能是指一对儿女。

这段史诗流传在紫云县宗地乡，其男女二元合一的神话观念与上文所述紫云县猴场镇陈兴华的早期手抄记录本不谋而合，说明在每个小区域内，史诗文本表述上即使有不少差异，但是其内在思维结构和世界观是一致的。比如其中两句“郎习辉去雷上奶，郎卜道去龙下爷”中的“雷奶、龙爷”实际上是省略式的汉语转写。陈兴华说，完整的意思用汉语表达就是“郎习辉去上方雷奶奶雷爷爷那里，郎卜道去下方龙奶奶龙爷爷那里”，也就是说，此处苗语“box”（奶奶）就包括“yws”（爷爷），反过来也是如此，“yws”包含“box”，一个人代表一对。[①]

以上分析表明，要正确把握史诗的内涵，得从苗语的真实语义和本族语者的文化传统去理解，那么，《亚鲁王》的这组史诗程式的适切翻译应该如下：

瓤耶生梭耶，
生梭耶一个，
生梭耶一头。
梭耶是瓤耶的独子，
梭耶是瓤耶的独女。
……
梭耶生波彤，
生波彤一个，
生波彤一头。
波彤是梭耶的独子，
波彤是梭耶的独女。

由此可见，史诗讲述的这些创世祖先神是双性同体的。这些神当中很大一部分是人格化的自然物和自然力，当古人从生殖活动中得知性的经验后，

① 2021 年 11 月 4 日电话采访陈兴华。

把万物有灵观念与生殖繁衍联系起来，想象万物都有生命，像人类一样有性别，与人生儿育女过程类似，宇宙中的一切也如此被创生出来。苗族对起源、生殖、创造等重大问题的探索渗透了双性同体理念，认为两性合一可以代表一种超凡的、强大的完美存在。就如美国学者卡莫迪（D.L.Carmody）所说："两性兼体是古代人表示全体、力量以及独立自存的普遍公式。人们似乎觉得，神圣性或神性如果要具备终极力量和最高存在的意义，它就必须是两性兼体的。"①双性融合把两性的优势集于一体，可以产生巨大的能量，这种力量源自古人渴望从两性互补中达到最佳、最强、最完整的内心祈愿。柏拉图在《会饮篇》中借阿里斯托芬叙述的神话说阴阳人的体力、精力和品性是最完美的。同样，精神分析学家弗洛伊德和荣格提出人类在人格、心理上应具备双性化倾向或双性性本质，男性人格心理特征蕴含女性原型——阿尼玛原型，女性人格心理特征蕴含男性原型形象——阿尼姆斯原型，双性同体形象在人格心理学上具有"完整"的意义。

既然《亚鲁王》中两性合体是具有非凡神性的"圆满"状态，可以成功创世造人，那么两性分离就是二合一结构失衡，需要男与女通过爱的力量彼此结合。就如被宙斯一分为二的两性同体人一样，他们渴望重新结合。②例如，《亚鲁王》中讲述，火布碟要找到另一半才去造太阳，娶了博布涅颇做妻子，成功造了十二个太阳；波咪霸等几位女祖先数次造的人有缺陷，只有与男祖先乌利合体才造出了符合理想的人。再如，陈兴华1993年手抄本记载，董冬穹造山林屡次失败，与女人结合就造好了山坡树林。

双性同体观念在神性祖先形象上体现得最为突出。不仅如此，苗民对这个世界的认识也蕴含着两性成双成对、缺一不可的性别观念。《亚鲁王》中的天与地是公母成双，必须"相亲相爱"才能孕育万物，其蕴含的宇宙观与中国传统哲学的阴阳和合思想同出一源。不过，苗人的宇宙观还停留在朴素的

① ［美］邓尼丝·拉德纳·卡莫迪：《妇女与世界宗教》，徐钧尧、宋立道译，14页，成都，四川人民出版社，1989。

② ［希腊］柏拉图：《柏拉图全集》（第2卷），王晓朝译，227—228页，北京，人民出版社，2003。

自然认识层面，没有形成天尊地卑、阳刚阴柔的社会人伦道德秩序。宗教史学者伊利亚德（Mircea Eliade）说："神圣的双性同体只不过是表达神的二位一体的原始公式……这个公式的本义在于用生物性别的语汇表达在神性核心中同时并存的两种对立的宇宙论原则（阴与阳）。"① 用类比和投射的方式，苗人以男女两性二位一体的模式来思考和认识世界，不过与普遍强调二元对立结构稍有差异的是，苗人观念中的天地是对称平衡、二元合一的和谐统一体。

除了神性祖先双性合一、天地公母成对以外，苗人对动植物和自然现象的认识和想象中也蕴含了双性同体观念。不管是以现代科学分类知识来看真正分雌雄的萤火虫、蝴蝶，还是雌雄同株的稻谷、无性别无生命之物如云、雾、雷、雨、山、岩、洞、石等，在苗族的创世神话叙事里，都有男祖宗和女祖宗，并且是雌雄同体，是"一亦二、二合一"的关系。

总的来说，《亚鲁王》体现的双性同体不是具象化的阴阳同体人或物，而是一种两性合一便是神圣完美的理念。这种性别观念既不是无性意识的思维，也不是试图消解两性的对立，反而是在鲜明的性别意识驱动下朴素的性别对称平等观念。这种一体的双性可以自由地以分体的两性存在，但是其中的一个包含另一个，你中有我，我中有你，我不等同于你，各自以男、女存在，又以合二为一为最终理想。这是尊重并突出性差异的同一，有性别区分，没有任何性别区隔，在推崇各自的男性气质和女性气质的同时，男女两性可以共同参加任何社会活动和生产活动。苗族人重在推崇异性爱，认为两性结合才为圆满完整的集体意识，是融合了祖先崇拜、生殖崇拜和万物有灵的性别平等意识。

实际上，双性同体观普遍存在于南方活态史诗中，是民族传统文化的基本精神之一，不仅传达了诸民族先民对两性关系的主张，而且超出了性别关系的范畴成为一种具有普遍意义的朴素的哲学观。拉祜族的至上神厄莎在拉祜族民众的心目中是一个被称为"厄雅、莎雅"的双性同体神，厄莎创世的神话对塑造拉祜族文化倡导的主流世界观和社会性别理念起到了根基的作用。

① 叶舒宪：《"诗言志"辨——中国阉割文化索源》，载《文艺研究》，1994（2）。

杜杉杉通过在拉祜族聚居区的调查发现，在拉祜族的世界观里，“象征原初二元合一和终极宇宙秩序的厄莎可以被看成是一对孪生的至上神”。拉祜族在生活中用“厄莎”来称呼这一对神，但在史诗中把他俩分别称作“厄雅”和“莎雅”，老人一般认为厄雅为男、莎雅为女。[①] 拉祜族双性同体的观念不仅在史诗中彰显，并且已经融入了世世代代的日常生活当中。传统手工制作用于祭祀仪式的蜂蜡尤其能生动直观地体现双性同体的理念，祭祀用的成对蜡条由一根蜡条对折并趁蜡还软时将其底部捏拢形成的一支“二合一”蜡烛，但这一支蜡烛的上半部分保留了两支烛芯的形态。更为典型的例子是南方活态史诗普遍讲述的葫芦神话，其中以洪水灭世时一对兄妹在葫芦里避水幸存下来繁衍人类的神话最为常见。葫芦象征母体。葫芦神话说人类来自浑圆一体的葫芦，象征着人类最初的双性同体特征，也寓意了人类只有拥抱在一起，成为二合一整体才能共同免于灾难，幸存于世，繁衍生息。更进一步说，为什么是一对兄妹躲在葫芦里幸存下来，然后兄妹成婚繁衍人类呢？这表达了先民对于双性同体式存在的执着追求。因为兄妹同根生，同时同地同出自于一个母体，神话中最初的人类总是成双成对地出生。双性同体式的存在被视为一种理想而和谐的两性统一体，拥有巨大的力量、无限的创造力，代表了神圣且完满的存在。

二、双性同体观的对称和合性

在性别研究中，双性同体是西方女性主义理论中一个重要的标志性术语，是国外诸多女性主义理论家，如弗吉尼亚·伍尔夫（Virginia Woolf）、伊莱恩·肖瓦尔特（Elaine Showalter）和埃莱娜·西苏（Helene Cixous）长期关注的一种基本文学观念。伍尔夫在《一间自己的屋子》中最早把双性同体观念引入女性主义文学批评，提倡一种性别中立化的创作思维和境界，以及“表

① 杜杉杉：《社会性别的平等模式：“筷子成双”与拉祜族的两性合一》，赵效牛、刘永青译，35页，昆明，云南大学出版社，2009。

达的自由、完整、想象力和真理”的双性同体美学观。① 在肖瓦尔特看来，伍尔夫的双性同体观念绝非两性的交融，更多的只是消极的无性征状态。相比肖瓦尔特对前辈伍尔夫的激烈批判，西苏采取扬弃的方式创立了他者双性同体理论，“这种双性性不消灭差别，而是鼓励、追求差别，并且增添更多的差别：在某种意义上，女性是双性的”②。

蕴含双性同体观念的性别平等，是继20世纪20年代伍尔夫提出这一概念以来英法等国几代女性主义代表人物所倡导和努力的方向。双性同体原型被女性主义理论家从弥散着古老气息的神话中重新挖掘加以发展，作为抵制父权中心文化严重束缚女性创作的理论武器，试图打破性别二元对立所带来的僵化局面。“女性主义不是铁板一块的思潮”③，对于双性同体这一基本概念的解释，西方女性主义理论内部百家争鸣，理论争辩主要聚焦于这一概念要么有意抹除两性差异从而有女性妥协、认同男性的危险，要么是一种超越性别的或无性的乌托邦幻想。

伍尔夫在《一间自己的屋子》里，以文中叙述者“我”在伦敦街头偶遇一对男女共同钻进一辆出租车的和谐场景为引子，提出双性同体写作思维对于女性作家具有的重要意义。她的拥护者坚信“双性同体是女性艺术创作的最佳境界，是一种消除性别对立的理性模式”④。而反对派代表肖瓦尔特却认为双性同体更多的是一种缺席而非在场，这种女性主义美学思想绝非两性的性别交融，而是一种消极的无性征状态，最终会沦落为理想艺术家的乌托邦幻想。⑤ 同作为20世纪70年代的女性主义代表人物，与肖瓦尔特对双性同体观念的激烈批判相比，埃莱娜·西苏吸取伍尔夫理论的精华，创新地提出求

① 王喆：《国内外西方女性主义理论中“双性同体”观念的研究述评》，载《妇女研究论丛》，2017（3）。

② Helene Cixous and Catherine Clement. The newly born woman. Minneapolis: University of Minnesota Press, 1988: p85.

③ 程锡麟、方亚中：《什么是女性主义批评》，22页，上海，上海外语教育出版社，2013。

④ 柏棣主编：《西方女性主义文学理论》，205页，桂林，广西师范大学出版社，2007。

⑤ Elaine Showalter. A literature of their own. Beijing: Foreign Language Teaching and Research Press & Princeton University Press, 2004.

异存同的他者双性同体理论。到了20世纪90年代，不少后现代女性主义学者对性别话题的研究，与双性同体观念有紧密关联，如唐娜·哈拉维（Donna Haraway）提出的无显著性别特征的赛博格，露丝·伊利格瑞（Luce Irigaray）以“作为二”的自然为基础建立的女性哲学和性别差异伦理学。

西方女性主义对于双性同体概念的阐发和争论，反映了一个性别本质主义的问题。男性和女性似乎一定存在不可调和的对立和差异，以及男性和女性必须具有各自独特的不同的气质特征，仿佛只有通过拥抱彼此、融为一体才能消解这种矛盾。在伍尔夫看来，双性同体是女性作家处于两难处境的解药。另一方面，人们担心双性同体最终走向逃避式的女性退让，在合二为一中失去了女性特征，或者抑制了性别意识。这种理论困境反映了菲勒斯中心文化规范或思维模式中女性无法摆脱已然养成的性别意识藩篱，对于生活于父权文化时代的她们，要想跳出性别二元对立必定要经历一番挣扎和努力，或许即使如此，也难以达到双性同体思维的境界。

双性同体的理论构想具有一定的宽泛性，对于在社会实践层面追求性别平等尤其如此。在女性主义文学创作方面，上述理论家已亲身实践，女性主义作家的创作是一种自觉的用理论指导的双性同体实践，相比之下，从民间文化传统的深厚土壤里孕育而出的双性同体观念具有集体性和普遍性，从而凸显其在性别观念和实践中的重要意义。

我国南方少数民族创造的二元合一性别文化反对两性对立冲突，推崇两性和谐平等的伙伴关系。当然，不同民族对两性和谐平等的内涵各有侧重。杜杉杉研究拉祜族的性别关系时发现，拉祜族在性别平等方面形成的模式，是以忽略两性差异为特征的二元同一、二元合一，正如她所说的厄雅、莎雅不分彼此、举止如一,二者性别模糊。所以根据杜杉杉的调查分析，拉祜族强调两性相同从而平等，这种相同甚至包括生殖方面均等的劳动分工和“男女不别”的性别观念，比如丈夫负责给妻子接生。① 与之相对，颜宁对西双版纳

① 杜杉杉：《社会性别的平等模式：“筷子成双”与拉祜族的两性合一》，赵效牛、刘永青译，100页，昆明，云南大学出版社，2009。

傣尼人的研究强调基于两性差异形成的互补合作、和谐和睦的性别模式，傣尼男人和女人具有“迥异的特征与特色”，在家庭和社会生产生活中扮演着不同的性别角色，但呈现的是尊重不同、携手共赢的和谐面貌，是“磨子相合”式的两性合一。① 前者是相同从而平等，后者是互补从而平等。我们可以从《亚鲁王》中的双性同体观念获得对性别平等更深刻的理解，那是一种不消除女性特征的具有鲜明性别意识的两性合一，在需要的时候，两性也可各自充分发挥性别优势，是一种可分可合，“分”不代表对立、“合”不代表消解的弹性整体。

《亚鲁王》体现的是既相同也存异的二元合一的性别模式。在一定程度上，史诗蕴含的性别观念有些接近伊利格瑞对“两个主体”的阐释，其强调两个主体同时在场，各有差异而且相互交流，是哲学上“二”的关系，是“二人行”性别关系，在这种关系中两个主体合作共生。② 不过她的思想重在突出对称平衡的“二”，“二合一”思想在她那里没引起重视。《亚鲁王》中的双性同体蕴含“一亦二、二合一”的理念，其不只是神话象征意义上的，它作为一种苗人构建世界秩序的思维方式贯穿了从创世到具有历史意义的迁徙、落户定居和社会生产生活中。亚鲁王带领族群长途跋涉辗转来到麻山，当他占领了荷布朵王国以后，分封 12 个儿子到各处安家落户并管理一片土地时，史诗讲道：

> 这是我们女祖宗亚鲁的种子糯米已过这里喽，
> 这是我们男祖宗亚鲁的种子小米已过这里喽。③

在长期处于封闭状态的麻山深处，由苗民口耳相承的史诗《亚鲁王》保存了对于如今有科学思维习惯的现代人来说难以理解的双性同体观念和思维，

① 颜宁：《磨盘双合的日子：西双版纳傣尼人的社会性别研究》，240—241 页，北京，社会科学文献出版社，2016。

② 李寅月：《伊利佳蕾差异论女性主义探析》，太原，山西大学博士学位论文，2018。

③ 中国民间文艺家协会主编：《亚鲁王》，725 页，北京，中华书局，2011。

其跨越千多年的时间和几千公里的距离与现代西方女性主义思想相遇。鉴于活态传承使用的《亚鲁王》具有的民族根谱意义、百科全书功能以及苗族社区的“宪章”和神圣信仰性质，其传达的性别文化思想不仅在于同女性主义理论有交流对话的意义，更重要的是，为我们提供了一个双性同体观念普遍践行的鲜活实例，证明它并不是乌托邦幻想。这种民众的不自觉的创作，其蕴含的双性同体思想，远远超出了女性主义理论关涉的范围，具有哲学、心理学和文化学上的重要意义。

第五章　南方活态史诗中性别关系模式的传承及理论价值

《亚鲁王》《阿细的先基》《牡帕密帕》《哈尼阿培聪坡坡》等南方活态史诗中蕴含的两性关系对称和合理念，因民族史诗具有的历史性、神圣性、知识性、文化根基性和规范性等特点，使其蕴含的性别理念具有原初性、根本性和延续性，对各民族性别文化的形成与发展发挥着持续的影响力。

第一节　南方活态史诗中性别关系模式的传承

一、人生礼俗蕴含的两性对称和合

（一）诞生礼俗

南方史诗中体现的性别关系模式与南方诸民族的民俗生活密不可分。他们的生育态度、生育礼俗当中还保留着两性和合对称的观念。

首先，不管生男孩还是生女孩，没有区别对待。诵唱《亚鲁王》的麻山苗族认为，“一个男孩就是一个官司，一个女孩就是一个官司”，儿女的婚姻就是一场官司，娶/嫁得好，官司就打赢了，父母才安心，娶/嫁不好，父母要一生牵挂儿女，一生操劳。[①] 彝族支系阿细人的生育观与他们在其史诗《阿细的先基》中表述的一样，并不重男轻女。如果生了女孩，亲戚邻里都会为之高兴，祝福下一胎生个男孩，儿女双全就是他们的最大心愿。[②] 纳西族社会

① 张慧竹：《在亚鲁王的庇佑下：麻山苗族的家、家族与村寨》，73页，贵阳，贵州大学硕士学位论文，2016。

② 石连顺、石晓莉：《阿细人生礼仪》，33页，昆明，云南民族出版社，2007。

在“改土归流”之前两性地位平等，“公认的有福之人是生有九个儿子，生有九个女儿的人”。纳西先民并重两性的观念鲜明而不含糊。①

其次，生育习俗不含有或较少有男尊女卑的等级思想。麻山苗族在新生儿降临后举行的一系列仪式没有性别差异，更无性别等级意识，其主要目的在于庆贺、祈福、求平安，诸如报喜②、办“月米酒”、“搭花桥”③仪式，男孩女孩一视同仁。值得特别一提的是，麻山苗族和拉祜族等对胎盘的处理没有性别区分。胎盘往往被视为有灵性之物，与小生命有着千丝万缕的联系，必须妥善安置。麻山苗族对婴儿的胎盘处理没有性别差异，一般把胎盘放在远离住户的山林中，或挂在果树上，表示像累累硕果般人丁兴旺，或为了安全放在崖洞口，表示孩子平安长大。拥有两性合一性别观念的拉祜族对胎盘的处理同样不具有性别等级特征，他们按照男左女右或男右女左的方式在门内外安埋胎盘。④然而，有些民族或者支系对男孩女孩的胎盘处理方式具有明显的性别区分和角色期待。比如，云南苗族把男孩的胎盘埋于堂屋的中柱脚，希望男孩长大后成为家里的顶梁柱和掌权者；女孩的胎盘则埋于门背后、产妇床下，较为随意，或者埋于织布机下或灶塘边，具有性别角色期待。⑤彝族很多支系把男婴的胎盘埋在门槛脚，象征守家守财，女婴的胎盘埋在门外，表示女孩长大以后要出嫁。⑥这些习俗反映了重男轻女的性别观念或对两性不

① 李例芬：《纳西族社会性别关系的建构与衍变》，见李例芬：《李例芬纳西学论集》，209页，北京，民族出版社，2013。

② 报喜：孩子降生，女婿通知岳父母，生男抱公鸡，生女抱子鸡（没下蛋的母鸡），也有的生女抱公鸡、生男抱子鸡。岳父母赠一只公母相反的鸡配对，以示儿女双全，成双成对。提鸡报喜的习俗在我国极为普遍，一般是生男孩抱公鸡，谓之“大喜”，生女孩抱母鸡，谓之“小喜”。也有个别民族如彝族、拉祜族、洱源白族抱的鸡与婴儿性别相反。

③ “搭花桥”仪式：求子或者为孩子求平安，用一对竹子作大门，花房内贴满了代表孩子的绿色人形剪纸，花桥上放公母成对的鸡（母鸡来自女主人的娘家）。在摩公的指点下，舅舅相助，夫妇配合完成仪式。苗族常见的求子习俗是“架桥求子”，而“搭花桥”求子主要在布依族流行。规模大一点的称“做桥”，布依族用红色人形剪纸代表男孩，绿色人形剪纸代表女孩，仪式中偏重用红纸（参见周国炎：《走近中国少数民族丛书 布依族》，94页，沈阳，辽宁民族出版社，2015）。麻山苗族吸收布依族的求子文化之后做了自己的改变，仪式中弱化了性别差异，强调两性合一。

④ 王正华、和少英：《拉祜族文化史》，212页，昆明，云南民族出版社，2014。

⑤ 古文凤：《云南苗族传统生育文化论》，载《贵州民族研究》，1998（4）。

⑥ 白兴发：《彝族文化史》，196页，昆明，云南民族出版社，2014。

同的角色期待。还有其他诞生礼俗也彰显着两性对等的意识，比如，彝族阿细人不会有“弄璋之喜”与“弄瓦之喜”的区分，不管男孩女孩出生，他们都会在婴儿出生后于大门上挂一顶草帽，以示产妇和婴孩需要休息，外人不要进入。[①]彝族阿细人、麻山苗族、拉祜族的生育习俗不具有性别角色分化和性别分层的意义，内含了两性均衡的思想。

再次，抱养习俗中的儿女并重、对等完满意识。麻山苗族抱养的现象普遍，抱养儿子和抱养女儿的情况都同样多。麻山苗族认为，一个完满的家庭必须儿女双全，不仅没有儿子会被人歧视，没有女儿也会低人一等。女儿的身份及其由她建立的姻亲关系在日常生活和仪式生活中都太重要了。没有女儿的家庭感到孤独，少了很多亲戚互助往来，过年过节不热闹，重要仪式上欠缺核心力量。如果一个家庭没有儿子，一般从本家族内过继，也有从外姓或者姻亲家庭抱养，三代以后还宗，这是养儿防老和传宗接代思想的反映。如果没有女儿，也喜欢抱养女儿来扩展亲属关系和社交范围。女儿长大出嫁后联合夫方家族、寨邻与娘家的走动是麻山苗族社交圈建立的主要方式。生活中几乎所有重要的仪式，女儿都具有举足轻重的作用。比如，女儿（姑妈）在父母（舅舅）葬礼仪式上诸多核心环节的重要地位是不可取代的。苗族极为重视姻亲网络，姻亲关系是苗族社会群体和社会秩序构成的关键。“苗族社会的姻亲网络需要女性进行构建，由此，只有儿女双全的家庭才能算得上完美。”[②]因此，对女儿的重视抑制了父系社会由男性继嗣原则导致的重男轻女思想。麻山苗族既重男又重女，秉持对称均衡的观念。

最后，男女两性共担生育职责。拉祜族史诗中蕴含的两性和合理念并没因为神话的古老神秘而与当下的生活脱离联系。拉祜族史诗中两性和合理念贯穿于生命周期的各个重要阶段，并对日常生活起着性别价值引领和角色规范的作用。拉祜族传统生育观认为，分娩和怀孕不只是女人的事情，男人也应当承担起照顾孕妻、为分娩做准备，甚至为妻子接生的责任。杜杉杉的

① 石连顺、石晓莉：《阿细人生礼仪》，34页，昆明，云南民族出版社，2007。

② 曹端波、曾雪飞：《苗族古歌演唱传统与地域社会研究》，342页，贵阳，贵州大学出版社，2017。

调查研究表明："在拉祜文化中，男女共担育儿角色这一概念的起点是，两性为生育繁衍作出了同等贡献，因此人们常把孩子比作父母双方的'骨髓血肉'。"[①] 而且，当地拉祜民众对于不孕不育的解释，也不存在性别偏见，社会没有给不孕育的夫妇施加压力，他们不会因此蒙羞。[②]

麻山苗族普遍敬重女性的生育力，并把女性的身体健康置于优先考虑的地位。麻山苗族男性并不把女性当作生儿育女的工具，而是积极参与生育活动、关爱妻子的生殖健康。这一点在计划生育时期实施节育措施方面表现极其突出。麻山苗族男性在节制生育中的勇于担当令人震惊。从全国范围来看，计划生育的实施中男性参与率低，尽管输精管结扎术以其安全、简单、经济、可靠的优势得到世界公认并在许多国家得以推广，然而在我国推行很困难。八成以上的节育措施都用在了妇女身上，主要为输卵管结扎和放置宫内节育器，女性承担了节育措施带来的诸如出血多、月经紊乱、腰痛等不可避免的副作用，还要承担节育失败意外妊娠导致的人工流产的风险，妇女付出了惨重的生殖健康代价。[③] 社会普遍视男性的生育能力为男性气概的象征，丈夫是一家之主，他们的身心健康和利益处于绝对优先的地位。笔者根据紫云县 1973—1985 年节育手术情况数据，计算得出的结果如下：这段时间紫云县完成节育手术（输精管结扎、输卵管结扎、放置宫内节育器、人工流产、引产）共 55760 例，其中，输精管结扎 8323 例，占总数的 14.9%，输卵管结扎和放置宫内节育器共 38049 例，占 68.2%。[④] 从紫云县的整个数据来看，该县接受节育手术的总体男性比例与全国总体情况一致。然而笔者了解到，紫云县苗族采取节育措施的男性占比远远高于女性。以芭茅村为例，1985 年以前，芭茅村有 10 名男性结扎，1 名女性安环，1985 年至 1999 年期间，男性

① 杜杉杉：《社会性别的平等模式："筷子成双"与拉祜族的两性合一》，赵效牛、刘永青译，92 页，昆明，云南大学出版社，2009。

② 杜杉杉：《社会性别的平等模式："筷子成双"与拉祜族的两性合一》，赵效牛、刘永青译，93 页，昆明，云南大学出版社，2009。

③ 陈剑、张世琨编著：《跨世纪的行动——生殖健康》，76 页，北京，中国人口出版社，1995。

④ 用于计算的原始数据来自陈善坤主编、紫云苗族布依族自治县县志编纂委员会编：《紫云苗族布依族自治县志》，134 页，贵阳，贵州人民出版社，1991。

结扎人数为 69 人，没有女性结扎，女性安环人数为 22 人。[①] 笔者访谈这些男性为何选择自己做手术，他们的回答一般是“妇女动手术对身体不好”。可见，麻山苗族男性勇于承担生殖健康和计划生育的责任和义务，关爱、尊重妇女，而不是把妇女视为传宗接代的工具，体现了夫妻联合、共担生育的亲密伙伴关系。

口头传唱与生活息息相关的活态史诗对性别关系的文学再现和表现，有对这些少数民族远古早期性别文化的继承，也融汇了这些民族民众世代积累的生存经验以及在民俗生活中的切身体验。史诗中传递了男女二元和合的性别和谐意识，其中强调儿女并重、对等平衡的生育观至今仍具有重要的影响。

（二）婚俗

20 世纪初，南方很多少数民族的婚俗基本沿袭传统，在恋爱自由度、恋爱方式、结婚礼俗和婚姻观方面有较多共同之处。哈尼族、拉祜族、苗族、瑶族、壮族、彝族、侗族、布依族等民族长期奉行以歌为“媒”、恋爱自由的风俗，其部分地区在 20 世纪上半叶流行“不落夫家”习俗。部分民族（支系）的婚姻观重视青年男女自身的素质和人品，往往以勤劳能干为重要标准。婚礼上的仪式环节也流露出人们对于两性合一、互补对等的期望。

南方少数民族青年男女的恋爱活动体现出两性对称和合的性别关系模式。苗族、瑶族、壮族、侗族、哈尼族、拉祜族、彝族等民族婚前社交自由，村寨设有专供青年男女聚会的场所，山间林中也是他们幽会对歌的场所，对歌谈情遵循你情我愿、你来我往的互动原则。集体恋爱活动中有一项“丢花包”的游戏尤其能反映出恋爱中两性互为主体的内涵。布依族、苗族、瑶族、红河哈尼族都盛行此种异性社交活动。姑娘们制作精美草包，来到选定的山间林地，小伙们相继而来，大家分列两排，姑娘将手中的花包抛向空中，有意向的小伙去抢，若姑娘也中意，便把花包赠给对方。青年男女的社交活动遵循一个规律：以男男、女女结对或成组的方式进行，人数众多的情况下开展

① 原始资料由安顺市紫云苗族布依族自治县大营镇芭茅村村委会提供。

活动一般不会男女随意混合，集体异性社交活动、唱山歌、丢花包、赶场等均是如此。在这些社交活动中，两性互相尊重，互相吸引，共同创造机会接触，在你来我往的过程中深入了解。

南方少数民族青年男女恋爱社交的思维模式继承了南方活态史诗如《牡帕密帕》《哈尼阿培聪坡坡》《阿细的先基》《亚鲁王》等当中赞美两性自然差异，追求二元合一的观念。本书第三章分析了南方活态史诗描述的男性和女性都拥有趋于双性化的性别气质，采取对等互补的性别分工，却充分尊重并赞美男女的自然差异。这种既弱化文化对性别的差异化建构又突出性别意识、求同存异的性别关系，深刻地反映在这些民族青年男女恋爱、社交的行为模式中。具体来说，比如流传着《亚鲁王》的麻山苗族，若男女共同参与生产生活劳动或仪式活动，只要超过两人，同性之间就先成对或成组，再结成男女合一的共同体，形成规律的对称、二元合一结构。这种对称结构与史诗中男女并举、对偶成双的语言结构相呼应。

婚礼的象征和仪式也集中体现了夫妻和合、二元一体的文化理念。拉祜族婚礼仪式中常提到的词汇“pied tuq”（点燃蜂蜡）、“cied dar”（结对成双）、“uq qof peu”（跪拜），“都表征着将男女个体转化为成对的一个社会实体的神圣性”，合婚仪式中的唱词旨在请天神厄莎见证两个生命在此神圣地合二为一：“厄与莎成一对，天与地成一双，山与河成一对，树与竹成一对，两支筷子成一双。今天，这两人结成一对，就像厄与莎。”[①]婚礼上使用的器物也象征夫妻和合、恩恩爱爱。拉祜族的新娘新郎在婚礼上需要共同合拢一个篾饭盒。哈尼族的传统婚仪要求男方派来的迎亲人与女方的送亲人为单数，双方合在一起就是双数，同样，双方的礼物都要成双成对，寓意夫妻和美。还有，麻山苗族的婚礼上新娘、迎亲女穿女性礼服，却戴男性使用的斗笠，象征两性“一亦二、二合一”。同其他民族一样，苗族婚礼的整个过程强调夫妻恩爱、成双成对、人丁兴旺，是“合二姓之好”，也是合两性之好，婚礼

① 杜杉杉：《社会性别的平等模式：“筷子成双”与拉祜族的两性合一》，赵效牛、刘永青译，62页，昆明，云南大学出版社，2009。

仪式中处处彰显二元合一的价值观。不过，较为特殊的是，苗族婚礼中还有一个“一体二元”的意象，象征双性同体，那就是新娘出嫁穿民族盛装，却戴斗笠。按照当地的仪式着装习俗，男子戴斗笠，女子包头帕，《亚鲁王》唱诵仪式上就是如此。然而新娘出嫁的时候，穿着打扮集男女装束于一身，穿盛装、包头帕，再戴上斗笠，两位迎亲的女性也是如此着装。① 斗笠有防身驱邪的作用，伞也有相同的仪式功能。如今，苗族新娘出嫁的路上打伞更常见。这种戴斗笠出嫁的习俗如今已不多见，但是过去在苗族中比较盛行。《百苗图》博甲本“青苗”《背子完婚图》中，男子背着婴儿，妻子背着装满礼品的背篓，画面右边的老妇头戴斗笠、肩扛雨伞。杨庭硕先生指出，根据“青苗”的着装习俗，这位老妇是女方家族派来迎接年轻夫妇的“二合一”代表，“这位妇女着礼装却戴斗笠，意在表明她同时代表女方家族中的男子和女子来迎接这对新人”。② 婚礼上的传统仪式和习俗无不象征了夫妻对称和合的文化观念。

（三）葬俗

南方少数民族大都有灵魂不灭的观念，人死后灵魂回归祖先故地，与祖先团聚，享受后人的供奉。从亡灵的角度来说，不管是家祭还是节日祭祀，男女祖先一同接受人们的供奉。从生者来看，如果说“儿女双全”是每个家庭的生育目标，那么在葬礼上，父母最后也是最隆重地享受“儿女双全”带来的荣耀。性别角色形成特定的社会期待和价值取向，基于一整套亲属网络的家庭和社会关系由男女性别角色纵横交织而成。南方少数民族绝大多数由母系社会过渡到了父系社会，父系亲属原则在葬礼上得到了充分的体现与加强。尽管如此，两性始终是亲属结构中纵横延伸的两条轴线，缺少任何一线都会使家庭、亲属和社会关系以及情感依托不完整。

---

① 笔者几次前往麻山调查，在婚礼上没有看到新娘和迎亲女戴斗笠的装扮，她们通常打伞，说明仪式中的双性同体理念如《亚鲁王》中的一样变得让今人难以理解，相应的仪式逐渐转变了。感谢杨正江提供这段信息及其所依据的麻山苗族婚礼录像资料。

② 杨庭硕、潘盛之编著：《百苗图抄本汇编》（上），103 页，贵阳，贵州人民出版社，2004。

南方少数民族的葬礼习俗在反映两性和合的理念方面有很多共同点。首先，彝族的祖先崇拜大致经历了七个阶段："图腾女始祖崇拜、母系氏族女性祖先崇拜、以男性祖先为主的父系氏族男女祖先崇拜、以贵族男性祖先为主的村社部落男女祖先崇拜、以宗族氏族族长家庭男性祖先为主的宗族男女祖先崇拜、家族男女祖先崇拜、家庭男女近祖崇拜。"[①] 哀牢山上段的彝族每家供着一幅由巫师绘制的男女祖先画像，称为"涅罗摩"，"涅"意为祖先、神灵，即把男女祖先合称为母虎灵或母虎祖先。[②] 实际上，其他民族基本上经历了与彝族相似的祖先崇拜过程，只是有的民族没有那么细致的划分。崇拜的对象大致从母系氏族女祖先到父系氏族男女祖先再到父系家族及家庭男女祖先，女性祖先始终都是祖先崇拜的对象。其次，南方少数民族举办一场丧葬仪式需要孝子孝女、孝家家族和姻亲集团的共同配合才能完成，整个过程彰显了两性分工合作缺一不可的原则，以及孝家家族与姻亲集团共同构建的二元合一性别象征。

哈尼族的丧礼中，舅家和姑家都承担了重要的角色。孝家嫁出去的女子（姑妈、姐妹、女儿）要送牛牲祭献给亡人，这头牛的一条腿和牛头归孝家，其余归送礼者。有的支系举行丧礼时，同宗男女老幼跪在牛前痛哭，直到牛屙出牛粪为止，牛粪代表死者给后人留下的财富，会被好好保存。有的支系如"卡多"由大女婿跪在牛尾之后拿土布接牛粪。如果孝家决定杀牛，那么公母牛都要有，牛肉的处理也有明确的规定，其中，孝家家族得象征骨肉相连的牛脖子肉，出嫁的姐妹、女儿得一条后腿，孝家三代人的舅舅都可获得牛肋骨，这种分配方式正好维系着血亲和姻亲之间的和睦关系，结成牢固的亲属网络，构成哈尼族社会稳定团结、互帮互助的和谐局面。奔丧和出殡的重要环节，舅父最为尊贵。舅父有监督孝子孝女赡养老人、办理好丧事的责任和权利。起棺前，"舅父脱衣砸碗"是重要的仪式环节，以检验孝子女是否尽到了孝顺父母的义务。当灵柩抬至磨秋场以后，人们给灵柩缠白布的时候，

① 邹芝桦：《中国古彝最后的土司庄园》，47 页，贵阳，贵州人民出版社，2015。
② 王进：《中国西南少数民族图腾研究》，175 页，上海，上海三联书店，2016。

青年男女在灵柩旁边敲铓击鼓，围成圆圈跳起舞，表演各种杂技悼念亡人。①

拉祜族为老人举行的葬礼，不但是为了把亡魂体面地送往魂归之地，让亡人留下对子女及其配偶的祝福，更重要的是确保亡灵在灵魂世界中与配偶团聚。先过世的配偶选择坟地尤其重要，一对夫妇生前从哪方父母继承了宅基地，他们的坟地就应靠近哪方父母的坟墓，通过“抛鸡蛋”仪式选择坟址。坟冢在象征意义上与生界的家屋相似，其完整的墓“门”（由石头搭成）应该由两扇“门”组成，代表一对夫妇合二为一，圆满成双，先亡的配偶坟冢前只立一扇“门”，待在世配偶去世后，葬在旁边，另一扇“门”便搭建起来，与先前的一扇“门”构成一道模仿生前居住的完整的“家屋大门”。②

麻山苗族将两性二元和合的理念贯穿于葬礼的整个过程当中。由于笔者多次长期在麻山苗族地区田野调查，以下将作较为具体详细的叙述。

在持续数天的整个丧葬仪式上，从亡人的角度来说，不管男女，其丧事规格和礼俗一样。从参与葬礼的生者来讲，儿子、儿媳、女儿、女婿，在仪式上的性别分工对称平衡；孝家家族与姻亲集团（当地称“亲戚”③）的仪式性互动具有二元合一的性别象征结构；仪式上以对“亚鲁”的信仰为核心强调父系血缘谱系的梳理，同时又敬奉至高无上的“祖奶奶”，男、女祖先共同“在场”。

首先，对于亡人来说，一方面，丧礼的规格和礼俗有年龄、死亡原因之分，无性别差异。老人一落气，孝子孝女按照性别为他（她）净身穿衣，停灵一般讲究男左女右，也有都放在堂屋右边的。④其他的礼俗规格男女一致，“口含”银子、供品、陪葬品等在数量、类别、规格上没有性别差异。给亡人

① 曹贵雄、龙倮贵：《哈尼族传统宗教文化研究》，234—241页，北京，民族出版社，2014。

② 杜杉杉：《社会性别的平等模式：“筷子成双”与拉祜族的两性合一》，赵效牛、刘永青译，73—74页，昆明，云南大学出版社，2009。

③ 亲戚：通婚集团，包括娶进来的所有女人的后家（娘家）和嫁出去的所有女人的夫家。按照麻山苗族“做客”的规范，来的客队是孝家的姻亲，这个范围很广，麻山苗族对于直系、旁系没有太大区分。

④ 班由科：《紫云县四大寨乡苗族社会调查》，见贵州省志民族志编委会：《民族志资料汇编》（第五集），169页，内部资料，1987。

献祭的牺牲一般有马、牛、猪、鸡；给亡人的“供饭”包括酒、糯米饭、豆腐、小鱼；给亡人准备的“行囊”有草鞋、烤烟、用竹箩装的糯米饭和粑粑、竹筒装的菜和水、一葫芦酒、粮种、农耕工具、日常用品。可见，在葬礼上，作为《亚鲁王》唱诵的对象——亡人，不论男女，接受同等的祭献。另一方面，亡人回归祖先路上的“装备”和“行囊”必须由本家和姻亲的祭品合二为一。比如，入棺以及守灵期间由孝家和姻亲给亡人“供饭”；给亡人的马由孝家买，但必须由姻亲砍马；亡人路上所需一切必须结合孝家和姻亲敬献的祭品才完整，“牵马走亲”便是去姻亲家筹集粮食的仪式环节；给亡人供的“阴阳粑”由孝家供的糯米饭和姻亲赠送的糯米饭集中在一起制成。

第二，参与葬礼的孝子与孝女之间，仪式分工对称平衡；孝家家族与姻亲亲戚之间的互动互助呈二元合一的特点，两性在仪式的象征意义上不存在等级关系或者二元对立的关系。麻山苗族的葬礼程序主要包括入棺、守灵、报丧、做客、“佐老表”（或收船钱路费）、砍马（以及与砍马相关的一系列仪式）、开路、安葬、倒簸箕、解斋、送水、复山。其中，大多数仪式需要孝家和亲戚相互配合完成，内含一种二元合一的性别结构模式。以下择几个环节予以说明。

入棺前的“供饭”仪式。孝家家族会不时有人吹唢呐、敲锣打鼓来供饭。同时，作为亲戚一方，如果亡人是女性，供饭的是她的娘家兄弟；如果是男性死亡，其亲姐妹要到，供饭由亲姐妹或者亡人的女儿执行。女儿女婿请一支唢呐队，带着糯米饭、豆腐，领着女婿家族的亲戚们前来供饭。亲戚队伍多达几十人，女儿领着众位妇女走在最前面，快到孝家时用毛巾罩脸哭丧，后面依次是拿礼信（祭品）的、唢呐队、其他男性。快到孝家时，孝家的媳妇哭丧队伍把前来供饭的妇女迎接进屋，一起蹲在亡人面前哭丧。

牵马走亲。也称“牵马报客”，葬礼中如果安排砍马的话，由东郎①牵着那匹马去亡人的至亲家通知“做客”和发丧日期，筹集亡人回归路上所需粮食。牵马走亲的对象是亲戚家，砍马的那家亲戚“压台”，留在最后。若死者

① 东郎：唱诵《亚鲁王》的歌师。

为女性，由其娘家（堂）兄弟砍马。若死者为男性，由死者的姐妹家或女儿家砍马。亲戚家做好准备，请东郎接待孝家的东郎，双方东郎相互对唱交流。亲戚家将准备的食物、用品装入马背驮着的两个大竹篓中，为亡人提供回归路上所需。

做客。亲友集中吊丧称“做客”，客人分散客和主客。主客是由亲戚召集的家族、寨邻组成的客队，多达几十人。这天清晨，由亡人的女儿带领客队来举行“开客”（也称“开堂”）仪式，然后亲友方可前来吊唁。来吊丧的客队浩浩荡荡，持续不断，从早上到下午一拨一拨的客人到来，直到客队都来以后，最后是亡人的另一个女儿带着客队“关客”。

“佐老表”仪式。“老表”即恋人、情人，“佐老表”就是给亡人找“老表”，这一习俗在四大寨乡流行。在宗地镇、猴场镇，这个环节叫“收船钱路费”。实际上唱诵的内容也涉及为亡人进行异性社交活动。“老表”由砍马客队带来，与亡人性别相对，“老表”准备了手帕或绣花荷包赠予亡人，与亡人象征性地吃“团圆饭”。双方东郎对唱情歌以及《亚鲁王》中与恋爱相关的古规。

砍马。各地仪式大致相同，细节略有差异。砍马前孝子把白棉线系在砍马桩上，牵回家中，同时东郎喊马魂。东郎把糯米谷穗、香纸分给孝女孝媳，同时，另一名孝子肩扛梭镖去牵马循环走三圈。孝子牵马来，其他孝子扛梭镖、举祭幛随后，孝子后面是孝女孝媳手持香纸、稻谷穗，之后是唢呐队和客人。孝家人员及东郎站在砍马场东方，砍马一方站在西方。接下来，妇女用谷穗喂马，喂完后，东郎拔马鬃给她们，接着她们在砍马场一边哭丧。然后双方东郎祭马，念亡人及男女祖先三辈，唱《砍马经》。女婿家燃放带来的鞭炮，马在惊吓中若屙出马粪，孝女孝媳争先恐后上前捡马粪，马粪能带来财富和福气。砍马师砍马，马死倒地后，砍马一方当场卸下马的首尾及四蹄交给孝家祭祀亡灵，其余全归砍马方所有，与亡人同姓氏的人忌食马肉。

出殡。以宗地镇为例，出殡时间一到，一男子在前射弩，拿饭篓、祭品等人（男女皆可）随后。然后孝女、孝媳牵着系在灵柩上的布绳在前引导，孝子、亲戚抬灵柩，大家一起前往圹地。

图 5-1　出殡时妇女牵布绳引领（亚鲁王文化研究中心提供）

麻山苗族的葬礼上，东郎主持葬礼唱诵《亚鲁王》史诗，亡人的儿子、儿媳、女儿、女婿是大部分仪式环节的主要参与者，孝子孝女的仪式分工较为对等均衡，体现比较平等的性别关系。东郎唱诵《亚鲁王》，梳理父系血缘谱系，旨在明确每个家族成员在这个谱系序列中的具体位置，好让死者的灵魂有所归依，生者与祖先可以沟通，血缘宗族的凝聚力增强，这是祖先崇拜和父系社会制度层面的仪式表达。不过，麻山苗族的葬礼表明其父系制不具有等级性，家族中无直系、旁系亲疏之别，无长幼秩序之分，无男尊女卑之习，属于民主型父系社会。与其不同的是，封建传统父系社会中的女性，尤其是出嫁女，大多被排除在葬礼核心仪式（如端灵牌、举引魂幡、摔火盆）

之外，她们承担的仪式角色主要是表达情感的哭丧，“正式亲属制度的远近关系和等级秩序是由男人们来体现的，而表达感情的哭泣行为主要是女性来承担的”[①]。麻山苗族的葬礼上，女性负责的仪式包括哭丧却远不止于哭丧。出嫁的姐妹与娘家兄弟享有同等的祭奠父母的权利，同样承担送终的义务，相应地，娘家兄弟也对出嫁姐妹的葬礼肩负不可推卸的责任和义务。

一场葬礼就是本家族和各姻亲家族的集会。它汇聚了麻山数十个村寨的人，以一种二元合一的内在逻辑，建构起麻山苗族广阔的横向社会关系网络。仪式上的二元合一结构与《亚鲁王》中两性二元合一的性别结构相对应，史诗叙事法则与仪式生活的传统规则关联。

图 5-2 “请祖”仪式（亚鲁王文化研究中心提供）

① 李霞：《娘家与婆家：华北农村妇女的生活空间和后台权力》，208 页，北京，社会科学文献出版社，2010。

而且，葬礼上对以“亚鲁”为核心的父系血缘的认同与对“祖奶奶”的信仰和谐统一。祖先神“亚鲁”始终“见证”和赋予葬礼各个程序的合法性，同时，“祖奶奶”拥有最高的权力和慈爱的能量，接纳前去“投奔”她的亡灵。盖在亡人脸上的四方形绣片“陌就”是灵魂回到故乡的凭证。通过这个凭证，灵魂能顺利回到“祖奶奶”的怀抱。这个具有重要象征意义不可或缺的绣片传统上由女性制作。此外，做客当天举行“请祖”仪式，请祖先收留这个新来的死者，并护佑生者。举行仪式的四方桌上撑一把伞，伞下挂一件女人的绣花衣服，象征女祖先神“祖奶奶”。对男祖先和女祖先的共同信仰作为史诗演述的神圣性原则，《亚鲁王》在性别维度上的基本价值取向在民俗生活中得到了良好的传承。

二、劳动分工体现的两性对称和合

南方活态史诗中描述的两性分工模式最常见的有男女共耕、男猎女织、男编女织。这些分工模式在近现代社会很多民族中还能见到。

拉祜族“苦吃”涵盖的所有劳动都蕴含“两口子打伙做”的理想。“苦吃”包括养家糊口涉及的一切劳动，如翻地、栽种、薅草、收割、存储、舂米、打水、砍柴、打猪草、煮饭、洒扫庭除、饲养家畜等。拉祜族的传统劳动观念里夫妻一体、并肩协作，生产劳动和人口再生产的劳动男女共同承担，让两性各自的优势得到充分发挥，比如男犁地女纺织，同时又不受性别角色的制约，没有性别角色刻板印象。男子可以犁田，也可以洗衣服带孩子；女子可以当户主管理家庭内外事务，也可以承担繁重的农活儿。

彝族阿细人的生产劳动和家务劳动同样是由男女共担。彝族阿细妇女同男子一样从事劳动生产，与男子分担家务劳动。阿细人的婚姻缔结就是从共同劳动开始的，阿细人称之为“一担清水定终身”。阿细男女青年的结合全由自己做主。只要双方情投意合决定在一起生活，男子便把女子带回家介绍给爸妈。新媳妇在婆家卖力干活儿，展示自己的劳动能力。到了第三天，姑娘领着新郎回到女方家挑一担水，获得女方父母认可后便去干活儿。因此，阿细人最注重夫妻团结、共同劳动。夫妻不但一同参加生产劳动，也共同分担家务劳动。清晨，妇女上山砍柴打猪草，男人在家带孩子烧火做饭，喂猪喂鸡。妇女的体力甚至超过男子，多数家庭妇女背柴、背包谷，而男子背孩子或背较轻的。①

按基诺族的传统分工习惯，农业生产方式为“刀耕火种”，男女分工合作，此外，男子擅长狩猎，生产生活用品大多数是竹木制造，打造木器、编织竹器的活儿由男子承担，女子承担纺织、育儿、照料的工作。男孩和女孩在七八岁时就开始跟着父母长辈学习山地农耕的劳动，男孩学习砍伐、挖地和打猎、编织，女孩学习播种、锄草和纺织、采集，男女两性有较为明显的分工，但两性的劳动都被同等重视。

云南红河地区元阳县箐口村的哈尼族，男女的家庭分工呈相互交织的状态，并呈现出在自愿基础上的个体差异。总的来说，两性在生产生活中相互合作、相互体谅，建立了平等的伙伴关系。“在箐口村，有一半的家庭中的家务活是由夫妻双方共同承担。家庭在组织生产、安排生活等方面，基本都是夫妻共同商量决策的……箐口村哈尼族妇女并未因为所谓性别地位的差异而在婚姻中处于依附或从属的地位，展现出的是一种个体和自主的两性关系的婚姻状态。”② 箐口村哈尼族妇女的社会参与度较高，30% 左右的家庭是由女主人参加社区公共事务或会议。③ 她们在葬礼、“苦扎扎”和“昂玛突”等仪式中发挥了极大的主动性和能动性。比如，在“苦扎扎”和“昂玛突”仪式中，妇女负责准备祭品。仪式的最后环节是妇女引领参加仪式的丈夫、儿子回家，象征妇女作为灵魂守望者和家庭避风港的身份。两性在这些仪式实践中首尾呼应、两相配合。

南方古代苗族、瑶族、畲族等从事刀耕火种的民族或支系性别分工不明

① 石连顺、石晓莉：《阿细人生礼仪》，74 页，昆明，云南民族出版社，2007。

② 潘春梅：《现代语境中的妇女地位与箐口哈尼族村寨中的妇女角色》，见赵捷、温益群主编：《中国与北欧国家的视角：全球化与本土化背景下的性别平等促进》，375 页，昆明，云南人民出版社，2012。

③ 潘春梅：《现代语境中的妇女地位与箐口哈尼族村寨中的妇女角色》，见赵捷、温益群主编：《中国与北欧国家的视角：全球化与本土化背景下的性别平等促进》，376 页，昆明，云南人民出版社，2012。

确，妇女与男子一起从事生产劳动。比如，畲族“男女相助力作”①，苗族“男妇并作”②，女性在生产生活劳动中的重要作用决定了她们较高的社会地位。盘瑶男女对于日常家务的分工界限模糊，男人可以背着孩子炒菜，女人会肩扛一捆沉重的柴火。③

根据笔者在麻山苗族地区的田野调查，在传统刀耕火种时期、集体经济时期和市场经济时期，我们都能看到由古至今传承下来的男女共耕、家务劳动共同承担的分工模式。

《亚鲁王》史诗源远流长，如今仍在麻山的山野村寨间传唱。《亚鲁王》保留了母系社会尊重女性的文化传统，尽管融入了一些封建社会的父权文化思想，但史诗中两性和合的性别文化底蕴得以形成并传承至今。在传统社会中，除了农闲季节男狩猎和女纺织以外，麻山苗族在生产劳动和家务劳动中趋向于结伴和求同，男女共耕，家务劳动共同分担；集体生产时期男女同工同酬；市场经济时期到外省菜场务工的麻山苗族往往夫妻搭档。

麻山地区属于典型的喀斯特山区，世居在此的麻山苗族传统的生计方式是刀耕火种。刀耕火种在《亚鲁王》中提到数十上百次，每开垦一处种植几年后，“水不够喝，饭不够吃”，然后抛地而别垦。直至20世纪中叶，麻山苗族仍普遍实行刀耕火种。比如《猴场区人民公社史》中的苗族妇女韦小平讲述耕作方式改革时说道：

> 一九五三年春天，在我们普遍搞起互助组的时候，区里送我到县农林科办的训练班去学习新式耕作技术。我那时是乡干事，学了转来要负责在乡里推广……提起做庄稼，在我们这山多田少的地方，有名的是“刀耕火种”“赶山吃饭”。每年一到二、三月，人们就要出动“开荒砍焰”了。不管是“睡坡”的也好，随坡搬家的也好，

① （清）傅恒：《皇清职贡图》卷三，“古田县畲民”条。

② （清）严如煜：《苗防备览·风俗下》。

③ 陈玫妏：《从命名谈广西田林盘瑶的人观建构与生命来源》，42页，北京，民族出版社，2018。

反正是带起一点粮食，扛着柴刀、尖锄等简单工具，近的十来里，远的跑个几十、百把里。跑到选定的地方，搭个棚棚一住，就在向山主（地主）讨来的地面上动起手来。[①]

过去苗族普遍实行刀耕火种，妇女与男子共同劳作，分工没有性别差异。段汝霖著于清乾隆二十二年（1757）的《楚南苗志》载："苗妇耕山播种，汲水负薪，俱同男子。"[②]清严如熤撰《苗防备览·风俗》描述苗族刀耕火种生计："苗耕，男妇并作。"苗族学者杨庭硕指出，此处"苗耕"泛指苗族的生计活动，而"并作"指苗妇与男子以同等身份参与农业劳动，两性没有明显的性别分工。[③]

麻山苗族夫妇打伙承担生产劳动的均衡分工模式非常稳定，并且妇女的劳动价值不会被贬低，她们与男子的劳动受到社会同等的认可。传统上对称平衡的性别分工模式非常稳定，到人民公社时期，这种家庭分工模式自然过渡到集体生产劳动。集体生产时期，在全国各地农村，男女"同工同酬"政策执行不均衡，女性的劳动价值遭受贬低的情况仍普遍存在。比如，在贵州某些地区，一般男性全劳动力记 10 分，女性全劳动力记 8 分，没出嫁的姑娘甚至只有 6 分，采用"死分死记"的办法。[④]麻山苗族一直贯彻男女同工同酬的原则，男女劳动力干同样的活儿，根据劳动质量和数量，平等评工记分，比如东郎陈兴华的妻子伍长英 12 岁时（1958 年）就可以拿到 10 分的标准劳动工分，像她这样的女性在麻山比比皆是。

在市场经济社会，麻山苗族以外出务工为主要的生计方式，夫妇仍然沿袭这种"出双入对"的家庭劳作模式，大多数进入宁夏、广东、甘肃的郊区菜场种菜，少数种香蕉等水果。笔者访谈了包括很多东郎在内的外出务工人

① 贵州省文艺编辑训练班整理：《挡不住的洪流——猴场人民公社史》，313—314 页，北京，作家出版社，1960。
② （清）段汝霖撰，伍新福校点：《楚南苗志》，167 页，长沙，岳麓书社，2021。
③ 杨庭硕主编：《〈苗防备览·风俗考〉研究》，92 页，贵阳，贵州人民出版社，2010。
④ 贵州农业合作化史料编写委员会编：《贵州农业合作经济史料》（第 3 辑），贵阳，贵州人民出版社，1988。

员。菜场的劳动模式为小组负责制，负责人召集同村或邻近村落的村民前往某个菜场。他们基本上是以家庭为单位，夫妻负责一组菜地，成双成对、同心协力地投入种菜劳动，所获收入尽管会打到各自的银行卡上，但被问及具体收入情况时，他们的回答一般都是以家庭为单位的夫妻共同收入。笔者田野调查期间入住在芭茅寨岑阿姨家。她的儿媳妇叫香妹，高中毕业。香妹夫妇在广东河源种香蕉，两人搭档从事整地、栽种、管理等农活儿，对于采摘、搬运香蕉这类重活儿，香妹也与丈夫共同分担。香妹挑香蕉，一担重120—140斤，每天可挑数十担，她小小的个子蕴藏了巨大的能量。笔者总是被麻山苗族女性的劳动力和体力所震撼。不管是外出务工的中青年妇女还是留守在家的中老年妇女，她们身体强健，极能吃苦耐劳。香妹的娘家在离芭茅有30公里左右的宗地乡打雾寨。笔者随香妹回她娘家了解到的情况与芭茅寨相似：年轻的夫妇把孩子留给老人照顾，外出打工，他们普遍倾向于选择可以夫妻搭档进行的工作。

尽管外出务工是当下主要的生计方式，但麻山苗族对土地的深厚感情始终不变，麻山珍稀的土地很少出现抛荒的现象。当下的定耕农业生产仍然延续均衡对称的两性合作模式。麻山苗族主要种植玉米，其次是小米等杂粮、豆类、红薯、洋芋，大多数地方缺水源缺田，几乎不种大米（如今吃的大米全靠购入）。农业劳动由留守在家照顾孙辈的老人共同承担，也有少数没有外出务工的中青年夫妻在农忙时节一起种玉米、收玉米。农闲时妇女照顾家庭、经营菜地、喂养牲畜等；男子在附近做些帮人盖房、修路、铺设水管等活计，比如东郎岑小强夫妻俩便是如此。

麻山苗族在生产劳动中对称平衡的伙伴关系并没有因为生计方式的变革和现代化进程而改变。我国农村的劳务输出导致农村普遍出现“农业女性化”现象，农村妇女要承担全部农业生产劳动和家务劳动，而在现金收入的支配方面依附于丈夫，留守妇女处于弱势地位。另一方面，歧视女性的性别观念和“男主外、女主内”的传统性别分工模式，使得女性在劳动力转移中处于劣势，外出务工的劳动力在就业层次上出现了对女性不利的性别分层。[①] 不平等的社会性别关系在新的形势下延续甚至得到强化。然而，麻山苗族夫妇共同平等参与生产劳动的模式强调夫妻作为一个家庭整体，为了家庭的生计齐心协力，其劳动的价值不以性别分高下贵贱，男女一视同仁。

除了生产劳动，麻山苗族不分男女、均衡分配的分工特点还表现在家务劳动上。恩格斯指出，随着专偶制个体家庭的产生，家务的料理成了一种“私人的服务，妻子成为主要的家庭女仆，被排斥在社会生产之外”[②]。家务劳动的性别分工在很大程度上反映家庭中的性别平等程度。不管是过去还是现在，麻山苗族男性不仅参与分担所有家务劳动，而且还比较擅长像做饭这样重要、高频的家务活儿。过去主食是玉米、小米。男子都会做玉米饭，做饭的频率不低于妇女，用他们的话讲就是“谁得空谁做”。笔者在芭茅寨拜访了很多家庭，用餐前后进行了细致观察，准备日常饭食时，男主人和女主人没有明确分工，一般在男子准备食材时，女子就烧火烹煮，女子准备食材时，男子负责烧火烹煮。在婚礼、丧葬、进新房、吃月米酒宴请客人时，男子负责做菜，妇女负责煮饭。

综上所述，南方活态史诗记载的两性对称平衡的分工模式在不少民族中得到了传承。这些民族由此形成了较为平衡和谐的性别关系。

第二节　南方活态史诗中性别关系模式的理论价值

一、超越二元对立

女性主义批评者揭露了父权制文化是建立在男女二元对立的基础之上的。西方二元对立的思维模式渗透于哲学、宗教和语言之中，文化 / 自然、天空 / 大地、太阳 / 月亮、白天 / 黑夜、男性 / 女性、善 / 恶、感性 / 理性这样对立

① 高小贤：《当代中国农村劳动力转移及农业女性化趋势》，载《社会学研究》1994（2）；王东平：《城市化进程中农村女性劳动力流动转移问题研究》，保定，河北农业大学博士学位论文，2010。

② [德] 恩格斯：《家庭、私有制和国家的起源》，中共中央马克思恩格斯列宁斯大林著作编译局编译，75页，北京，人民出版社，1999。

的两极并非平衡对等的关系，而是有等级之别的。因此，在父权制社会的性别层级中，女性是男性的对立面。波伏娃从黑格尔的“主奴意识”中得到启发，根据黑格尔的观点，主体只有在对立中才呈现并力图确立为本质，而将他者构成非本质，构成客体。波伏娃指出：“女人相较男人而言，而不是男人相较女人而言确定下来并且区别开来；女人面对本质是非本质。男人是主体，是绝对：女人是他者。”[①]主体必须相对于他者而确立自身的主体地位，为了不使他者反过来成为主体，女人必须臣服于男人，做那个与主体相对立的他者。女性受压迫的根源就在于自身的他者地位，就在于社会文化基于二元对立的思维把男女两性的性别气质和社会角色进行了二元对立的划分。属于男性的气质特征代表优越的、正面的价值，而属于女性的气质特征代表低等的、负面的价值。相对于女性气质中的感性、母性、身体、依赖、被动、柔弱，男性气质中的理性、父性、文化、独立、富于攻击性、强壮等特征更为优越，更符合社会文化的价值期待。男女两性被划分到公私两个不同的领域，公共领域是男人活动的舞台，为男人的发展和主体性提供了无限的可能；而女人被限制在私人领域，生儿育女，从事没有工资的家务劳动，失去了发展的机会。由于女性气质被规定为感性的具有身体的属性，女人被束缚在私人领域，被剥夺了受教育的权利，不能与男人在社会领域竞争，在经济上依附于男人，女性在漫长的历史进程中遭受着被歧视、被压迫的命运。

女性主义自20世纪60年代以后受到了后现代主义的影响，发生了较大的理论转向，因此学术界把女性主义划分为传统女性主义（包括马克思主义女性主义、自由主义女性主义、激进主义女性主义等流派）和后现代女性主义。传统女性主义把性别二元分析模式作为主要的分析方法，认为男权制社会赋予男性和女性相对立的标准和角色，这样的划分带来了性别对立的伦理规范和价值判断，价值对立成为男女对立的主要推手。传统女性主义把女性置于男性的对立面，对男权制进行了激烈的批判，以此唤醒女性主体意识，推动女性解放和性别平等。

① ［法］西蒙娜·德·波伏娃：《第二性 I》，郑克鲁译，导言第9页，上海，上海译文出版社，2018。

自由主义女性主义认为，男权中心主义的社会把女性视为非理性的、驯服的、低男人一等的人，这种社会建构的“性存在”（sexuality）[①]把女性牢牢禁锢在男权的统治之下，妇女因其天生的性别而遭受歧视，被剥夺了平等的受教育机会，政治上和法律上被剥夺了平等的权利（如选举权、财产权和就业权），性别歧视导致妇女地位低下。自由主义女性主义提倡理性、自主、公正、机会平等，让女性争取与男性享有同等的权利，女性才能获得解放。自由主义女性主义秉持性别二元论，仍旧以男性的价值标准作为参照，强调女性应该与男性平等。

激进主义女性主义者卡特琳·麦金农（Catherine MacKinnon）、艾德里安娜·利奇（Adrienne Rich）等认为父权制性别关系是“性存在”的统治与被统治的关系，强制的异性恋制度保障了男人对女人的性拥有权。性别社会化的过程使两性都顺从社会文化所规定的角色、气质、地位，将男性支配女性的意识形态制度化、合理化并使女人内化为自己的行为准则。激进主义女性主义认为妇女被压迫是源于两性的生物性差异，妇女因为生育而身体虚弱，为了生存不得不依附男人，因此要使妇女解放必须摆脱生育和养育职能，拒绝异性恋制度，以及建构雌雄同体文化。激进女性主义把男性与女性置于极端对立的位置，主张消灭男权社会制度体系，甚至要消灭生理差异，反对两性建立家庭，“不仅要推翻男权制的法律、政治和经济结构，还要推翻其社会、文化制度，尤其是家庭、教会和学院”[②]。激进女性主义为解构男权制提供了有力的武器，但是另一方面，部分极端女性主义主张挑起了两性战争，制造了两性对立。

马克思主义女性主义认为，女性受压迫是由于私有制，私有财产主要为男性占有。恩格斯对父权制的阶级分析是马克思主义女性主义和社会主义女

① “性存在”（sexuality）与“性”（sex）之间为概念的“属种关系”，“性存在”包括性的生物存在（即“性”）、性的心理存在、性的社会存在，其中“性的社会存在”为前两者的综合性的社会表现，“性存在”与“社会性别”（gender）紧密相关。（参见黄约主编：《社会性别教程》，14页，北京，北京出版社，2007。）目前学术界一般把sex译为“性”，把gender译为“社会性别”，与之相应把sexuality译为“性存在”，本书也遵循这样的译法。

② 李银河：《女性主义》，51页，济南，山东人民出版社，2005。

性主义研究的基础，认为对妇女的压迫是阶级压迫的一个方面，父权社会对私有财产的控制使一部分男人控制另一部分男人，而且也使所有男人都得以控制女人。恩格斯在《家庭、私有制和国家的起源》中论述了女性的地位由男女平等甚至是女尊男卑到男尊女卑的发展进程。原始蒙昧时期，妇女的劳动对于部落生存至关重要。到了原始社会末期，男子开始在生产领域处于越来越重要的地位，随着剩余产品的出现产生了私有制。男子从事生产劳动，谋取并占有生产资料，而妇女的劳动退却到家务劳动，这种私人领域的家务劳动与男子的劳动相比相形见绌、无足轻重。随着男子在家中统治地位的确立，母权制被父权制取代。[①] 随着父权制社会的发展，男性利用其掌握的经济权力进一步使女性在经济和政治等方面丧失独立性，完全处于一种依附地位。[②] 恩格斯指出，只有女性对男子经济依赖的消失，女性重新回到公共的事业中，才会使两性关系建立在平等和真正的性爱基础之上，女性解放的条件是消灭私有制，推翻资本主义制度建立社会主义制度。社会主义女性主义在继承马克思主义女性主义理论的基础上有所发展，认为男权的压迫和阶级压迫相互结合发挥作用，单独考虑一方面无法认清两性不平等的现实，即使实现了公有制，性别歧视仍然存在，因此对女性权利的剥夺和压迫是由于父权制意识形态和资本主义物质基础共同作用的结果。社会主义女性主义的杰出代表朱丽叶 · 米切尔（Juliet Mitchell）在《妇女，最漫长的革命》中指出，社会对女性的压迫和剥削是通过生产、生殖、性和儿童的社会化这四个领域来进行的。无论贫富，家务劳动和母职工作主要是由妇女负责，而且妇女与男人相比没有平等的性自由。妇女在性、家庭等私人领域所受的压迫影响到公共生产领域，使她们在生产领域的价值被贬低，在文化上处于象征秩序的次

① 恩格斯对母权制这个概念有所保留。他的原话是："（巴霍芬）把这种只从母亲方面确认世系的情况和随着时间的进展而由此发展起来的继承关系叫做母权制；为了简便起见，我仍然保留了这一名称；不过它是不大恰当的，因为在社会发展的这一阶段上，还谈不上法律意义上的权利。"见［德］恩格斯：《家庭、私有制和国家的起源》，中共中央马克思恩格斯列宁斯大林著作编译局编译，41 页，北京，人民出版社，1999。

② ［德］恩格斯：《家庭、私有制和国家的起源》，中共中央马克思恩格斯列宁斯大林著作编译局编译，57 页，北京，人民出版社，1999。

级地位。这些女性主义理论仍然采用性别二元划分的方法，过分强调公私领域的对立，过分强调阶级压迫与女性压迫的同构性，忽略了女性与男性的天然差异，忽略了女性的特殊要求和利益。

南方活态史诗中的性别关系模式推崇两性互补合作，反对两性二元对立。从两性出双入对地创造世界和人类开始，两性互助合作、彼此依赖、缺一不可的互爱精神便随着神圣叙事而被确立为性别文化的核心。在人类社会漫长的发展阶段，两性之间形成了两性和合的性别关系模式：劳动分工上平衡对等，在情感关系中互爱互敬、互为主体，在权力关系中民主共治，在象征关系中同体共生。这种以两性求同尊异、结伴互助的两性关系实际上相当于理安·艾斯勒在《圣杯与剑》中提出的伙伴关系模式，古代早期社会女性的身体是生命之源，是赋予生命的圣杯，相应地，女神的手臂高举圣杯，它象征母亲的责任、关怀和爱，那时妇女并不压制男子，两性维持着相互依靠、共同合作的平等关系。[①]不过与之不同的是，南方活态史诗里罕见人类社会的两性关系由“圣杯”模式到男性统治和杀戮的“剑”模式转变，两性和睦互助的关系始终是性别文化的主旋律。两性之间不是统治与被统治的关系，两性之间不一定非要用高低、优劣、主从来衡量，两性之间可以相互交融而不是相互对立。

南方活态史诗中基于双性化的性别气质、双性同体的性别象征、两性平衡和合的性别平等理念超越了传统女性主义的性别二元对立论。传统女性主义的性别平等理论无法摆脱二元对立的父权制文化逻辑，要么以男性的价值规范为标准，追求两性无差别的绝对平等，要么过度强调差异，使两性对立分化。而基于两性和合的平等观既不以男性价值为标准无视女性生理差异，也不暗含两性的对立，而是在鲜明的性别意识引领下秉持朴素的性别和谐平等观念，是求同尊异、对等均衡的伙伴关系式平等。

① [美]理安·艾斯勒：《圣杯与剑：我们的历史，我们的未来》，程志民译，总序第7页，北京，社会科学文献出版社，2009。

二、对称和合式平等

后现代女性主义反对传统女性主义理论的性别二元论和性别本质主义，否定把被压迫的妇女视为一个普遍化的范畴。后现代女性主义理论的代表弗雷泽指出，传统女性主义理论“带有一些玄学话语的本质主义和非历史主义的色彩：它们对历史和文化的多样性关注不够；它们错误地把理论家自身所处的时代、社会、文化、阶级、性倾向、民族或种族群体的特征普遍化了”[①]。后现代女性主义批判了传统女性主义关于性别权力的压制模式。这种传统权力模式把权力视为父权制下服务于男性群体和统治阶级的整个支配体系和制度，把权力当作可以被占有的一种东西。后现代女性主义的权力观来自福柯的话语权力理论。福柯认为，权力在微观层面上应该被理解为力量关系，力量关系包括社交中驱动或强迫人们做某事的所有因素，这些力量是多重的、多元交织的、内在于自身的运作领域、内在于社会互动中的网络关系。福柯指出，权力并非一种制度或结构；权力是生产性的而不是压抑性的；权力不是被占有的，而是被运用的；权力是自下而上的，首先在局部的、具体的个体行为、选择和交互作用中得到发展；权力总伴随反抗，正是通过反抗，权力关系才能被改变。[②]福柯认为，权力生产知识，话语即权力，话语表现权力，具有行使权力的功能，权力影响、支配和控制话语。在此基础上，后现代女性主义“把权力定义为分散的、弥漫的，而不是集中于某个机构或某个群体”。[③]针对“这个世界用的是男人的话语，男人就是这个世界的话语”提出“我们所要求的一切可以一言以蔽之，那就是我们自己的声音”[④]。因此，后现代女性主义志在创造出一套女性的话语，如埃莱娜 · 西苏等倡导的身体写

① [美]弗雷泽等：《非哲学的社会批判——女权主义与后现代主义的相遇》，李银河译，见李银河主编：《妇女：最漫长的革命》，138页，北京，生活 · 读书 · 新知三联书店，1997。

② [美]狄安娜 · 泰勒：《福柯》，庞弘译，21—31页，重庆，重庆大学出版社，2019。

③ 李银河：《女性主义》，112页，上海，上海文化出版社，2020。

④ Kourany, J. A. et al (ed.). Feminist philosophies. New Jersey: Prentice Hall, 1992: pp. 362-363.

作，露丝·伊利格瑞提出的女人腔。

后现代女性主义不但反对性别的两分，而且反对性别概念本身，反对性别是天生的思想。后现代女性主义泛化的多元主义与相对论思想最终导致个人主义政治。“女性”的概念被解构，女性的群体不复存在，女性主义的政治活动和目标也就被抛弃了，“而离开了具有实验意义的历史和性别的主体，就不会有什么女性主义意识，也不会有什么女性主义政治”①。

与反对二元对立的后现代女性主义相比，基于双性同体理念的对称性平等不试图模糊或者消解性别，因为女性不需要重建象征秩序，她就在其中，往往与男性并列。20世纪后期以来，西方女性主义的发展进入了后现代女性主义阶段。后现代女性主义者深受拉康精神分析理论的影响。拉康指出，在父权制象征秩序中，“女人”（woman）不存在于象征界，在男人与女人的性别位置之间不存在任何相互性或者对称性。② 后现代女性主义放弃“女人”概念，主张通过流动的、多元化的性别身份建构话语权力，然而父权社会的菲勒斯中心文化根深蒂固，要打破这个象征秩序并重建十分艰难。后现代女性主义注重理论建构，忽略大众女性的现实处境，与女性解放和追求性别平等渐行渐远。与之不同的是，南方活态史诗呈现的诸多南方少数民族的文化象征体系中，女性拥有与男性处于对称的符号位置，即使经历封建社会父权文化的冲刷，母亲的象征功能仍然被保留了下来。比如，瑶族的密洛陀，苗族的蝴蝶妈妈，侗族的萨天巴，纳西族的衬红褒白，哈尼族的俄玛、戚姒，基诺族的阿嫫腰白，彝族的阿黑西尼摩，阿昌族的遮米麻，还有那些宗族和家族祭祀的女祖先们，等等，在这些民族民众的心目中拥有崇高的地位，与男性祖先们共同尊享人们的崇拜和祭祀。

以对称和合为特征的性别平等理念不仅可以促进两性和谐发展，而且有助于弘扬传统优秀的家庭价值观，推动人口良性增长，促进家庭和谐美满。

① 李银河：《女性主义》，123页，上海，上海文化出版社，2020。

② [英]迪伦·埃文斯：《拉康精神分析介绍性辞典》，李新雨译，347页，重庆，西南师范大学出版社，2021。

对称性和合的性别平等理念反对一个性别压制而另一个性别妥协从而达到的不对等的表面和谐，提倡两性基于对等地对话沟通、协商、互敬互爱的和谐。女性既然可以起到“半边天”的作用，那么就要肯定女性“半边天”的价值，尊重女性气质，顾及女性的权利和利益。对称性和合的性别平等理念也反对牺牲男性的利益来成全女性的利益，抵制尊女抑男的主张，不能让过去男尊女卑的两性关系导向逆向性别歧视。以对称性和合为价值引领，两性互相吸引、互相尊重、互相依赖，婚姻便不会是爱情的坟墓，也不会堕入家暴的深渊，生儿育女便不会成为精神的枷锁，也不会成为生活沉重的负担。男女和合，就有成家立业的期望。夫妻和合，就有生儿育女的动力。两性和合，就能推动社会文明的进步。

结 语

性别关系始终是社会关系中最基本的方面，性别平等直接体现着社会的文明与进步程度。构建真正平等与和谐的性别关系是我们这个时代继续为之奋斗的伟大事业。中国南方活态史诗中蕴藏着丰富的性别平等思想与两性和谐文化，其中，以平衡对称的性别分工、互敬互爱的两性情感、民主共治的性别权力、同体共生的性别象征为主要特征的对称和合性别关系模式，为性别平等理论和实践提供了中国独特的经验和路径。

南方活态史诗中的性别关系模式秉持反本质主义的性别观。性别本质主义认为，女性受压迫的根源在于男权制将女性气质设定为囿于女性身体的、弱势的、劣等的人格气质，社会文化又根据男女不同的气质规定对其分配不同的角色。这种性别刻板印象导致的偏见和歧视会阻碍个体的自我发展和身份认同，给个人以及整个社会都会带来负面影响。在南方活态史诗中，双性化气质得到普遍认同，不管是母系社会还是父系社会，不管掌权的是女性还是男性，男 / 女性气质都不会因为权力掌握在不同性别手中而受到贬低或者抬高。这种性别观相较于基于生理差异的性别本质主义观更为包容和谐：一方面，南方活态史诗记载了古代社会尊重男性和女性的生理差异，并且赞美这种差异，因为男女不同的优势在构建美好家园的过程中相得益彰；另一方面，在原始社会，个人的生存必须依赖集体的力量，先民们为了共同的利益必须团结协作、步调一致。由于这种尊异求同的性别观，男性、女性形成了自然的社会角色分工，但同时这种分工没有被社会固化，两性也可以承担同样的社会角色，可以是共劳共享的男女伙伴、民主管理的男女首领，也可以是并肩作战的男女英雄。南方活态史诗中的性别关系具有多元互补、平等协作的特征。

南方活态史诗中的性别关系模式推崇两性二元和合，反对两性二元对立。从两性出双入对地创造世界、创造人类和创造文化开始，两性互助合作、彼此依赖、缺一不可的互爱精神便随着神圣叙事而被确立为性别文化的核心。在人类社会漫长的发展阶段，两性之间形成了对称和合的性别关系模式：劳动分工上平衡对等，在情感关系中互爱互敬、互为主体，在权力关系中民主共治，在象征关系中同体共生。这种二元和合的两性关系实际上相当于理安·艾斯勒在《圣杯与剑》中提出的伙伴关系模式，古代早期社会女性的身体是生命之源，是赋予生命的圣杯，相应地，女神的手臂高举圣杯，它象征母亲的责任、关怀和爱，那时妇女并不压制男子，两性维持着相互依靠、共同合作的平等关系。① 不过与之不同的是，南方活态史诗里罕见人类社会的两性关系由"圣杯"模式到男性统治和杀戮的"剑"模式转变，两性和睦互助的关系始终是性别文化的主旋律。两性之间不是统治与被统治的关系，两性在生产生活、文化创造中表现出大致等同的力量、智识、品性和情感，两性之间不一定非要用高低、优劣、主从来衡量，两性之间可以相互交融而不是相互对立。

南方活态史诗中基于同体共生理念的对称性平等不试图模糊或者消解性别。20 世纪后期以来，西方女性主义的发展进入了后现代女性主义阶段。后现代女性主义者深受拉康精神分析理论的影响。拉康指出，在父权制象征秩序中，"女人"（woman）不存在于象征界，在男人与女人的性别位置之间不存在任何相互性或者对称性。② 后现代女性主义放弃"女人"概念，主张通过流动的、多元化的性别身份建构话语权力，然而父权社会的菲勒斯中心文化根深蒂固，要打破这个象征秩序并重建十分艰难。后现代女性主义注重理论建构，忽略大众女性的现实处境，与女性解放和追求性别平等渐行渐远。与之不同的是，南方活态史诗呈现的诸多南方少数民族的文化象征体系中，女性

① [美]理安·艾斯勒：《圣杯与剑：我们的历史，我们的未来》，程志民译，总序第 7 页，北京，社会科学文献出版社，2009。

② [英]迪伦·埃文斯：《拉康精神分析介绍性辞典》，李新雨译，347 页，重庆，西南师范大学出版社，2021。

拥有与男性处于对称的符号位置，女性不需要重建象征秩序，因为母神往往与父神并列，即使经历封建社会父权文化的冲刷，母亲的象征功能仍然被保留了下来。

南方活态史诗中对称和合的性别理念为世界促进性别平等提供了中国独特的经验。两性对称和合，指男女两性互为伙伴、相互依存、和谐共生，二者的结合、合作、融合遵循协调统一、对等平衡的原则。对称和合的两性和谐是不以牺牲女性主体性为代价的两性和谐，非男尊女卑、阳刚阴柔等级下的表面和谐。这种对称和合思想在南方少数民族神奇瑰丽的土地上绵延承传上千年。人们只是在两性的相处中朴素地践行这种和合原则，而没有将其上升到哲学理论的高度。国内文学批评和性别研究对西方女性主义理论资源的运用非常充分，然而对我国传统民族文化中性别平等思想的发掘还远远不够。南方史诗及其传承的文化语境为我们提供了这方面宝贵的资源。建立新型健康和谐的两性伙伴关系任重道远。若我们回头看向民族文化的源头——南方活态史诗中表达的对称和合性别文化，在当下进行创新性传承，可以为现代社会性别文化引入一泓清泉。

参考文献

一、民间文学文本

[1] 陈兴华，唱诵并记录，吴晓东，仪式记录．亚鲁王：五言体 [M]. 重庆：重庆出版社，2018.

[2] 刀兴平，等，翻译整理．兰嘎西贺 [M]. 昆明：云南人民出版社，1981.

[3] 冯元蔚，译．勒俄特依 [M]. 北京：中国国际广播出版社，2016.

[4] 广西壮族自治区民间文艺家协会，编．中国民间创世史诗集成·广西卷 [M]. 南宁：广西人民出版社，2011.

[5] 广西壮族自治区少数民族古籍整理出版规划领导小组办公室整理．布洛陀经诗：壮族创世史诗 [M]. 北京：中国国际广播出版社，2016.

[6] 黄汉国，等，译，李贵恩，刘德荣，等，搜集整理．铜鼓王 [M]. 昆明：云南人民出版社，1991.

[7] 马学良，今旦，译注．苗族史诗 [M]. 北京：中国民间文艺出版社，1983.

[8] 石宗仁，收集翻译整理．中国苗族古歌 [M]. 天津：天津古籍出版社，1991.

[9] 孙有康，李和弟，搜集整理．五指山传　黎族创世史诗 [M]. 北京：中国国际广播出版社，2016.

[10] 田兵，编选，贵州省民间文学组整理．苗族古歌 [M]. 贵阳：贵州人民出版社，1979.

[11] 吴浩，梁杏云，主编．侗族款词（上）[M]. 南宁：广西民族出版社，2009.

[12] 吴一文，今旦，苗汉译注，[美] 马克·本德尔，吴一方，葛融，英文译注．苗族史诗　苗文·汉文·英文对照 [M]. 贵阳：贵州民族出版社，

2012.
[13] 西双版纳傣族自治州民族事务委员会，编 . 哈尼族古歌 [M]. 昆明：云南民族出版社，1992.
[14] 杨保愿，翻译整理 . 嘎茫莽道时嘉　侗族远祖歌 [M]. 北京：中国民间文艺出版社，1986.
[15] 洛边木果，译，肖远平，主编 . 支格阿鲁：彝族英雄史诗 [M]. 北京：民族出版社，2018.
[16] 余未人，主编 . 簪汪传 [M]. 重庆：重庆出版社，2021.
[17] 云南省少数民族古籍整理出版规划办公室，编 . 云南少数民族古典史诗全集（上中下）[M]. 昆明：云南教育出版社，2009.
[18] 张声震，编 . 密洛陀古歌（上中下）[M]. 南宁：广西民族出版社，2002.
[19] 张自强，搜集整理 . 傈僳族祭祀经 [M]. 张自强，杨宗，译 . 昆明：云南人民出版社，2006.
[20] 张子伟，石寿贵，编 . 湘西苗族古老歌话 [M]. 长沙：湖南师范大学出版社，2012.
[21] 赵安贤，等，唱 . 遮帕麻和遮米麻 [M]. 杨叶生译 . 兰克，杨智辉，整理 . 昆明：云南人民出版社，1983.
[22] 中国民间文学集成全国编辑委员会，中国歌谣集成山东卷编辑委员会编 . 中国歌谣集成 · 贵州卷 [M]. 北京：中国 ISBN 中心，2009.
[23] 中国民间文艺家协会，主编 . 亚鲁王 [M]. 北京：中华书局，2011.

二、著作

[1] [奥] 阿尔弗雷德 · 阿德勒 . 人，做得到任何事：阿德勒心理学讲义 [M]. 吴书榆，译 . 北京：北京时代华文书局，2018.
[2] [奥] 弗洛伊德 . 图腾与禁忌 [M]. 文良文化，译 . 北京：中央编译出版社，2015.
[3] [德] E. M. 温德尔 . 女性主义神学景观：那片流淌着奶和蜜的土地 [M]. 刁承俊，译 . 北京：生活 · 读书 · 新知三联书店，1995.

[4] [德] 恩格斯 . 家庭、私有制和国家的起源 [M]. 中共中央马克思恩格斯列宁斯大林著作编译局，编译 . 北京：人民出版社，1999.

[5] [法] 露西 · 伊利格瑞 . 他者女人的窥镜 [M]. 屈雅君，等译 . 开封：河南大学出版社，2017.

[6] [法] 吕西 · 依利加雷（Luce Irigaray）. 二人行 [M]. 朱晓洁，译 . 北京：生活 · 读书 · 新知三联书店，2003.

[7] [法] 西蒙娜 · 德 · 波伏娃 . 第二性 Ⅱ [M]. 郑克鲁，译 . 上海：上海译文出版社，2018.

[8] [希腊] 柏拉图 . 柏拉图全集（第 2 卷）[M]. 王晓朝，译 . 北京：人民出版社，2003.

[9] [美] 邓尼丝 · 拉德纳 · 卡莫迪 . 妇女与世界宗教 [M]. 徐钧尧，宋立道译 . 成都：四川人民出版社，1989.

[10] [美] 弗雷泽 . 女人与性角色 [M]. 潘溪，等译 . 天津：天津人民出版社，1989.

[11] [美] 凯特 · 米利特 . 性的政治 [M]. 钟良明，译 . 北京：社会科学文献出版社，1999.

[12] [美] 理安 · 艾斯勒 . 圣杯与剑：我们的历史，我们的未来 [M]. 程志民，译 . 北京：社会科学文献出版社，2009.

[13] [美] 理安 · 艾斯勒 . 神圣的欢爱：性、神话与女性肉体的政治学 [M]. 黄觉，黄棣光译 . 北京：社会科学文献出版社，2019.

[14] [美] 路易斯 · 亨利 · 摩尔根 . 古代社会 [M]. 杨东莼，译 . 北京：商务印书馆，1977.

[15] [美] 米德 . 三个原始部落的性别与气质 [M]. 宋践，等译 . 杭州：浙江人民出版社，1988.

[16] [美] 佩吉 · 麦克拉肯主编 . 女权主义理论读本 [C]. 艾晓明，柯倩婷，译 . 桂林：广西师范大学出版社，2007.

[17] [美] R.W. 康奈尔 . 男性气质 [M]. 柳莉，等译 . 北京：社会科学文献出版社，2003.

[18] [美]威廉·A.哈维兰.文化人类学（第10版）[M].翟铁鹏，张钰，译.上海：上海社会科学院出版社，2006.

[19] [美]威廉·J.古德.家庭[M].魏章玲，译.北京：社会科学文献出版社，1986.

[20] [瑞士]巴霍芬.母权论：对古代世界母权制宗教性和法权性的探究[M].孜子，译.北京：生活·读书·新知三联书店，2018.

[21] [英]安东尼·吉登斯.社会学（第四版）[M].赵旭东，等译.北京：北京大学出版社，2003.

[22] [英]弗吉尼亚·伍尔夫.一间自己的屋子[M].王还，译.上海：上海人民出版社，2008.

[23] [英]马林诺夫斯基.两性社会学：母系社会与父系社会之比较[M].李安宅译.上海：上海人民出版社，2003.

[24] [英]詹·乔·弗雷泽.金枝[M].徐育新，王培基，张泽石，译.北京：中国民间文艺出版社，1987.

[25] 巴莫曲布嫫.鹰灵与诗魂——彝族古代经籍诗学研究[M].北京：社会科学文献出版社，2000.

[26] 柏棣主编.西方女性主义文学理论[M].桂林：广西师范大学出版社，2007.

[27] 白兴发.彝族文化史[M].昆明：云南民族出版社，2014.

[28] 蔡熙.《亚鲁王》的文学人类学研究[M].昆明：云南大学出版社，2019.

[29] 曹端波，曾雪飞.苗族古歌演唱传统与地域社会研究[M].贵阳：贵州大学出版社，2017.

[30] 曹贵雄，龙倮贵.哈尼族传统宗教文化研究[M].北京：民族出版社，2014.

[31] 陈建宪.中国洪水再殖型神话研究[M].西安：陕西师范大学出版总社，2019.

[32] 邓启耀.民族服饰：一种文化符号——中国西南少数民族服饰文化研究[M].昆明：云南人民出版社，1991.

[33] 邓启耀 . 中国神话的思维结构（第 2 版）[M]. 重庆：重庆出版社，2004.
[34] 董秀团 . 多元混融中的白族文学——白族文学与汉族文学 印度文学及东南亚文学的关系研究 [M]. 北京：商务印书馆，2022.
[35] 杜芳琴 . 中国社会性别的历史文化寻踪 [M]. 天津：天津社会科学出版社，1998.
[36] 杜杉杉 . 社会性别的平等模式："筷子成双"与拉祜族的两性合一 [M]. 赵效牛，刘永青，译 . 昆明：云南大学出版社，2009.
[37] 杜玉亭 . 基诺族传统爱情文化 [M]. 昆明：云南人民出版社，2008.
[38] 段炳昌，等编著，瞿明安，何明，主编 . 中国西部民族文化通志 · 文学卷 [M]. 昆明：云南人民出版社，2014.
[39]（清）段汝霖 . 楚南苗志 [M]. 伍新福，校点 . 长沙：岳麓书社，2021.
[40] 段树乔 . 阿细源流（第 1 辑）[M]. 昆明：云南民族出版社，2014.
[41] 方刚，罗蔚，主编 . 社会性别与生态研究 [M]. 北京：中央编译出版社，2009.
[42] 费孝通 . 乡土中国　生育制度 [M]. 北京：北京大学出版社，1998.
[43] 戈隆阿弘 . 彝族历史文化论丛 [M]. 北京：中央文献出版社，2000.
[44] 贵州省志民族志编委会 . 民族志资料汇编（第五集）[M]. 内部资料，1987.
[45] 郭净，段玉明，杨福泉，主编 . 云南少数民族概览 [M]. 昆明：云南人民出版社，1999.
[46] 过伟 . 壮族文化探究 [M]. 南宁：广西人民出版社，2008.
[47]《哈尼族简史》编写组，编 . 哈尼族简史（修订本）[M]. 北京：民族出版社，2008.
[48] 郝文明，主编，国家民委民族问题研究中心，编 . 中国民族 [M]. 北京：中央民族大学出版社，2001.
[49] 黄泽 . 西南民族节日文化 [M]. 昆明：云南大学出版社，2012.
[50] 胡绍华 . 傣族风俗志 [M]. 北京：中央民族大学出版社，1995.
[51] 李例芬 . 李例芬纳西学论集 [M]. 北京：民族出版社，2013.

[52] 李小江．女性 / 性别的学术问题 [M]. 济南：山东人民出版社，2005.
[53] 李银河，主编．妇女：最漫长的革命 [M]. 北京：生活 · 读书 · 新知三联书店，1997.
[54] 李银河．女性主义 [M]. 上海：上海文化出版社，2018.
[55] 李霞．娘家与婆家：华北农村妇女的生活空间和后台权力 [M]. 北京：社会科学文献出版社，2010.
[56] 李子贤．李子贤学术文选——探寻一个尚未崩溃的神话王国 [M]. 昆明：云南人民出版社，2015.
[57] 刘锋．百苗图疏证 [M]. 北京：民族出版社，2004.
[58] 刘刚，石锐，王皎．景颇族文化史 [M]. 昆明：云南民族出版社，2014.
[59] 龙名骥．苗族婚姻家庭 [M]. 北京：线装书局，2010.
[60] 罗志发．壮族的性别平等 [M]. 哈尔滨：黑龙江人民出版社，2007.
[61]《苗族简史》编写组，编．苗族简史（修订版）[M]. 北京：民族出版社，2008.
[62] 闵家胤，主编，中国伙伴关系研究小组著．阳刚与阴柔的变奏——两性关系和社会模式 [M]. 北京：中国社会科学出版社，1995.
[63] 瞿明安，刘永青．中国西部民族文化通志 · 婚姻家庭卷 [M]. 昆明：云南人民出版社，2017.
[64] 史军超．哈尼族文学史 [M]. 昆明：云南民族出版社，2014.
[65] 史军超．史军超学术文选——神舞哈尼 [M]. 昆明：云南人民出版社，2014.
[66] 石连顺，石晓莉．阿细人生礼仪 [M]. 昆明：云南民族出版社，2007.
[67] 陶天麟．怒族文化史 [M]. 昆明：云南民族出版社，2014.
[68] 佟新．社会性别研究导论 [M]. 北京：北京大学出版社，2005.
[69] 王尔松．哈尼族文化研究 [M]. 北京：中央民族大学出版社，1994.
[70] 王慧琴．苗族女性文化 [M]. 北京：北京大学出版社，1995.
[71] 王继超，瞿瑟，主编．西南彝志（第 1 辑）[M]. 贵阳：贵州民族出版社，2019.

[72] 王继超，瞿瑟，主编 . 西南彝志（第 2 辑）[M]. 贵阳：贵州民族出版社，2019.
[73] 王进 . 中国西南少数民族图腾研究 [M]. 上海：上海三联书店，2016.
[74] 王明，编 . 太平经合校 [M]. 北京：中华书局，1960.
[75] 王清华 . 梯田文化论——哈尼族生态农业 [M]. 昆明：云南人民出版社，2010.
[76] 王宪昭 . 中国少数民族民间口传文化母题研究 [M]. 沈阳：辽宁民族出版社，2008.
[77] 王宪昭 . 中国各民族人类起源神话母题概览 [M]. 北京：民族出版社，2009.
[78] 王宪昭，姚新勇，总主编 . 中国多民族同源神话研究 [M]. 广州：暨南大学出版社，2020.
[79] 王政，杜芳琴，主编 . 社会性别研究选译 [M]. 北京：生活 · 读书 · 新知三联书店，1998.
[80] 王正华，和少英 . 拉祜族文化史 [M]. 昆明：云南民族出版社，2014.
[81] 吴晓东 . 苗族图腾与神话 [M]. 北京：社会科学文献出版社，2002.
[82] 吴一文，覃东平 . 苗族古歌与苗族历史文化研究 [M]. 贵阳：贵州民族出版社，2000.
[83] 吴一文，今旦 . 苗族史诗通解 [M]. 贵阳：贵州人民出版社，2014.
[84] 伍新福 . 苗族文化史 [M]. 成都：四川民族出版社，2000.
[85] 吴泽霖，陈国钧，等 . 贵州苗夷社会研究 [M]. 北京：民族出版社，2004.
[86] 谢选骏 . 神话与民族精神——几个文化圈的比较 [M]. 济南：山东文艺出版社，1986.
[87] 熊宗国，主编 . 紫云苗族布依族自治县志（1986—2010）[M]. 北京：方志出版社，2016.
[88] 颜宁 . 磨盘双合的日子：西双版纳傣尼人的社会性别研究 [M]. 北京：社会科学文献出版社，2016.
[89] 严汝娴，主编 . 中国少数民族婚姻家庭 [M]. 北京：中国妇女出版社，

1986.
[90] 杨庭硕，潘盛之，编 . 百苗图抄本汇编（上下）[M]. 贵阳：贵州人民出版社，2004.
[91] 杨庭硕，主编 . 苗防备览 · 风俗考 研究 [M]. 贵阳：贵州人民出版社，2010.
[92] 杨万选，杨汉先，凌纯声，等 . 贵州苗族考 [M]. 贵阳：贵州大学出版社，2009.
[93] 叶舒宪 . 高唐神女与维纳斯——中西文化中的爱与美主题 [M]. 北京：中国社会科学出版社，1997.
[94] 于希谦 . 基诺族文化史 [M]. 昆明：云南民族出版社，2014.
[95] 张京媛，主编 . 当代女性主义文学批评 [M]. 北京：北京大学出版社，1992.
[96] 张晓，等 . 社会性别民族社区发展研究文集 [M]. 贵阳：贵州人民出版社，2003.
[97] 赵俊臣，主编 . 云南农村妇女地位研究 [M]. 昆明：云南人民出版社，1992.
[98] 赵瑛 . 布朗族文化史 [M]. 昆明：云南民族出版社，2014.
[99] 中华文化通志编委会，编 . 中华文化通志 26　第三典民族文化　彝、纳西、拉祜、基诺、傈僳、哈尼、白、怒族文化志 [M]. 上海：上海人民出版社，2010.

三、期刊论文

[1] 巴莫曲布嫫 . 叙事语境与演述场域 [J]. 文学评论，2004（1）.
[2] 蔡熙 .《亚鲁王》的女性形象初探 [J]. 湖南工业大学学报（社会科学版），2014（3）.
[3] 陈李萍 . 从同一到差异：女性身份认同理论话语的三重嬗变 [J]. 妇女研究论丛，2012（6）.
[4] 丁朝北 . 谈苗族男性服饰美 [J]. 贵州民族研究，1990（1）.

[5] 董秀团 . 云南少数民族神话中的女性意识及其传承价值 [J]. 思想战线，2018（5）.

[6] 杜芳琴 . 华夏族性别制度的形成及其特点 [J]. 浙江学刊，1998（3）.

[7] 杜芳琴 . 阴阳乾坤说与中国传统两性文化 [J]. 山西师大学报（社会科学版），1995（4）.

[8] 杜芳琴 . 妇女研究的历史语境：父权制、现代性与性别关系 [J]. 浙江学刊，2001（1）.

[9] 古文凤 . 云南苗族传统生育文化论 [J]. 贵州民族研究，1998（4）.

[10] 过伟 . 满、壮、苗族创世女神的比较研究 [J]. 湖北民族学院学报（哲学社会科学版），2005（2）.

[11] 李炳泽 . 苗语诗歌格律发展初探 [J]. 民族文学研究，1992（3）.

[12] 李君玲 . 隐性异化、双性同体及性别话语权的文学叩问——少数民族女性文学的双性视野 [J]. 贵州民族研究，2015（4）.

[13] 李祥林 . 女娲神话的女权文化解读 [J]. 民族艺术，1997（4）.

[14] 刘红 . 云南民族民间文学“夫妇”叙事的女性倾向 [J]. 云南民族大学学报（哲学社会科学版），2011（3）.

[15] 罗明成 .“争夺英雄妻子”母题的社会文化研究 : 以几部有代表性的英雄史诗为例 [J]. 民族文学研究，1995（2）.

[16] 万建中 . 史诗 :“起源”的叙事及其社会功能 [J]. 江西社会科学，2006（5）.

[17] 王惠 . 哈尼族迁徙史诗《哈尼阿培聪坡坡》中的女性形象分析 [J]. 民族文学研究，2011（6）.

[18] 王喆，马新 . 国内外西方女性主义理论中“双性同体”观念的研究述评 [J]. 妇女研究论丛，2017（3）.

[19] 王子尧，张坦，刘援朝，韩川江 . 天地祖先歌 [J]. 贵州民族研究，1983（3）.

[20] 吴才茂 . 从契约文书看清代以来清水江下游苗、侗族妇女的权利地位 [J]. 西南大学学报（社会科学版），2013（5）.

[21] 吴正彪，张新罗 .《亚鲁王》史诗格律的地域性与民族性探讨 [J]. 民族文学研究，2020（1）.

四、学位论文

[1] 李寅月 . 伊丽佳蕾差异论女性主义探析 [D]. 太原：山西大学，2018.

[2] 马春华 . 市场化与中国农村家庭的性别关系 [D]. 北京：中国社会科学院研究生院，2003.

[3] 唐娜 . 苗族史诗《亚鲁王》及文化空间研究 [D]. 天津：天津大学，2017.

[4] 张慧竹 . 在亚鲁王的庇佑下：麻山苗族的家、家族与村寨 [D]. 贵阳：贵州大学，2016.

五、外文文献

[1] Connell, R. W. Gender: in world perspective, 4th ed. Cambridge: Polity Press, 2014.

[2] Connell, R. W. Gender: in world perspective, 2nd ed. Cambridge: Polity Press, 2009.

[3] Elaine Showalter. A literature of their own. Beijing: Foreign Language Teaching and Research Press & Princeton University Press, 2004.

[4] Helene Cixous and Catherine Clement. The newly born woman. Minneapolis: University of Minnesota Press, 1988.

[5] Kourany, J. A. et al（ed.）. Feminist philosophies. New Jersey: Prentice Hall, 1992.

[6] Malcolm Waters.Patriarchy and viriarchy: an exploration and reconstruction of concepts of masculine domination. Sociology, 1989（2）.

[7] Margery Wolf. Women and the family in rural taiwan. Stanford: Stanford University Press, 1972.

[8] Marilyn Strathern. The gender of the gift: problems with women and problems with society in melanesia. Berkeley: University of California Press, 1990.

[9] Sylvia Walby. Theorizing patriarchy. Oxford: Wiley-Blackwell, 1991.

后 记

本书是我在攻读博士学位期间，除了博士论文之外的另一项研究成果。在撰写博士论文《苗族史诗〈亚鲁王〉中的性别关系研究》期间，我阅读了大量史诗文本，发现南方活态史诗中蕴含着丰富的性别平等思想与两性和谐文化。于是，我着手撰写本书，旨在进一步拓展和深化相关研究。本书与博士论文在研究内容和深度上均有所区别。博士论文聚焦于《亚鲁王》这一特定史诗，主要探究了其中的性别关系及其成因，尤其关注了《亚鲁王》的文本化过程对这部口传史诗中性别关系的影响。相较之下，本书则展现了更宽广的视野，全面系统地研究了南方活态史诗中的性别文化和性别关系模式。不仅如此，本书还较深入地探讨了南方活态史诗中“对称和合”式性别平等的理论价值，并讨论了这种性别平等思想在当代社会的传承。

本书的出版得到了很多人的帮助，借此机会向他们表达我诚挚的谢意。

感谢我的博导董秀团教授为本书作序。恩师工作繁忙，难得春节休息，我却在春节期间还叨扰她，请她为我的书稿作序，对此，我感激之余也深感抱歉。一直以来，恩师对我学术上的耐心指导和帮助让我受益匪浅。师恩似海，我将永远铭记于心。

感谢我的母校云南大学文学院的培养。在本书的撰写过程中，我得到了很多老师的悉心教诲和宝贵建议，在此深表感激。

感谢我的工作单位昆明理工大学外国语言文化学院一直以来的支持。

感谢在田野调查中给予我热心帮助的朋友们。

感谢家人的关心和鼓励。

感谢民族出版社的编辑老师们，特别感谢欧光明编审和欧泽编辑的支持与帮助，没有两位欧老师的大力支持，本书不会在短的时间内面世，谨致谢忱。

由于本人水平有限，书中定有疏漏和不足之处，敬请各位专家学者不吝赐教，予以指正。

廖春兰

2024 年 2 月于昆明呈贡

图书在版编目（CIP）数据

对称和合：南方活态史诗中的性别关系研究 / 廖春兰著. -- 北京：民族出版社，2024.3

ISBN 978-7-105-17230-6

Ⅰ. ①对… Ⅱ. ①廖… Ⅲ. ①性别差异－研究－南方地区 Ⅳ. ①D669.1

中国国家版本馆CIP数据核字（2024）第065115号

对称和合：南方活态史诗中的性别关系研究

策划编辑　欧光明
责任编辑　欧泽
封面设计　金晔
出版发行　民族出版社
地　　址　北京市和平里北街14号
邮　　编　100013
网　　址　http://www.mzpub.com
印　　刷　北京中石油彩色印刷有限责任公司
经　　销　各地新华书店
版　　次　2024年3月第1版　2024年3月北京第1次印刷
开　　本　787毫米×1092毫米　1/16
字　　数　226千字
印　　张　14.75
定　　价　59.00元
书　　号　ISBN 978-7-105-17230-6 / D·3439（汉556）

该书若有印装质量问题，请与本社发行部联系退换
编辑室电话：010-64228001　发行部电话：010-64224782